RELATIONS POLITIQUES

ET COMMERCIALES

DE L'EMPIRE ROMAIN

AVEC L'ASIE ORIENTALE

(L'HYRCANIE, L'INDE, LA BACTRIANE ET LA CHINE).

EXTRAIT N° 3 DE L'ANNÉE 1863 DU JOURNAL ASIATIQUE.

SE TROUVE A PARIS,

CHEZ

BENJAMIN-DUPRAT, RUE DU CLOÎTRE-SAINT-BENOÎT, 7,

ET

DURAND, RUE DES GRÈS, 7.

RELATIONS POLITIQUES

ET COMMERCIALES

DE L'EMPIRE ROMAIN

AVEC L'ASIE ORIENTALE

(L'HYRCANIE, L'INDE, LA BACTRIANE ET LA CHINE)

PENDANT LES CINQ PREMIERS SIÈCLES DE L'ÈRE CHRÉTIENNE,

D'APRÈS LES TÉMOIGNAGES LATINS, GRECS, ARABES, PERSANS,

INDIENS ET CHINOIS,

AVEC QUATRE CARTES,

PAR M. REINAUD,

MEMBRE DE L'INSTITUT,
PROFESSEUR D'ARABE À L'ÉCOLE SPÉCIALE DES LANGUES ORIENTALES,
CONSERVATEUR
DES MANUSCRITS ORIENTAUX DE LA BIBLIOTHÈQUE IMPÉRIALE, ETC. ETC.

PARIS.

IMPRIMERIE IMPÉRIALE.

—

M DCCC LXIII.

PRÉFACE.

Ce mémoire a été lu dans le sein de l'Académie des inscriptions et belles lettres. Publié dans le *Journal asiatique* des mois de mars, avril, mai et juin 1863, il reparaît ici avec quelques corrections et additions.

Ce qui en constitue la base principale, ce sont les témoignages latins presque tous contemporains des événements dont ils font mention. Cette circonstance, jointe à la nature du sujet, mérite d'appeler sur le mémoire l'attention non-seulement des historiens, des publicistes et des économistes, mais encore de toutes les personnes qui s'intéressent à la littérature classique. Pour accomplir une pareille tâche, la connaissance du latin était indispensable ; néanmoins il n'était pas nécessaire que l'auteur fût un latiniste consommé. Exercé dans ma jeunesse à la lecture des écrivains latins, mes études, depuis cinquante ans, se sont portées ailleurs; aussi, sous ce rapport, je me reconnais des supérieurs dans l'Institut, dans le corps de l'université et ailleurs. Il suffisait que l'auteur fût en état de discuter les passages latins qui rentraient dans son cadre. Une fois cette condition remplie, l'essentiel était que l'auteur fût au courant des faits géographiques, historiques et archéologiques qui intéressent à la fois l'Orient et l'Occident, faits dont quelques-uns n'ont été révélés que dans ces dernières années; et sous ce rapport je pouvais me présenter aussi bien que tout autre.

Du reste, à partir du moment où j'ai abordé cette tâche, je m'y suis mis sérieusement, et j'ai fait ce que n'ont fait que bien peu de latinistes. J'ai remué presque tout le vieux fonds latin, depuis Cicéron jusqu'à Sidoine Apollinaire et Martianus Capella, et, arrivant avec des données particulières, j'ai aperçu bien des choses que personne n'avait jusqu'ici remarquées. C'est ainsi que j'ai recréé de toutes pièces le système géographique national des Romains, système qui domina à Rome et dans toutes les provinces latines depuis les Scipions jusqu'à la chute de l'empire d'Occident, système dont l'idée était tout à fait perdue. Aussi que de recherches et de méditations! J'ai eu à citer environ cent vingt vers de Virgile : eh bien! ces cent vingt vers m'ont coûté cinq mois de travail. Cinq mois environ pour acquérir l'intelligence de cent vingt vers de Virgile, de vers qui ont été commentés et traduits plus de cent fois! Il est vrai que Virgile est l'auteur qui m'a pris de beaucoup le plus de temps; on verra ci-dessous pourquoi. Dans tous les cas, l'esprit de conscience que j'ai apporté dans mon travail me fait espérer que les latinistes qui voudront me juger, ne me condamneront pas avant de s'être imposé au moins une partie des peines que je me suis données.

Dans le cours du mémoire, j'ai cherché à exposer les questions avec toute l'érudition et toute la clarté dont je suis capable. Il est un point cependant sur lequel je ne me suis point arrêté, et qui, tout considéré, me paraît avoir besoin de quelques explications.

Il s'agit des idées de monarchie universelle qui se manifestèrent à Rome sous Auguste et

ses premiers successeurs, et en particulier de
l'ardeur que Virgile, Horace, Properce et Tibulle
mirent à propager ces idées. Le langage des
quatre poëtes est très-net; mais est-il sérieux?
De plus Virgile, en développant ses vues, a
attribué à Auguste des conquêtes qui n'eurent
jamais lieu, et qui même, à être examinées en
elles-mêmes et d'après la manière dont elles
ont été interprétées, présenteraient des inconséquences flagrantes. La mémoire de Virgile
doit-elle continuer à être chargée des singularités qu'on a mises sur son compte? Il faut dire
que la question qui maintenant, grâce aux faits
que j'ai révélés, est devenue très-simple, était
restée jusqu'ici hérissée de difficultés. Ne pouvant répéter ici ce que j'ai déjà dit dans le cours
du mémoire, je me bornerai à de simples indications, me contentant d'accompagner ces indications des conclusions qui me paraissent en
découler naturellement.

Horace, Virgile, Properce et Tibulle, en en-
courageant de toutes leurs forces les Romains
de leur temps à entreprendre la conquête du
monde entier, se sont-ils livrés à un pur jeu
d'esprit, en un mot ont-ils joué la comédie? Je

ne le pense pas; d'abord parce que ces poëtes, du moins les deux premiers, dont le caractère est bien connu, n'étaient pas hommes à écrire le contraire de ce qu'ils pensaient; de plus, parce que, l'eussent-ils voulu, ils ne l'auraient pas pu.

A l'époque dont nous parlons, on sortait à peine des guerres civiles. L'autorité s'affermissait, l'ordre renaissait, le calme était complet à Rome et dans les provinces. D'une part, avec les théories géographiques qui dominaient alors, on croyait le monde beaucoup plus petit qu'il n'est réellement; de l'autre, l'activité des esprits avait besoin d'aliment : d'ailleurs on avait à venger les insultes faites par les Parthes à la majesté du nom romain; on était impatient de montrer que le nouvel empire était destiné à effacer tous les empires qui avaient précédé. L'honneur national paraissait engagé. Ajoutez à cela qu'Auguste n'avait aucune raison de contrarier sur ce point l'esprit public. L'exaltation des têtes serait pour lui une force de plus, dans le cas où il aurait un appel à faire au patriotisme des populations. Dans le cas contraire, son autorité n'en était pas atteinte. Le public s'étant prononcé,

Horace, Virgile, Properce et Tibulle ne crurent pas pouvoir se dispenser de descendre dans l'arène. A la vérité, les quatre poëtes n'avaient en aucun cas rien à perdre; mais aussi ils n'avaient rien à gagner. Pourquoi jouer ainsi la comédie devant l'empire tout entier? Notez que ces quatre poëtes tenaient alors le sceptre de la poésie à Rome. Comment expliquer ce concert pour une thèse qui n'aurait pas eu d'objet?

En ce qui concerne Virgile en particulier, ce n'est pas seulement dans *les Géorgiques* qu'il a sacrifié à l'opinion du moment; c'est aussi dans *l'Énéide*. On sait quelle peine se donna Virgile pour recueillir les vieilles traditions qui avaient encore cours de son temps, et quel soin il apporta à n'admettre que des détails sinon vrais, du moins transmis comme tels par les ancêtres, ou placés sous la garantie de la sibylle de Cumes, ou même sortis de la bouche des dieux. Dès l'origine, *l'Énéide* fut regardée par les Romains comme leur poëme national. La plaisanterie qu'on attribue à Virgile n'eût-elle pas été de nature à ôter au poëme entier son caractère sérieux?

Sous Auguste et ses premiers successeurs,

les esprits conservèrent quelques restes de l'ancien caractère républicain[1]. Le changement qui s'opéra dans les idées ne devint tout à fait sensible qu'à partir de Trajan, et il faut l'attribuer au système de centralisation qui allait toujours croissant. Au bout de quelque temps, les corps constitués comme les individus perdirent tout esprit d'initiative; on eût dit qu'ils étaient devenus étrangers aux affaires publiques. Ce n'est pas alors que des poëtes auraient pu essayer de passionner la multitude. Aussi, à partir de cette époque, les poëtes restent impassibles devant les événements de leur temps, et les écrivains en prose, qui avaient pris en main le pinceau de l'histoire, se bornent en général à enregistrer des faits, sans prendre parti ni dans un sens ni dans un autre. Plus tard, quand l'empire marcha vers sa ruine, ce fut encore pis : c'est alors que les comédiens s'emparèrent de la scène. J'en ai fait comparaître deux dans mon récit, Claudien et Sidoine Apollinaire.

Je crois pouvoir comparer Horace, Virgile,

---

[1] En ce qui concerne Auguste, voy. l'*Examen critique des historiens anciens de la vie et du règne d'Auguste*, par M. Egger, p. 61 et suiv.

Properce et Tibulle, dans le rôle qu'ils jouèrent à cette occasion, à ce qui s'est passé diverses fois en France et en Angleterre. Des idées de nature à passionner les esprits éclatent dans le public; la presse et les journaux exploitent ces idées. Les écrivains qui prennent part à la lutte ont tort ou ont raison; ils forcent la main au gouvernement, ou bien ils en sont pour leurs frais d'éloquence; mais les personnes qui ont poussé au mouvement ne sont pas pour cela des comédiens.

Je passe aux inconséquences qui ont été mises sur le compte de Virgile. Pour abréger, je n'en citerai qu'une. A l'exemple d'Horace, de Properce et de Tibulle, Virgile a supposé qu'Auguste avait conquis en personne l'Asie entière, et qu'il s'était avancé jusqu'à l'embouchure du Gange. Les autres poëtes se sont tenus dans les généralités; pour lui, il est entré dans les détails. Malheureusement il n'a donné le nom d'aucun des rois vaincus; il n'a pas même toujours fixé les lieux. Cependant, comme il désigne l'Arménie, la Perse, la Bactriane et l'Inde, y compris le Bengale, il n'y a pas à hésiter. Mais, par la plus étrange des méprises, les commentateurs et les traducteurs ont confondu l'Inde avec l'intérieur de l'Afrique, et Auguste est devenu sous leur plume une espèce de héros de roman, parcourant le grand Sahara, et pourfendant de son épée les nègres du Soudan. On a invoqué la tradition; mais cette tradition n'existe pas. La véritable tradition est celle des poëtes qui sont venus après Virgile, jusqu'à la chute de l'empire; or ces poëtes parlent des prétendues conquêtes d'Auguste dans la Perse et l'Inde; ils nomment l'Indus et le Gange; mais aucun ne mentionne directement ni indirectement l'intérieur de l'Afrique [1].

Ce qu'il y a de plus singulier, c'est que les personnes qui attribuent ces bizarreries à Virgile, se présentent comme les défenseurs de la gloire du grand poëte. On sait qu'au moyen âge il y avait des personnes qui considéraient

---

[1] On m'opposera peut-être ces expressions du sixième chant de *l'Énéide* :

> . . . . Super et Garamantas et Indos
> Proferet imperium.

La soumission des Garamantes est un fait réel; mais l'honneur en revient tout entier à Cornelius Balbus. Auguste se trouvait alors en Orient, et il n'y prit aucune part.

Virgile comme un être au-dessus de la nature,
et qui, pour connaître l'avenir, consultaient
ses vers à l'instar des versets de la Bible. Si Virgile avait été témoin de travers si opposés, il
n'aurait pas manqué d'y répondre par les deux
vers de Racine, dans sa tragédie de Britanni-
cus :

> J'ose dire pourtant que je n'ai mérité
> Ni cet excès d'honneur, ni cette indignité.

Je crois être juste en me représentant Virgile
et Horace dans leurs rapports avec Auguste,
comme Boileau et Racine dans leurs rapports
avec Louis XIV. Les rangs n'étaient pas les
mêmes; mais les égards étaient réciproques.
Or quelle figure aurait faite Auguste, si Virgile
était venu lui débiter de pareilles sottises? J'ai
montré le peu de fondement de ce genre d'interprétation : j'espère que mes peines n'auront
pas été vaines, et qu'il ne tardera pas à être banni
des écoles.

La géographie tient une grande place dans ce
mémoire. J'ai déjà dit quelques mots du système géographique des Romains. Ayant à traiter
des rapports des Romains avec l'Asie orientale,
il m'a fallu parler des Sères et des Thines ou

Sines qui terminaient l'Asie de ce côté, et aborder le fameux problème de la limite des connaissances des anciens, qui a fait jusqu'ici le désespoir des géographes. En possession de données particulières, je crois avoir résolu le problème. Cette même circonstance est cause que le mémoire a été accompagné de quatre cartes particulières. La carte du système de Ptolémée se trouvait déjà ailleurs; elle remonte jusqu'à d'Anville; tout le reste est le résultat de mes propres recherches. A la vérité, la carte du système géographique des Romains avait déjà son analogue dans une carte publiée dans la première moitié du XVIIe siècle, par un cosmographe nommé Bertius; elle se trouve dans son atlas de géographie ancienne, qui a eu trois éditions, et elle a été reproduite en tête de l'édition du traité de Pomponius Méla, donnée par Abraham Gronovius, Leyde, 1721. Mais, outre que je n'ai eu connaissance de cette carte qu'après coup, elle n'envisage la question qu'au point de vue des idées particulières de Pomponius Méla, et il ne s'y trouve rien de général. D'un autre côté, il existe un livre intitulé *Géographie de Virgile,* par Helliez, Paris, 1771, in-12; ce vo-

lume a été réimprimé en 1820, sous le titre de
Géographie de Virgile et d'Horace, par Masselin. Ce livre est consacré à la description des
lieux particuliers qui sont mentionnés dans les
poésies d'Horace et de Virgile, et n'a rien de
commun avec les questions traitées dans ce mémoire. Ni Helliez ni Masselin ne se sont seulement doutés de ces questions : pour les apprécier, il fallait être au courant de la géographie
comparée; or, les savants qui ont étudié la
géographie comparée, n'avaient pas eu l'idée de
recourir aux poésies d'Horace et de Virgile, et
les personnes qui ont fait leur spécialité des
poésies d'Horace et de Virgile, ne s'étaient pas
occupées de géographie comparée. On pourrait
appliquer à Helliez et à Masselin ce que l'auteur du traité grec intitulé *le Monde,* et attribué
à Aristote, a dit à propos de l'étude des lois qui
régissent l'univers : « Qui osera comparer à de
si hautes connaissances ces détails où l'on s'occupe de la figure d'une ville, du cours d'une
rivière, où l'on décrit les beautés naturelles
d'une localité, d'une montagne, telle que l'Ossa,
le Nyssa ou l'antre de Corycée? S'ils eussent jamais porté leurs regards sur l'univers et sur les

grandes choses qu'il renferme, ce spectacle les eût ravis et le reste leur eût paru petit. »

Gloire à l'esprit de curiosité et à la science critique des modernes ! Nous sommes parvenus à expliquer les caractères cunéiformes de l'Asie et les hieroglyphes de l'Égypte, qui ne rencontrèrent qu'indifférence chez les anciens maîtres du monde. Nous avons déchiffré les inscriptions phéniciennes et puniques qui furent dédaignées des orgueilleux conquérants. Pourquoi ne pas essayer de faire servir les témoignages que nous a légués le vieil Orient à l'éclaircissement des points restés obscurs de l'histoire romaine?

Presque tout est nouveau dans cette publication. On trouve dans le recueil de la Société de Gottingue, t. X, p. 121, et t. XII, p. 63, un mémoire du savant Heeren, intitulé : *Commentatio de Græcorum de India notitia et cum Indiis commerciis.* Le tome XII du même recueil, p. 91, renferme la première partie d'un mémoire du même savant, intitulé : *Commentatio de Romanorum de India notitia et cum Indiis commerciis.* D'un autre côté, un savant anglais, M. Osmond de Beauvoir-Priaulx, a entrepris dans le journal de la Société asiatique de Londres, t. XVII et

suiv. la publication d'un écrit qui porte le titre
de : *On the Indian embassies to Rome*, depuis
Auguste jusqu'à Justinien. Enfin un savant professeur de sanscrit, à Berlin, M. Weber, a inséré
dans ses *Indische Skizzen*, un mémoire intitulé :
*die Verbindungen Indiens mit den Ländern im
Westen*. Ces différentes publications ne doivent
pas être confondues avec mon travail, ni pour
l'ensemble, ni pour les détails.

Dans le cours du présent écrit, je renvoie
quelquefois à mon Mémoire sur le royaume de
la Mésène et de la Kharacène, et sur le Périple
de la mer Érythrée. Ce mémoire n'est pas resté
tel qu'il a paru dans le *Journal asiatique;* considérablement augmenté, il en forme à présent
deux, et on les retrouvera l'un et l'autre dans le
tome XXIV du Recueil de l'Académie des inscriptions. Le présent mémoire est le troisième en
rang. Il y en aura un quatrième qui embrassera
les temps écoulés depuis le vi^e siècle de notre
ère jusqu'à la fin du xve, lorsque les Portugais
apparurent pour la première fois dans les mers
orientales. C'est celui dont il a été lu un fragment dans la séance générale de la Société asiatique, le 25 juin 1862.

RELATIONS

POLITIQUES ET COMMERCIALES

DE

L'EMPIRE ROMAIN AVEC L'ASIE ORIENTALE

(L'HYRCANIE, L'INDE, LA BACTRIANE ET LA CHINE),

PENDANT

LES CINQ PREMIERS SIÈCLES DE L'ÈRE CHRÉTIENNE,

D'APRÈS LES TÉMOIGNAGES LATINS, GRECS, ARABES, PERSANS,

INDIENS ET CHINOIS.

OBSERVATIONS PRÉLIMINAIRES.

Jamais sujet plus nouveau et plus important ne fut abordé par l'érudition moderne. Un empire dont le souvenir s'était transmis d'âge en âge et pour lequel la science semblait avoir épuisé la source des renseignements, apparaît ici sous un aspect inattendu. Des personnages, tels qu'Auguste, Trajan, Aurélien et Constantin, sur lesquels on avait perdu l'espoir de recueillir des notions ultérieures, se présentent avec un caractère qu'on ne leur soupçonnait pas. Ce n'est pas seulement l'histoire civile et politique qui trouve ici à s'enrichir. L'histoire littéraire, notamment dans ce qui concerne les immortelles poésies d'Horace, de Virgile, de Properce et de Tibulle, reçoit un jour nouveau. C'est, en un mot, une face restée inconnue de la grandeur et de la décadence romaines; une face qui avait échappé aux méditations des Montesquieu et des Gibbon. Là où je commence, les autres s'étaient arrêtés.

La géographie n'est pas restée étrangère à ces recherches. Une étude plus attentive des poésies latines m'a fait reconnaître en elles les opinions qui régnaient à Rome sur le système du monde, au temps de Jules César, et pendant le règne d'Auguste, opinions qui se maintinrent chez les Romains jusqu'à l'extinction de l'empire d'Occident. Éclairé par ces précieuses données, j'ai soumis à un nouvel examen le système de Ptolémée, venu cent cinquante ans plus tard, et la manière de voir de l'auteur du Périple de la mer Érythrée, qui tenait de l'un et de l'autre système. En un mot, j'ai essayé d'établir l'histoire de la géographie chez les Grecs et les Romains sur de nouvelles bases.

Ce n'est pas tout : si les témoignages indiens et chinois apportent un utile concours pour mieux comprendre les idées fondamentales de la politique romaine, par une juste réciprocité, les témoignages latins et grecs jettent un nouveau jour sur l'état politique et social de la Chine et de l'Inde.

Ce mémoire commence après la mort de Jules César, au moment où le triumvir Marc-Antoine devient maître de l'Égypte, et où le nom romain pénètre jusque dans l'Orient le plus reculé. Les rela-

tions commerciales de l'Égypte proprement dite avec
l'Inde remontent à une ou deux générations plus
haut ; mais déjà il a été traité de cette question dans
mon mémoire sur la Mésène et la Kharacène.

L'influence romaine en Orient se fait sentir par
mer et par terre, surtout par mer, à travers l'Égypte.
Après la décadence et la chute de l'empire d'Occident, les empereurs de Constantinople continuèrent
longtemps à se ménager des intérêts dans les contrées du nord de l'Asie ; quant aux mers orientales,
les navires romains cessèrent peu à peu de s'y montrer. Au vi^e siècle toute relation avait cessé ; c'est là
que je m'arrête. La suite des événements, depuis le
vi^e siècle jusqu'à l'arrivée des Portugais dans les
mers de l'Inde et de la Chine, à la fin du xve siècle,
formera l'objet d'un mémoire subséquent.

Les sources où je puise sont les témoignages latins, d'une part, et de l'autre, les témoignages orientaux. On demandera peut-être si j'ai découvert quelque manuscrit qui eût échappé jusqu'ici à toutes les
recherches. Je n'ai rien découvert ; mais grâce à des
études spéciales et prolongées, j'ai recueilli les témoignages avec plus de soin qu'on ne l'avait fait,
je les ai examinés sous des faces qui n'avaient pas
été soupçonnées, et après y avoir joint certains faits
archéologiques et géographiques récemment mis au
jour, il m'a suffi de les rapprocher les uns des autres
pour en faire jaillir la lumière. En effet, les savants
qui, tels que Saumaise, Casaubon et leurs successeurs, ont travaillé sur les textes grecs et latins,

n'en ont pas, faute de connaître les récits indiens et chinois correspondants, saisi toute la portée[1]; quelquefois même, chose singulière ! ils ont mal rendu le sens des mots. A leur tour les orientalistes qui, tels que Deguignes, Klaproth et Abel Rémusat, ont opéré sur les données indiennes et chinoises, n'ayant pas été avertis des ressources que leur offraient les textes grecs et latins, n'ont pas eu la pensée d'y recourir. Moi-même, c'est pour ainsi dire par hasard que j'ai été mis sur la voie. Cherchant dans les historiens de l'empire romain quelque témoignage relatif au Périple de la mer Érythrée, j'eus l'attention éveillée par ce qui est dit au sujet des règnes de Valérien et d'Aurélien par les auteurs de l'*Historia Augusta.* Il est vrai que, une fois averti, je n'ai pas eu de repos que la question ne fût discutée et résolue. Voilà comment je suis arrivé à des résultats dont auparavant je ne me faisais pas plus l'idée que les autres.

Je dois expliquer d'abord comment les faits que j'ai à mettre en lumière, et qui naturellement étaient connus des générations contemporaines, devinrent, avec le temps, une espèce de mystère impénétrable. On a vu, dans mon mémoire sur le Périple de la mer Érythrée, qu'à partir du gouvernement de Marc-Antoine et de Cléopâtre, il s'était formé des

---

[1] Letronne est allé jusqu'à contester la réalité des relations diplomatiques de l'empire romain avec l'Asie orientale. (Voyez le tome X du Nouveau recueil des Mémoires de l'Académie des inscriptions, p. 226 et suiv.)

comptoirs romains dans les principales places de commerce des mers orientales, et que des compagnies de marchands s'étaient organisées. Indépendamment des personnes qui chaque année se rendaient par terre dans les régions orientales, il partait d'Égypte, par la mousson, environ deux mille personnes, qui visitaient les côtes de la mer Rouge, du golfe Persique et de la presqu'île de l'Inde. Six mois après, il arrivait, avec la mousson contraire, le même nombre de personnes en Égypte. Naturellement ce qui s'était passé d'important d'un côté était transmis de l'autre, et l'Orient et l'Occident se trouvaient en communication régulière. Nous sommes trop portés à voir les choses sous le jour qui nous est avantageux. Aux temps dont il s'agit, lorsque l'empire romain était dans toute sa force, et que l'aisance était générale, les fonctionnaires publics, les hommes qui avaient un revenu assuré et les oisifs tenaient, comme à présent, à se mettre au courant de tout ce qui se passait d'important. A Rome, on faisait circuler à la main les actes du sénat et les autres nouvelles du jour, et ces espèces de journaux se répandaient dans toutes les villes de l'empire [1]. C'est en grande partie à l'aide de ce genre de documents qu'ont été rédigés les écrits de Suétone, de Florus, d'Aurelius Victor, etc. qui sont parvenus jusqu'à nous. Tacite lui-même, qui traitait d'événements presque contemporains, n'a pas dédaigné de

[1] Mémoire de M. Victor Le Clerc, intitulé *Des journaux chez les Romains*, Paris, 1838, in-8°, p. 181 et suiv.

puiser à cette source[1]. A plus forte raison ces documents ont été mis à contribution par les écrivains qui traitaient de sujets spéciaux, comme Asinius Quadratus, qui composa une histoire particulière des guerres des Romains et des Parthes[2]. Le moment arriva où journaux et histoires particulières; presque tout périt sous les coups des barbares et à la suite d'une misère devenue générale; il ne resta plus que de maigres abrégés composés longtemps après les événements. Comme les auteurs de ces abrégés, tels que Suétone, etc. s'étaient imaginé que l'empire romain était fait pour l'éternité, et que rien de ce qui était écrit ne périrait, ils s'étaient bornés à de courtes indications; leur récit ne tarda pas à devenir, en divers endroits, à peu près inintelligible. Pour se faire une idée exacte de ce que sont réellement les abrégés de Suétone, de Florus, etc. il suffit de se représenter ce que seraient d'ici à mille ans les événements de notre temps, si dans l'intervalle toutes nos bibliothèques et tous nos dépôts scientifiques avaient péri, et que nos neveux en fussent réduits aux résumés qui s'adressent maintenant à la foule, surtout à des résumés composés longtemps après les événements, et lorsqu'un de ces revirements d'opinion dont nous sommes de temps en temps les témoins, serait venu changer toutes les idées.

Il n'a jamais existé d'histoire de l'empire romain, comme il a existé une histoire de la république ro-

<hr>

[1] Annales de Tacite, liv. XVI, ch. xxii.

[2] Voyez mon mémoire sur le Périple de la mer Érythrée.

maine, par Tite-Live. Les savants modernes, qui
ont essayé de constituer l'histoire de l'empire romain, n'ont eu à leur disposition que des histoires
partielles et des abrégés ; et encore, à quelques ex-
ceptions près, ces abrégés et ces histoires partielles
n'étaient pas contemporains. Pour la composition de
ce mémoire, ce que j'ai trouvé de plus authentique
et de plus exprès, ce sont en général les allusions
que les poëtes latins ont faites aux événements de
leur temps. Le plus souvent ces témoignages avaient
été négligés ou mal interprétés ; je suis forcé de le
reconnaître : sans cet ordre de témoignages, mon
mémoire aurait été raccourci de moitié.

Je ne tarderai pas, pour les gouvernements de
Marc-Antoine et d'Auguste, à invoquer les témoignages de Virgile et d'Horace. Dira-t-on que, quelques
années seulement après la mort de Virgile, ses poésies furent le sujet des élucubrations de Hygin, bibliothécaire d'Auguste, et que si le traité de Hygin
ne nous est point parvenu, nous possédons les remarques explicatives et critiques faites au v° siècle par
Servius, Macrobe et autres? Il est difficile d'émettre
un jugement sur le traité de Hygin. Pour les écrits
de Macrobe et de Servius, nous savons que ces deux
auteurs avaient surtout en vue la valeur philologique
des mots et certaines traditions qui leur étaient
chères ; Servius était un grammairien et un littéra-
teur ; la géographie et l'histoire n'étaient pas étrangères à Macrobe ; mais les choses de l'extrême Orient
lui étaient inconnues. Il y a plus : le souvenir des

choses de l'Orient était déjà perdu. Ce qui le prouve, ce sont, d'une part, le silence de Macrobe, et, de l'autre, les erreurs historiques qui déparent le commentaire de Servius.

Si, après un si long laps de temps, les hommes les plus savants de l'Occident n'étaient plus en état de se rendre compte de ce qui, dans les écrits latins des premiers siècles de notre ère, avait trait à l'Orient, les savants de l'Orient étaient encore moins en état de se rendre compte de ce qui, dans les écrits indigènes, se rapporte au même sujet. Nous, peuples de l'Occident, nous sommes loin de posséder toutes les connaissances auxquelles nous aspirons. Mais si, pour ces temps reculés, nous nous comparons aux Orientaux de nos jours, toute la différence est à notre avantage. Qu'on songe à cette masse de faits de tout genre que la science a recueillis dans les derniers siècles, et qui sont à l'épreuve de la critique la plus rigoureuse. A chaque nouveau fait qui se présente, nous avons plusieurs moyens de contrôle, et ordinairement, un peu plus tôt ou un peu plus tard, le fait est mis à sa véritable place. Rien de pareil n'existe pour les nations orientales. Les Chinois de nos jours, qui sont les moins arriérés de tous, et qui possèdent des annales remontant à plusieurs siècles avant notre ère, ne seraient pas en état, pour ce qui concerne les anciens rapports du Céleste Empire avec la Tartarie, l'Inde, la Perse et l'empire romain, de rédiger une seule page exacte de tout point. Les noms des pays et des peuples ont

changé; les compilations chinoises et ce qu'on peut
nommer les auteurs critiques chinois du moyen âge,
manquant de bonnes cartes géographiques et de tables chronologiques, ont presque tout brouillé.
De plus, les imperfections de l'écriture chinoise ne
permettent pas de marquer un nom propre étranger
quelconque d'une manière fixe. C'est au point que,
au bout de quelque temps, le personnage qui de son
vivant avait occupé les cent voix de la renommée,
devient méconnaissable pour les Chinois eux-mêmes.
Pour arriver aux résultats que j'ai obtenus, il n'y
avait qu'un moyen : c'était de faire comparaître à
la fois les divers témoignages occidentaux et orientaux, et à mesure que les témoignages se répon-
daient, de les noter au passage.

Les relations politiques et commerciales qui sont
l'objet de ce mémoire eurent en général lieu par
mer et par l'intermédiaire de l'Égypte. Elles commencèrent l'an 36 avant J. C. à l'époque où le triumvir Marc-Antoine gouvernait l'Égypte et les autres
provinces orientales de l'empire, de concert avec
Cléopâtre. Elles furent reprises par Auguste vers
l'an 20 avant notre ère, et elles se maintinrent pendant plusieurs siècles. Il importait de bien déterminer la part que Marc-Antoine prit à ce grand événement, circonstance qui était restée ignorée. Il
fallait aussi recueillir avec soin tout ce qui, dans les
actes d'Auguste, se rapporte à cette face de la politique impériale. Le règne d'Auguste fut le plus long
de tout l'empire. Ce fut Auguste qui donna à ces re-

lations le caractère qu'elles conservèrent jusqu'à la fin. C'est d'ailleurs la période sur laquelle il nous reste le plus de témoignages, et qui est demeurée une des plus brillantes de l'esprit humain.

Chose singulière, il ne nous est parvenu sur l'histoire du triumvirat de Marc-Antoine, Octave et Lépide, et ensuite sur le long règne d'Auguste, que des fragments et des abrégés. Il y a plus : aucun de ces fragments n'est contemporain. Ils ont été écrits plus de cent ans après les événements, lorsque les idées reçues n'étaient plus les mêmes. Le croira-t-on ? ce que j'ai recueilli de plus précis pour l'objet qui intéresse ce mémoire, je l'ai trouvé dans les poésies d'Horace, de Virgile, de Properce et de Tibulle. Horace et Virgile n'étaient pas seulement de grands poëtes ; ils étaient des poëtes de cour, et souvent ils se trouvèrent dans le secret de la politique impériale. Leurs poésies renferment quelquefois des faits capitaux, des faits restés ignorés, qui méritaient d'entrer dans l'histoire générale. Grâce à elles, j'ai pu éclairer d'un jour nouveau les années d'enfantement de l'empire romain. Cette circonstance, mise au grand jour, donnera un intérêt de plus à ce mémoire. Quelquefois, cependant, l'on reconnaît dans ces poésies l'influence d'une politique, aussi personnelle qu'adroite, qui a fait aller les deux poëtes au delà de la vérité[1].

---

[1] Les poésies de Virgile et d'Horace sont d'un secours d'autant plus grand pour l'histoire, qu'en général les morceaux les plus importants portent avec eux-mêmes la date de leur composition. En

La place qu'Horace et Virgile occupent dans la littérature, celle même qu'ils occupent dans la première partie de ce mémoire, est telle, que je ne puis me dispenser d'ajouter quelques mots. Quelques années après la bataille d'Actium, lorsque le nouvel empire eut pris son assiette et que les frontières romaines eurent été portées jusqu'à l'océan Atlantique à l'ouest, jusqu'aux sables du Sahara au midi, et du côté du nord jusqu'au Weser, au Danube et au Palus-Méotide, l'idée vint de l'étendre jusqu'aux limites orientales du monde d'alors, en y comprenant l'Inde et la Chine. Dans cette hypothèse Rome et le monde n'auraient fait qu'un. Tout semblait alors possible en fait d'ambition, et cette idée flatta beaucoup l'orgueil des Romains. Horace et Virgile adoptèrent l'idée avec ardeur et la développèrent sous toutes les formes ; elle leur parut même si naturelle et si facile qu'ils ne craignirent pas de la présenter comme déjà réalisée. Cette idée, qui exerça une grande influence sur l'état des relations de l'empire romain avec l'Asie orientale, resta gravée dans l'esprit de beaucoup de Romains pendant cent cinquante ans, jusqu'au règne d'Adrien, qui l'abandonna définitivement. Les historiens qui écrivirent depuis cette époque, tels que Suétone et Florus, n'eurent pas l'occasion ou peut-être le cou-

ce qui concerne Horace, les savants se sont occupés de bonne heure de fixer l'époque précise de la composition de chacune de ses pièces, et les travaux faits en ce genre ont été récemment résumés et contrôlés par le baron Walckenaer, dans son *Histoire de la vie et des poésies d'Horace,* deuxième édition, Paris, 1858, deux vol. in-12.

rage de faire une mention expresse de ce revirement
de la politique romaine, et au bout de quelques
générations, probablement sous le règne du grand
Constantin, les souvenirs s'altérèrent. Les témoignages d'Horace et de Virgile auraient dû suffire
pour maintenir l'idée dans l'esprit des savants. Malheureusement Horace, qui fait mention de toute
sorte de choses dans ses odes, ne parle de celle-ci
qu'en passant, et ne conserve pas toujours un ton
sérieux. Virgile, qui remplissait l'office de narrateur,
entre dans quelques détails; mais, à la manière des
poëtes, il ne marque ni les noms des personnes, ni
quelquefois les noms des lieux, et pour les faits qui
ne sont pas connus d'ailleurs, on a de la peine à le
suivre. Pour arriver à la vérité il m'a fallu laisser
de côté les traducteurs et les commentateurs, et remonter à des témoignages ignorés jusqu'ici, ou qui,
bien qu'ayant circulé de tout temps, n'avaient jamais
été appréciés à leur véritable valeur. Une fois fixé,
il m'a été facile de soumettre les vers de Virgile et
d'Horace à un nouvel examen et d'en donner une
traduction plus exacte. Cet examen a même eu un
résultat auquel je ne m'attendais pas : c'est qu'une
des pensées fondamentales de l'Énéide a été rendue
par Virgile d'une manière défectueuse, et que c'est
cette lacune qui inspira tant de regrets au poëte au
moment de sa mort. Ce que j'ai dit d'Horace et de
Virgile doit s'appliquer à Properce et à Tibulle.

A quelles bizarreries n'est pas exposé l'esprit humain ! Les Romains, du temps d'Auguste, se crurent

appelés à la conquête du monde entier ; l'idée, ayant été reconnue d'une exécution impossible, est abandonnée, et les historiens qui ont écrit après le règne de Trajan, n'en ont pas même fait mention. Mais, à partir du iv⁰ siècle, à mesure que l'empire marcha vers sa ruine, l'idée revint avec une nouvelle force dans l'esprit des personnes qui se piquaient de patriotisme, et, sur la foi de Virgile et d'Horace, on crut que l'idée avait eu, pendant quelque temps, son exécution. C'est ainsi que Servius, dans ses notes sur Virgile, et Æthicus dans sa Cosmographie, sont partis de l'idée qu'Auguste avait soumis l'univers entier à ses lois. N'est-ce pas également ainsi qu'au moyen âge, lorsque la race de Charlemagne fut éteinte et que son empire fut morcelé en cent États différents, nos pères aimèrent à se figurer le grand empereur comme ayant subjugué Constantinople et Jérusalem, et comme ayant étendu son ascendant à tous les points de l'horizon ?

Tel est l'objet du premier paragraphe. Dans le second paragraphe, je passe dans l'Inde et en Chine, et, à l'aide de témoignages déjà connus, mais qui n'avaient jamais été rapprochés et discutés, j'essaye de faire connaître l'Asie orientale mieux qu'on ne l'avait fait jusqu'ici.

Enfin, dans le troisième paragraphe, je reprends la suite des événements à partir de la mort d'Auguste, et je la continue jusqu'au vi⁰ siècle, lorsque le nom romain eut cessé de retentir dans les mers orientales.

Ce mémoire étant nouveau d'un bout à l'autre,
je n'ai pas eu, au fur et à mesure qu'une question
se présentait, la ressource qu'on a ordinairement de
renvoyer à d'autres ouvrages, et il m'a fallu traiter
la question dans son ensemble. Mais il y a des bornes
à tout, et, bien que n'omettant rien d'essentiel, j'ai
été sobre de détails.

Deux idées dominent dans ce mémoire, et ces
idées sont tellement grandes, qu'au seul énoncé
l'esprit en est comme saisi : 1° Rome régnant sur le
monde, l'Europe, l'Asie et l'Afrique, et le vieux monde
ne faisant qu'un avec Rome ; telle est la doctrine dont
Virgile et Horace se firent les apôtres. 2° Avec le
temps, l'impossibilité matérielle de soumettre de si
vastes contrées à une même autorité s'étant fait jour,
Rome se résigna à n'être plus que la capitale du
premier empire du monde ; mais tel était le prestige
exercé par le nom romain, que, jusqu'au règne du
grand Constantin, le nom de Rome se trouva dans
toutes les bouches, amies et ennemies, depuis l'océan
Atlantique jusqu'à la mer de Chine, depuis la mer
Baltique, le Palus-Méotide et la mer Caspienne jusqu'au fleuve Niger, aux sources du Nil et à la mer
des Indes, et que toute secousse qui ébranlait Rome
ébranlait le vieux monde tout entier. Il n'avait pas
existé jusque-là d'empire pareil, et l'on n'en verra
peut-être plus de semblable.

§ I.

MARC-ANTOINE ET CLÉOPÂTRE. — BATAILLE D'ACTIUM.
RÈGNE D'AUGUSTE ET SA POLITIQUE. — HORACE,
VIRGILE, PROPERCE ET TIBULLE. — IDÉES GÉOGRA-
PHIQUES DU TEMPS.

Les personnages nommés ici sont déjà connus
d'une manière générale. Je n'ai à les considérer que
dans leurs rapports avec les choses de l'Orient. Je
vais donc indiquer, avant tout, quelles étaient ces
choses.

Les pays dont il s'agit dans ce mémoire sont
l'Hyrcanie, l'Inde, la Bactriane et la Chine. Ce sont
justement les contrées sur lesquelles les historiens de
l'empire romain, anciens et modernes, nous en apprennent le moins. Si dans ce paragraphe il est aussi
parlé de l'Arabie, de l'Éthiopie, de la Mésène et de
la Kharacène, ainsi que de l'Arménie et du royaume
des Parthes, c'est seulement en passant et par occasion. Traiter de ces contrées en détail, c'eût été
allonger beaucoup ce mémoire et s'exposer à répéter des faits déjà connus.

L'Hyrcanie, chez les anciens, était la région située
au midi de la mer Caspienne. Hérissée de montagnes
escarpées, et déchirée par de profondes vallées, elle
est d'un accès difficile, et ses habitants ont de tout
temps mené une vie presque sauvage. Jamais l'Hyrcanie n'a été bien soumise au gouvernement central
de la Perse. Au temps de l'empire romain, elle était

souvent en état de rébellion contre les rois arsacides
et sassanides, et elle recourut plus d'une fois à l'intervention romaine. Les empereurs voyaient avec
plaisir ces tentatives d'indépendance, et ne demandaient pas mieux que d'attiser le feu de la guerre :
c'était un moyen de faire diversion aux attaques de
leurs éternels ennemis. Plus tard, quand le prestige
du nom romain eut cessé en Orient, les Hyrcaniens
recoururent à l'intervention chinoise [1].

A l'Hyrcanie il faut joindre le pays des Dahes,
situé au sud-est de la mer Caspienne, près de l'embouchure de l'Oxus dans le lac d'Aral. Ce pays avait
à la fois à se défendre contre les Parthes, contre les
Chinois et contre les rois de la Bactriane. Il paraît,
d'après une expression de Virgile, qu'au moment de
l'avénement d'Auguste, les Dahes jouissaient de l'indépendance [2].

L'Inde a été de tout temps morcelée en une
foule de principautés, et lorsque l'histoire parle de
relations romaines avec l'Inde, il y a des distinctions
à faire. On a vu, dans mon mémoire sur le Périple [3],
que, dans les premiers siècles de notre ère, la côte
occidentale de la presqu'île formait plusieurs États
différents, et que les relations de Rome avec ces

---

[1] C'est ce qu'on verra dans le mémoire subséquent.

[2] Le passage où cette expression se trouve est cité ci-dessous. Il
est d'autant plus important, que les annales chinoises, qui font mention des Dahes, ne s'expliquent pas là-dessus. (Voyez les *Nouveaux
mélanges asiatiques* d'Abel Rémusat, t. I, p. 219.)

[3] Tome XXIV du *Recueil des mémoires de l'Académie des inscriptions,* p. 225 et suiv.

contrées étaient purement commerciales. Beaucoup
de Romains auraient trouvé naturel que ces régions,
si riches en produits, fussent soumises aux lois romaines. Nul doute que si l'empire eût suivi jusqu'au
bout ses tendances, l'absorption ne se fût réalisée.
Mais ces contrées ne se trouvaient pas sur le chemin des grandes combinaisons politiques, et l'invasion ne fut jamais tentée.

Il n'en fut pas de même de la Bactriane, qui était
placée dans d'autres conditions. Mais d'abord qu'est-
ce que la Bactriane? La réponse à cette question a
d'autant plus d'importance, que, circonstance qui
avait été ignorée jusqu'ici, les rois de la Bactriane
furent, pendant quatre cents ans, les auxiliaires les
plus utiles de la politique romaine dans l'Asie orientale.

La Bactriane proprement dite est la contrée située au midi de l'Oxus, et à l'ouest et au sud-ouest
des montagnes qui bornent l'Inde du côté du nord.
C'est à la fois, du côté du nord, le lieu par lequel
l'Asie occidentale peut communiquer par terre d'une
part avec l'Inde, et de l'autre avec la Tartarie et la
Chine. Là s'arrêtèrent d'abord les populations de
race indo-européenne qui, après avoir quitté les pays
montagneux du nord-est, occupèrent la Perse, et
donnèrent naissance au persan actuel. Là fut en
grande partie le foyer des croyances qui furent pro-
pagées par Zoroastre. Bactra, la capitale, était regardée comme la ville la plus ancienne du monde,
et on lui donnait le surnom de *mère des villes*. La

Bactriane marchait ordinairement avec la Sogdiane, située entre l'Oxus et l'Iaxarte. L'une et l'autre contrée furent conquises successivement par Cyrus et par Alexandre. La Bactriane et la Sogdiane sont marquées au nombre des Satrapies, dans les inscriptions en caractères cunéiformes qui furent gravées sous la domination des rois achéménides; elles ont été aussi mentionnées comme telles par Hérodote. Maintenant Bactra porte le nom de *Balkh*, et le pays, jadis florissant, est dans un état misérable [1].

[1] Les écrivains grecs et latins donnent à la capitale de la Bactriane le nom de *Bactra*, et dans les inscriptions cunéiformes, ce nom est écrit *Bakhtri*. Évidemment c'était la forme régulière. Mais dans le *Vendidad*, livre attribué à Zoroastre, on trouve Bakhdhi, sans la lettre *r*. Comparez le *Zend-Avesta* d'Anquetil Duperron, t. I, 2ᵉ partie, p. 266, et la traduction allemande de l'*Avesta*, par M. Spiegel, t. I, p. 62. Bakhdhi ne peut être qu'une forme vulgaire, qui prouverait que la rédaction du *Zend-Avesta* n'est pas d'une époque très-ancienne. Le fait est que Moïse de Khorène, écrivain arménien, qui florissait au commencement du vᵉ siècle, a écrit *pahl*, et le voyageur chinois Hiouen-thsang (*Relation de son voyage*, t. I, p. 289), *poholo*. Une circonstance particulière, c'est que Alexandre Burnes (*Voyages*, t. II, p. 174) a retrouvé la forme *Bakhter*, appliquée au pays, encore usitée. A l'égard de la forme *Balkh*, qui a remplacé celles de *Bactra*, *Bakhdhi*, *Puhl* et *Poholo*, elle me paraît être d'origine arabe. Je ne l'ai pas rencontrée antérieurement à l'époque où, vers le milieu du viiᵉ siècle, les nomades, transformés par Mahomet, conquirent toute la Perse, depuis l'Euphrate jusqu'au Iaxarte et jusqu'à l'Indus. *Balkh* est un mot arabe qui signifie *superbe;* d'un autre côté, le nom de *Balkh* est accompagné par les Persans de l'épithète *bami*, qui signifie *haute*. L'un est-il la traduction de l'autre? ou bien *Balkh* est-il simplement une altération de *Bakht* ou *Bahl?* Une circonstance à remarquer, c'est que dans le *Boundehesch*, livre pehlvi qui renferme la cosmogonie des Parses, on trouve la forme *Balkh* (voyez le *Zend-Avesta* d'Anquetil, t. II, p. 391 et suiv.). Il est permis d'induire de là que le *Boundehesch* n'a été rédigé que plusieurs générations après

J'ai déjà dit, dans le mémoire cité, que, vers l'an 240 avant J. C. des guerriers grecs qui, depuis les conquêtes d'Alexandre, étaient à la tête de la société dans l'Orient, enlevèrent la Bactriane aux rois séleucides. Maîtres du territoire baigné par l'Oxus et l'Iaxarte, ils franchirent l'Hindoukousch et occupèrent la vallée de l'Indus. En peu de temps leur empire comprit toutes les provinces situées entre l'Iaxarte, le Gange et le golfe de Cambaye. Cet empire était surtout soutenu par des hommes venus de la Grèce et de l'Asie Mineure, lesquels, ne trouvant pas chez eux un sort convenable, allaient chercher fortune ailleurs. Au bout d'un peu plus de cent ans, le sol grec étant épuisé, peut-être aussi les rois bactriens s'étant amollis sous un climat si différent du climat natal, cet empire, qui n'avait pas été sans éclat, fut envahi par une nation sauvage venue des frontières de la Chine. Ptolémée et l'auteur du Périple donnent au nouvel état le nom d'Indo-Scythie; indien, à cause des provinces dont il se composait pour la plus grande partie, et scythe, à cause de l'origine des conquérants. De leur côté, les écrivains latins et les écrivains grecs antérieurs à Ptolémée l'appellent tantôt Inde et tantôt Bactriane, sans doute parce qu'il s'était mis en lieu et place de l'empire fondé par les Grecs.

Les Chinois étaient dès lors imbus des mêmes préjugés qu'aujourd'hui; c'était à peu près le même

la conquête de la Perse par les Arabes, lorsque la nouvelle dénomination eut fait oublier l'autre. En ce qui concerne les permutations et les suppressions de lettres qui se présentent ici, je renvoie à mon Mémoire sur le Périple de la mer Érythrée.

éloignement pour tout ce qui avait un caractère
étranger. Mais le gouvernement était plus éclairé
qu'il ne l'est maintenant. C'était l'époque où les petits
royaumes entre lesquels le Céleste Empire avait été
longtemps partagé, s'étaient réunis dans la même
main, et où les efforts du gouvernement tendaient à
étendre l'influence chinoise au dehors. On a vu avec
quelle sollicitude il fit accompagner les populations
barbares qui, en s'éloignant de la Chine, avaient pris
la direction de l'Oxus. Successivement les populations tartares, qui auparavant étaient un continuel
sujet d'épouvante pour la Chine, reconnurent d'une
manière plus ou moins complète le pouvoir du fils
du ciel, et le Céleste Empire se trouva naturellement
en communication avec l'Inde et la Perse. Ce fut alors
que la connaissance de la Chine, désignée par le
nom de *Pays des Sères*, se transmit en Europe. Pour
les Indiens, ils adoptèrent la forme *Tchina*, altération du nom de la dynastie des Thsin, qui avait régné quelque temps auparavant sur la Chine. La Bactriane, placée entre l'Inde, la Perse et la Chine,
voyant son indépendance menacée, mit sa politique
à tenir la balance égale entre ses puissants voisins ;
mais comme elle n'aurait pas pu y suffire par ses
propres forces, elle chercha un appui dans les forces
de l'empire romain. De leur côté, les empereurs,
dans leurs fréquents démêlés avec la Perse, ne laissaient échapper aucune occasion de rehausser la puissance des rois de la Bactriane [1].

---

[1] Saint-Martin, induit en erreur par une méprise des historiens
arméniens et par un passage de Strabon mal interprété, est parti de

Je suis obligé d'entrer, à ce sujet, dans quelques
détails. Les historiens grecs et latins ne nous ont
rien appris sur les rois grecs de la Bactriane; à peine
s'ils font mention de deux ou trois noms propres:
si nous avons appris les noms des autres, c'est à
l'aide des médailles qui furent frappées sous leur
règne, et qui n'ont été découvertes que dans ces
derniers temps. Encore moins les Grecs et les Latins ont parlé des rois indo-scythes, qui leur succé-
dèrent. Horace, Virgile, Properce et Tibulle, sont
les seuls qui ont dit quelques mots du prince indo-
scythe qui régnait de leur temps; malheureusement
ils l'ont fait en poëtes, et leur langage est si peu précis,
que personne jusqu'ici ne l'avait compris. Les écrivains chinois non plus ne disent rien des rois grecs
de la Bactriane. De leur temps, les Chinois n'étaient
pas encore sortis de leurs limites, et ils ne savaient
rien de ce qui se passait au dehors[1]; mais ils font men-

l'idée que, quelque temps après la première arrivée des Scythes
dans la Bactriane, un prince de la famille des Arsacides les en
chassa. Saint-Martin fait durer la domination des princes arsacides
en Bactriane jusqu'au ve siècle de notre ère, c'est-à-dire pendant
plus de quatre cents ans. C'est le cas de dire que ce qui prouve trop
ne prouve rien. Aucun fait, pendant ce long intervalle, ne décèle
la présence d'une dynastie arsacide dans la vallée de l'Oxus. L'opinion de Saint-Martin a été émise dans ses *Mémoires sur l'Arménie,*
publiés eu 1819, t. II, p. 31 et suiv. dans son *Histoire des Arsacides,*
publiée après sa mort, t. II, p. 71, 272, 287, etc. enfin dans ses
notes sur l'*Histoire du Bas-Empire* de Lebeau, t. III, p. 385 et suiv.
Elle a été reproduite par Klaproth, dans ses *Tableaux historiques de
l'Asie,* p. 42. Cette opinion, en ce qui concerne les témoignages
arméniens, a été réfutée par Quatremère, *Journal des Savants* de
l'année 1840, p. 345.

[1] Strabon, liv. XI, ch. xi, dit que les rois grecs de la Bactriane

tion de plusieurs des rois indo-scythes : voilà une
première source de renseignements.

Dans l'Inde il y avait alors deux sectes en présence, et deux sectes à peu près d'égale force : les
brahmanistes et les bouddhistes. Il y a peu à attendre
des brahmanistes en fait de renseignements historiques. Les brahmanistes, ainsi appelés parce qu'ils
rapportent tout à Brahma, et qui sont censés représenter les doctrines primitives, croient qu'ils forment
une race à part, et que leurs destinées futures sont
assurées d'avance. Ils ont, d'ailleurs, à se préoccuper de l'ordre à maintenir parmi les différentes classes
de la population, encore à présent la base de l'ordre
social. En conséquence ils font peu d'attention aux
événements de ce monde, et l'événement eût-il eu
les plus graves conséquences pour des générations
entières, ils dédaignent d'en conserver le souvenir:
c'est ainsi que le nom d'Alexandre le Grand ne se
rencontre pas une fois dans leurs écrits. Les disciples
de Bouddha, bien qu'en proie à beaucoup de préjugés, sont moins exclusifs que leurs adversaires. Non-
seulement ils n'admettent pas la division des castes,
mais encore ils regardent tous les hommes comme
frères, et quand un personnage se présente pour embrasser leur secte, ils l'acceptent sans s'informer de
son origine. Par suite du même principe, ils ont pris
note des événements qui intéressaient leur secte; et
quand ces événements ont eu une importance histo-

étendirent leur domination jusqu'au pays des Sères. Évidemment
Strabon veut parler du territoire sère, tel qu'il s'était accru de son
temps, c'est-à-dire jusqu'à l'Oxus ou du moins jusqu'au Iaxarte.

rique, ils n'ont pas manqué de les rappeler dans
l'occasion. Combien de faits ensevelis dans l'oubli,
que l'érudition européenne aura à chercher dans les
légendes bouddhiques! S'ils n'ont pas fait mention
d'Alexandre, c'est uniquement parce que, du temps
de ce conquérant, le bouddhisme n'avait pas encore
pénétré dans la vallée de l'Indus, et qu'Alexandre
n'eut rien a démêler avec les disciples de Bouddha.

On sait que le bouddhisme est en ce moment la
religion dominante dans l'île de Ceylan, au Thibet,
au Japon, dans les royaumes birman et siamois, et
qu'il compte un grand nombre de millions d'adeptes
en Chine et dans la Tartarie. Or, non-seulement
certains faits relatifs à la Bactriane et au reste de
l'Inde sont rapportés par les écrivains chinois de
l'école de Confucius, mais encore ils le sont, et
avec plus de détails, par les écrivains bouddhistes,
pour qui l'Inde, patrie de Bouddha, était un pays
sacré. Les bouddhistes chinois ont fait passer dans
leur langue beaucoup de récits indiens dont les ori-
ginaux sanscrits sont perdus, ou du moins ne nous
sont point parvenus : voilà une seconde source de
renseignements.

Justement le prince de la Bactriane qui traita avec
Marc-Antoine, et contre lequel Virgile s'est élevé
plus d'une fois, professait le bouddhisme. Il en est
longuement parlé dans les légendes bouddhiques
sanscrites et chinoises. Il en est même, par une heureuse exception, fait mention dans l'histoire sanscrite
de Cachemire rédigée par un brahmaniste. On voit

que les circonstances ne pouvaient pas être plus
favorables pour mes recherches.

Voici maintenant le résumé de ce que les documents orientaux nous apprennent à ce sujet. Les
écrivains arabes et persans donnent, en général, aux
populations d'origine tartare le nom de *Turk*. L'é-
quivalent se trouve dans les livres sanscrits sous la
forme *Turuchka*. Les Indiens, à l'exemple des anciens
Persans et des écrivains grecs, les appellent aussi
quelquefois du nom de *Saces*[1]. Quant aux Chinois,
ils ne connaissent les Indo-Scythes que sous le nom
de *Youei-tchi*, *Yue-tchi*, ou bien encore *Yue-ti*.

Les premiers Yue-tchi qui envahirent la Bactriane
proprement dite, divisèrent d'abord la contrée en
cinq parties, formant chacune une principauté. Au
nombre de ces principautés était celle qui est appelée par les Chinois *Kouei-chouang*[2]. Le prince de
Kouei-chouang ne tarda pas à renverser tous ses rivaux et à ne faire qu'un État du pays tout entier.
Ensuite il traversa l'Hindoukousch et fit, le pre-

[1] Hérodote, liv. VII, ch. LXIV.

[2] Les historiens arméniens ont écrit ce nom *Kouschan*, et ils désignent par là le royaume de la Bactriane. Pour les écrivains syriaques,
ils écrivent *caschan*. Voy. Cureton, *Spicilegium syriacum*, p. 21 et 82.
Saint-Martin a commis, à cette occasion, une nouvelle erreur. Il a
existé au fond de la Tartarie un royaume que les Chinois appellent
Kao-tchang; c'est le royaume des Ouigours. Ce savant a confondu le
royaume de la Bactriane avec le royaume des Ouigours, et il a appliqué à la Bactriane ce que l'historien arabe Massoudy a dit du grand
nombre de Manichéens qui, au Xe siècle de notre ère, existaient
dans le dernier pays. Comparez l'*Histoire des Arsacides* de Saint-
Martin, t. II, p. 273 et 288, avec mon Mémoire sur l'Inde (*Recueil
de l'Académie des inscriptions*, t. XVIII, p. 82).

inier, flotter l'étendard tartare dans la vallée de l'Indus. Les écrivains chinois donnent à ce prince le nom de *Kieou-tsieou-khio*. Suivant eux, il eut pour successeur Yan-kao-tchin [1], et celui-ci fut remplacé par Kia-ni-so-kia. Comme ces trois personnages comptaient la vallée de Cachemire au nombre de leurs provinces, leur nom se trouve cité dans l'histoire de Cachemire sous les formes *Huchka*, *Djuchka* et *Kanichka* [2].

Kanichka, le même qui entra en relation avec Marc-Antoine, fut le prince indien le plus puissant de son temps. C'est un des grands noms de l'histoire du bouddhisme et de l'histoire de l'Inde en général. Lui et Asoka, qui, deux siècles auparavant, avait occupé la presqu'île de l'Inde tout entière, et y fit triompher la cause du bouddhisme, tiennent, chez les bouddhistes, la même place que, chez nous, le grand Constantin et Charlemagne. Il n'est guère de bouddhiste lettré au Thibet, à Ceylan, au Japon et ailleurs, qui, à ces deux noms, ne fasse un salut respectueux. L'un et l'autre avaient le goût de la bâtisse : la quantité des édifices qu'ils élevèrent en l'honneur du bouddhisme se comptait par milliers; la plupart consistaient en couvents et en espèces de tours se terminant en coupole, où l'on avait placé des reliques de Bouddha : plusieurs existent encore.

---

[1] Il faut probablement lire *Yan-tchin-kao.*

[2] *Radjatarangini, Histoire des rois du Kachmir,* texte sanscrit et traduction française, par M. Troyer, trois volumes in-8°, t. II, p. 19.

Hiouen-thsang, ce bouddhiste chinois qui, vers le milieu du viie siècle de notre ère, vint recueillir dans l'Inde les traditions de Bouddha, à une époque où déjà le bouddhisme y était en décadence, trouva les souvenirs laissés par Kanichka présents à tous les esprits. Il signale particulièrement un couvent situé aux environs de la ville actuelle de Peichaver, et dont les Arabes admirèrent encore, trois cent cinquante ans après, les restes imposants [1]. Voici comment s'exprime Hiouen-thsang : «On y voit des «pavillons à deux étages, des belvédères élevés les «uns au-dessus des autres, une tour à plusieurs «étages et une grotte profonde; quoique ce monu-«ment commence à tomber en ruines, on peut en-«core l'appeler un chef-d'œuvre de l'art. Il est sorti «de ce monastère, à certains intervalles, des hommes «du plus grand mérite; on y sent encore le parfum «des mœurs pures des docteurs qui y composèrent «leurs écrits, et des personnages qui y atteignirent «les degrés de la sainteté [2]. »

Les médailles de Kanichka, qui, ainsi que les autres médailles indiennes de la même période, ne sont connues en Europe que depuis quelques années, portent des légendes partie en grec et partie en caractères indigènes. En grec le nom de Kanichka est marqué sous la forme *Kanerké*, par une de ces permutations de lettres dont il a été parlé dans mon

---

[1] Voyez mes *Fragments arabes et persans inédits, relatifs à l'Inde*, Paris, 1845, p. 149.

[2] *Mémoire sur l'Inde*, p. 78.

mémoire sur le Périple. Par suite de l'étendue de sa puissance, il porte sur ses médailles le titre grec de *roi des rois*[1]. De leur côté, les indigènes lui avaient donné le titre de *maître du Djambou-Douîpa*, ce qui équivalait au titre de *maître suzerain de toute l'Inde.*

J'ai dit que les médailles de Kanichka portaient à la fois des légendes grecques et indigènes, preuve que l'usage du grec s'était maintenu à la cour des rois indo-scythes, et que, dans leur chancellerie, il s'écrivait des lettres dans les deux langues. Voici un autre fait qui étonnera le lecteur, mais qui le préparera au résultat que nous cherchons. En 1830, un général français qui était au service du roi de Lahor, dans les anciens États de Kanichka, se trouvant sur la rive gauche de l'Indus, eut l'idée de démolir une tour bouddhiste qui avait été bâtie dans le voisinage et qu'on attribuait à Kanichka; que trouva-t-il dans les fondations? Il y trouva, avec quelques médailles de Kanichka, des médailles des derniers temps de la république romaine, le tout rangé dans un certain ordre. Les plus récentes étaient frappées au coin de Jules César et de Marc-Antoine[2]. Ainsi cette tour avait été élevée entre la mort de Jules César et le triomphe définitif d'Auguste, pendant le gouvernement de Marc-Antoine, et elle était un hommage rendu à Marc-Antoine, en même temps qu'un

---

[1] Βασιλεὺς βασιλέων. Mionnet, *Description des médailles grecques,* Supplément, t. VIII, p. 498.

[2] *Journal des Savants* de l'année 1836, p. 70 et suiv. (article de Raoul-Rochette).

témoignage des relations qui existaient entre les deux gouvernements. Évidemment c'est de Kanichka que Plutarque veut parler quand il dit qu'après la bataille d'Actium, Cléopâtre, craignant pour la vie du fils qu'elle avait eu de Jules César, l'avait fait embarquer, sur la mer Rouge, pour l'Éthiopie, afin que de là il se retirât dans l'Inde [1].

Les états de Kanichka étant contigus aux possessions chinoises, c'est une voie naturelle pour entrer dans le Céleste Empire. Je vais en dire quelques mots, sauf à y revenir plus tard.

Les Chinois ne commencèrent à avoir quelques notions sur l'Inde et la Perse que dans le siècle qui précéda notre ère. Il en fut de même de l'Inde et de la Perse par rapport à la Chine. La première arrivée des armées chinoises sur les bords de l'Iaxarte est placée, par les annales de la Chine, quelques années avant le règne de Kanichka, entre les années 87 et 49 avant Jésus-Christ [2]. C'est quelques années après que l'on commence à parler des Chinois en Occident. Du reste, pendant longtemps, tout ce qui se transmettait d'un pays à l'autre était porté par des hommes isolés et à travers mille dangers. Sur vingt personnes qui se mettaient en route, dix-neuf

---

[1] *Vie de Marc-Antoine,* vers la fin. Le fils de Jules César reçut le nom de Césarion, et, de plus, le nom officiel de Ptolémée XIV. (Voyez, sur ce personnage, la *Biographie universelle,* t. XXXVI, p. 255. Notice de Saint-Martin.)

[2] Voyez le savant mémoire d'Abel Rémusat, intitulé *Remarques sur l'extension de l'empire chinois du côté de l'Occident,* t. VIII du *Recueil de l'Académie des inscriptions,* p. 119 et suiv.

restaient en chemin, et souvent l'objet qui atteignait le but n'était pas apporté par l'homme qui en avait été chargé : ce que je dis s'applique aussi bien à la voie de mer qu'à la voie de terre. La distance qui sépare la Chine des bords de l'Oxus, est parsemée de déserts de sable, de torrents impétueux, de montagnes presque infranchissables. Les populations qui habitaient ces malheureuses contrées, étaient presque réduites à l'état sauvage, et, le plus souvent, en guerre les unes avec les autres. Du côté de la mer, les difficultés n'étaient pas moindres : on n'avait pas encore imaginé l'usage de la boussole; on n'était pas en état de déterminer en mer la position du navire sous le rapport de la longitude et de la latitude; on manquait de cartes géographiques et nautiques; les habitants des côtes qu'on avait à longer étaient plongés dans la barbarie.

La question des rapports de l'empire romain avec la Chine, et en général tout ce qui concerne la connaissance plus ou moins exacte que les anciens ont eue de l'Asie orientale, a été jusqu'ici compliquée des plus graves difficultés. Les Grecs et les Romains, pour désigner les populations de l'extrême Orient, firent usage de deux dénominations différentes, *Sinæ* ou *Thinæ*[1], et *Seres*[2]. Ces deux dénominations se rapportent-elles à un seul peuple ou à deux peuples différents? Dans tous les cas, que faut-il entendre au juste par ces deux expressions?

[1] Σῖναι et Θῖναι ou Θεῖναι.
[2] Σῆρες.

Les savants se sont partagés à cet égard : quelques-uns ont pensé que le mot *Sère* désignait une population de l'Asie centrale, et qu'aux Sinae seuls appartenait le titre de Chinois. Le fait est que Ptolémée, tout en plaçant la Sérique à peu près là où est la Chine, l'a mise dans l'intérieur du continent, et qu'il a reporté les Sinae sur les bords de la mer, du côté du midi, dans la presqu'île au delà du Gange. Je vais réduire la question à ses termes les plus simples, et j'espère prouver que, contrairement à l'opinion de Ptolémée, les Sinae ou Thinae et les Sères sont un seul et même peuple, et que ce peuple n'est pas autre que les Chinois actuels.

Les Chinois n'ont pas, à proprement parler, de nom national ; encore aujourd'hui, ils se désignent ordinairement par le nom de la dynastie qui règne dans le moment. Quand ils veulent employer une dénomination générale, ils se servent des expressions *Empire du milieu, Pays des quatre mers*[1]. Notre mot *Chine* est une reproduction des mots latins *Sinæ* ou *Thinæ*, et ceux-ci répondent au mot *Tchina*, qui, chez les écrivains sanscrits des derniers temps antérieurs à notre ère, servit à désigner le Céleste Empire. La preuve que, chez les Indiens, le mot *Tchina* répondait à la véritable Chine, c'est que les deux pèlerins chinois qui visitèrent l'Inde au commencement du v⁰ siècle, et vers le milieu du vii⁰ siècle, Fahian et Hiouen-thsang, ne mettent pas d'autre terme dans la bouche des Indiens, quand

____

[1] Klaproth, *Mémoires relatifs à l'Asie,* t. III, p. 266 et suiv.

ceux-ci viennent à parler de la Chine. C'est Ptolémée qui, vers le milieu du II⁰ siècle de notre ère, et pour se donner un air d'érudition, mit en circulation le terme *Sinæ* ou *Thinæ,* concurremment avec le mot *Seres*, qui jusque-là avait été seul en usage. La nouvelle dénomination fut adoptée par l'auteur du Périple de la mer Érythrée, mais appliquée à la véritable et unique Chine, et elle finit par prendre le dessus. Or le terme indien *Tchina* dérivait évidemment du nom de la dynastie chinoise Thsin, qui régna entre les années 255 et 206 avant Jésus-Christ, époque où apparemment le nom chinois dépassa pour la première fois la chaîne de l'Himalaya[1].

Jusqu'à Ptolémée, les Grecs et les Latins ne connurent que le mot *Seres.* Horace, Virgile et Properce emploient les premiers cette dénomination; puis viennent Strabon, Pomponius Mela, Pline le Naturaliste, Denys le Periégète, Stace, Martial et Juvénal; et, d'après ces divers écrivains, les Sères, d'une part, étaient établis sur les bords de la mer orientale, de l'autre ils n'étaient pas éloignés des bords de l'Oxus[2]. C'est précisément le tableau que les annales chinoises font de la puissance chinoise à cette époque.

D'où vient la dénomination *Sère?* En grec, le ver

---

[1] Klaproth, *Mémoires relatifs à l'Asie,* t. III, p. 257 et suiv. Du reste le mot *Thsin,* appliqué par les Chinois à leur propre pays, revient à différentes époques chez les écrivains nationaux. (Voyez le *Foe-koue-ki,* ou relation de Fahian, pag. 7, 15 et 343.)

[2] Carte du système géographique des Romains annexée à ce mémoire.

à soie est désigné par le mot *Ser*[1]. D'un autre côté, le nom générique de la soie, en chinois, est *se*, mot qui, d'après bien des exemples connus, devait se prononcer dans certaines provinces, *ser*. Or ce n'est que peu de temps avant Horace et Virgile que l'usage de la soie s'introduisit de Chine en Occident. Abel Rémusat et Klaproth inférèrent de là que le nom chinois de la soie avait pénétré avec la soie elle-même en Europe, et que la dénomination *Sère*, appliquée à la Chine, n'avait pas d'autre origine[2]. Cette explication fut généralement adoptée.

Mais une autre explication est fournie par la *Description de la Grèce* de Pausanias, dans un passage qui n'a pas été connu de Klaproth ni d'Abel Rémusat, et qui sera rapporté plus tard. D'après Pausanias, le mot grec *Ser* n'a rien de commun avec le mot employé en Chine avec cette signification. Suivant lui, le nom des Sères est dérivé du nom d'un grand fleuve de la Chine, appelé *Ser*. Le fleuve dont parle Pausanias, ne peut être que le fleuve Jaune, qui s'appelle en chinois Hoang-ho (*ho* ou fleuve, et *Hoang* ou jaune). En effet, les Chinois nomment quelquefois le fleuve Jaune *ho* tout court, c'est-à-dire, le fleuve

[1] Σῆρ.

[2] *Journal asiatique* d'avril 1823, p. 243 et suiv. Il est digne de remarque que, ainsi que le nombre *sept*, le mot *ser*, à quelques permutations de lettres près, a conservé, dans presque toutes les langues indo-européennes, sa forme primitive. En effet, on dit en grec Σηρικόν, en latin *Sericum*, en anglais *Silk*, en allemand *Seide*, en hollandais *Zyde*, en danois *Silke*, en italien *Seta*, en espagnol et en portugais *Seda*. (Voy. Klaproth, *Mémoires relatifs à l'Asie*, t. III, p. 264).

par excellence, et, d'après ce qui a été montré dans mon mémoire sur le Périple, *ho* est susceptible de se prononcer *se* aussi bien que le mot qui désigne la soie. Il faut savoir que le fleuve Jaune, qui prend sa source en Tartarie, est réellement le principal fleuve de la Chine, et que d'après les traditions les plus respectables, la vallée qu'il arrose, fut jadis le berceau de la civilisation chinoise. Tandis que toutes les populations voisines étaient plongées dans la barbarie, les habitants de la vallée, venus de la Tartarie, commencèrent à défricher les terres, à maitriser les eaux du fleuve, et finirent par donner la loi à tout le pays[1]. D'après cela, le nom des Sères aurait eu d'abord le sens d'habitants de la vallée du fleuve Jaune.

Je n'ose pas me prononcer entre les deux explications. Ce qu'il y a de certain, c'est qu'en Occident, l'on resta persuadé que Ptolémée avait fait une fausse distinction de noms, et, jusqu'à la chute de l'empire, on n'employa que le mot *Sère*. Une circonstance singulière avait empêché jusqu'ici les savants modernes de reconnaître l'erreur de Ptolémée. On croyait que les deux dénominations *Seres* et *Sinæ* ou *Thinæ* avaient existé pour ainsi dire de tout temps, avant même que ni l'Europe ni l'Asie occidentale n'eussent de rapports avec le Céleste Empire. D'après un passage de la *Bibliothèque* de

---

[1] Comparez Klaproth, *Mémoires*, t. III, p. 266, et Édouard Biot, *Journal asiatique* d'avril 1836. p. 377, et d'août-septembre 1842, p. 170 et 200.

Photius, le mot *Sère* se trouverait dans un fragment
de l'histoire de Ctésias, ce qui reporterait l'usage
de cette expression au ve siècle avant notre ère;
mais le texte de Ctésias est ici altéré, ou plutôt interpolé, et cette erreur, signalée il y a cent cinquante ans par Fréret, ne doit plus tromper personne[1]. Quant au mot *Sinæ* ou *Thinæ*, que j'ai dit
avoir été emprunté par Ptolémée à l'Inde, on a cru
jusqu'à ces dernières années qu'il se trouvait dans un
fragment d'Ératosthène cité par Strabon, ce qui ferait remonter l'usage de cette dénomination chez
les Grecs jusqu'à plus de deux cents ans avant Jésus-
Christ[2]. Il y a même eu des interprètes de l'Écriture
sainte qui ont cru reconnaître le nom des Chinois
dans l'expression *Sinim* employée par le prophète
Isaïe[3]. Mais il a été récemment constaté qu'Ératosthène, là où on lui faisait prononcer le mot *Thinae*,
parlait de la ville d'Athènes[4]; quant au passage d'Isaïe,
il est évident que le pays des *Sinim* doit être cherché
hors de la Chine.

---

[1] Mémoire de Fréret intitulé *Observations générales sur la géographie ancienne* (tome XVI du Nouveau recueil de l'Académie des
inscriptions, première partie, p. 397), et fragments de Ctésias,
publiés par M. Muller à la suite de son édition d'Hérodote, p. 86
et 87.

[2] Strabon, à la fin du livre Ier et au commencement du livre II.

[3] Ch. xlix, verset 12. C'est le mot סינים. (Voyez le dictionnaire
hébreu de Gesenius.)

[4] Strabon publié par Didot, p. 54, 56 et 945. M. Muller, qui
d'abord avait reproduit la mauvaise leçon, s'est hâté de se rétracter.
(Voyez le premier volume des *Petits géographes grecs*, édition Didot,
p. 303 et cxliv.)

Je reviendrai dans le paragraphe suivant sur les idées géographiques de Ptolémée et de l'auteur du Périple de la mer Érythrée. Pour le moment je me bornerai à une observation relative à la véritable patrie de la soie, alors le principal article d'exportation de la Chine.

Sauf la latitude, le ver à soie et le mûrier ont existé de tout temps et dans tous les pays. Ce qui était particulier à la Chine, c'étaient l'art d'élever le ver à soie et celui de dévider le fil qui entoure le cocon. Les Chinois mettaient une importance extrême à cacher leurs procédés aux étrangers, de peur qu'ils ne fussent immédiatement imités. On sait que ces procédés ne furent connus en Occident qu'au milieu du vi[e] siècle ; sous le règne de Justinien; mais les auteurs chinois disent que le secret de la production de la soie avait été introduit de bonne heure dans le royaume de Khoten, dans l'Asie centrale[1]. A quelle époque eut lieu cet événement? S'il fut postérieur au commencement de notre ère, il est évident que la dénomination de *Sérique*, ou pays de la production de la soie, dont l'usage en Occident est antérieur à cette époque, ne pourrait s'appliquer au royaume de Khoten. S'il était plus ancien, la difficulté présenterait quelque chose de plausible. Mais alors à quoi

---

[1] *Histoire de Khotan*, traduite du chinois par Abel Rémusat; Paris, 1820, p. 34 et 55. *Relation de Hiouen-thsang*, traduction de M. Stanislas Julien, t. II, p. 238. Le passage qui se trouve dans l'Histoire de Khotan, paraît être un emprunt fait à la Relation de Hiouen-thsang. Du moins l'un et l'autre récit me semblent avoir une origine commune.

aurait servi aux Chinois de faire un mystère de
l'art de produire la soie? et comment expliquer
l'ignorance où furent pendant si longtemps l'Europe
et l'Asie occidentale sur l'origine de ce produit précieux? Klaproth place l'introduction de l'industrie
de la soie à Khoten en l'an 419 de notre ère[1].
Klaproth n'apporte aucune preuve de ce qu'il avance;
mais ce qu'il dit s'accorde avec les faits.

Il y a d'ailleurs une considération qui me paraît
dominer toute la question. Nous ne possédons pas
les annales du royaume de Khoten; mais nous avons
dans nos mains les annales de la Chine. Or, comme
on le verra, les annales chinoises parlent en termes
très-clairs de l'empire romain, tant de l'empire d'Occident que de l'empire de Constantinople. D'un autre
côté, ce que les auteurs grecs et latins ont dit des
Sères et des Sines s'applique parfaitement à la Chine
dans ses limites actuelles : que peut-on demander
de plus? Tout ce qu'il serait permis d'ajouter, c'est
que non-seulement les peuples de Khoten prirent
part, comme intermédiaires, au commerce de la
soie, mais que, plus tard, les Romains furent dans
le cas d'acheter quelquefois de la soie de Khoten
pour de la soie de Chine.

Ces notions sommaires étaient indispensables pour
aborder la question des relations de Marc-Antoine
avec l'Asie orientale; mais aussi, ce qui était resté
un problème insoluble va devenir une des vérités
les plus simples.

[1] *Mémoires relatifs à l'Asie*, t. II, p. 295.

On sait que Virgile, vers la fin du huitième chant de l'Énéide, suppose qu'au moment où la guerre allait commencer sur le territoire italien, Vénus apporta à son cher Énée un bouclier fabriqué par Vulcain, et où le dieu boiteux avait représenté les principaux épisodes de l'histoire romaine. A cette occasion, Virgile trace un magnifique tableau de la bataille d'Actium et du triomphe d'Auguste à son retour à Rome. Quand Virgile parle ou veut parler d'événements accomplis, on est sûr d'avance que toutes les expressions sont pesées. Ici Virgile cite, parmi les alliés d'Antoine qui prirent part à la bataille, les Arabes de toutes les classes, à savoir les Arabes nomades et les habitants de l'Arabie Heureuse, vulgairement appelés du nom de *Sabéens*[1]. En effet, nous apprenons de Plutarque, dans sa Vie de Marc-Antoine, qu'Antoine avait fait un traité avec Malcus, roi des habitants de l'Arabie Pétrée. De plus, on sait quel grand commerce faisaient les habitants des côtes de l'Arabie méridionale, ce qui les obligea d'user de ménagements envers Marc-Antoine, devenu le maître de l'Égypte. Mais Virgile ne se contente pas de faire mention des Arabes, il y joint les Indiens; et comme le mot *Indien* eût été par lui-même vague, il ajoute les mots *ultima Bactra*, c'est-à-dire la Bactriane, qui, du côté de l'orient,

---

[1] Chez les écrivains du temps, les premiers sont appelés du nom de *Saraceni*, ce qui équivaut au mot arabe *bédouin*. Quant aux autres, qui avaient contracté les habitudes des populations sédentaires, les Grecs les nommaient Ἄραβες Εὐδαίμονες, et les Latins, *Arabes Felices*.

était, de tous les pays avec lesquels les Romains
étaient entrés en relation, le plus éloigné, ou du
moins de l'accès le plus difficile [1]. D'un autre côté,
nous savons, par les médailles trouvées dans les
fondations de la tour bouddhique de la vallée de
l'Indus, qu'il avait existé des rapports intimes entre
le triumvir et son contemporain Kanichka, roi de
la Bactriane. Ajoutez à cela que le roi de la Bactriane était, de tous les princes indiens, le seul qui
fût en état de prendre une part active à la guerre
qui mettait tout l'empire romain en mouvement.
Ce n'est pas tout. L'expression générale qu'emploie
Virgile à l'égard des princes de l'Orient, et la mention particulière qu'il fait ailleurs des Hyrcaniens
et des Dahes, autorisent à croire que le prince
dahe et le prince hyrcanien avaient, comme le roi
de la Bactriane, éprouvé de la sympathie pour la
cause de Marc-Antoine. Joignez à cela ce que dit
Plutarque dans sa Vie de Marc-Antoine, au sujet d'un
prince de la Médie qui, jouissant pour le moment

[1] Voici les vers de Virgile dont il s'agit ici :

> Hinc ope barbarica, variisque Antonius armis
> Victor, ab Auroræ populis et littore rubro
> Ægyptum, viresque Orientis et ultima secum
> Bactra vehit; sequiturque, nefas! ægyptia conjunx.
> . . . . omnis eo terrore Ægyptus, et Indi,
> Omnis Arabs, omnes vertebant terga Sabæi.

Au moment où Virgile écrivait, Auguste était en discussion avec
le roi des Parthes. Pour se rendre de Rome dans la Bactriane, il
fallait s'embarquer dans un port de la mer Rouge pour l'embouchure
de l'Indus, remonter le fleuve et franchir l'Hindoukousch. C'était
alors le plus long voyage qu'un Romain eût à faire du côté de l'Orient.

de l'indépendance, en profita pour s'unir d'intérêt avec le triumvir. Ainsi voilà un passage de l'Énéide, qui était resté à l'état de problème, expliqué. Voilà un fait très-important restitué à l'histoire, à savoir que, si l'on excepte les Parthes, les ennemis naturels des Romains, et le roi de la Mésène et de la Kharacène, trop dépendant pour prendre part à une si grande querelle, tous les princes de l'Orient s'étaient attachés à la cause d'Antoine. Voilà une suite d'actes diplomatiques, peut-être les seuls actes raisonnables du gouvernement d'Antoine, rendue à la lumière.

Virgile n'est pas le seul écrivain contemporain qui ait fait mention des relations de Marc-Antoine avec le roi de la Bactriane; Properce parle de ces relations; il nous fait même connaître le personnage qui, probablement, fut chargé d'aller s'aboucher avec Kanichka; malheureusement il le désigne par le nom supposé de Lycotas. Voyez l'élégie du livre IV, où une femme du nom d'Aréthuse s'adresse à son mari, Lycotas. Cette élégie, sur laquelle je reviendrai plus tard, a été composée sous le règne d'Auguste, quelques années après la bataille d'Actium, l'an 21 avant Jésus-Christ. Or, à cette époque, Lycotas avait déjà visité deux fois la ville de Bactra, capitale des États de Kanichka, et cependant les relations d'Auguste avec Kanichka n'avaient pas encore été accompagnées d'effet. Tout porte à croire que le personnage du nom de Lycotas avait d'abord été au service de Marc-Antoine, avant d'être à celui d'Auguste. Les termes qu'emploie Properce donnent même lieu de penser que Lycotas, se trouvant dans la Bactriane, eut occasion de combattre pour la cause de Kanichka contre les Chinois.

Avant d'aller plus loin, je ferai trois remarques.

Plutarque nous apprend qu'Antoine, dans ses alliances, se faisait livrer un corps de troupes indigènes, et qu'en retour il remettait un corps de soldats romains : c'étaient, de part et d'autre, des espèces d'otages. C'est ainsi que des guerriers mèdes figurèrent à la bataille d'Actium. On peut supposer que les guerriers romains allèrent signaler leur valeur dans les vallées de l'Indus et de l'Oxus, et que, plus tard, Antoine ayant succombé, ils se fondirent parmi les indigènes. Il en fut de même des soldats de Crassus qui furent faits prisonniers par les Parthes[1]. Pour Lycotas, après avoir un moment combattu les Chinois, il était revenu à Alexandrie, puis à Rome, où probablement il avait le premier donné des renseignements exacts sur le Céleste Empire.

Voici la deuxième remarque. Les annales chinoises, qui, plus tard, font mention de la ville de Constantinople comme capitale de l'empire romain, ne nomment jamais la ville de Rome. La capitale de l'empire y est appelée *Antou.* Que faut-il entendre par *Antou?* Je suis porté à croire que c'est une forme abrégée du nom d'Alexandrie, et que là, comme dans les cas analogues, les Chinois ont supprimé les lettres *l*, *x* et *r*. Si ma conjecture est fondée, l'em-

____
[1] Horace, liv. III des *Odes*, n° 5.

ploi du nom *Antou*, pour désigner la capitale de
l'empire romain, remonte à l'époque où, sous Antoine et Cléopâtre, Alexandrie était réellement la
capitale des provinces orientales de l'empire [1]. Alors
ce serait le moment où les Chinois acquirent, pour
la première fois, la connaissance positive de l'empire romain : pour cela, il n'était pas nécessaire que
des Chinois vinssent en Égypte. Des députés d'Antoine s'étaient rendus à Bactra, et le Céleste Empire entretenait des agents auprès de Kanichka. Il
était donc facile aux Chinois de se mettre au courant sans se déplacer [2].

Enfin Kanichka, avant de faire alliance avec Auguste, fut considéré à Rome, après la bataille d'Actium, comme un ennemi d'Auguste et comme le bou-
levard de l'Inde entière contre l'ambition romaine.
C'est ce qui résulte de certains vers de Virgile qui
seront rapportés dans la suite [3].

N'ayant plus rien à dire sur l'époque du triumvirat, je passe au règne d'Auguste.

Les rapports entre l'empire romain et les diffé-

---

[1] Suivant Horace, l'espoir de Cléopâtre était même de subjuguer
Rome et de faire d'Alexandrie la capitale de l'empire tout entier.
(Voyez le livre Ier des *Odes*, n° 37.) Je ferai remarquer en passant
que certains vers de cette ode sont susceptibles d'être éclaircis par
la *Vie de Marc-Antoine*, dont nous sommes redevables à Plutarque.

[2] M. Pauthier rend *Antou* par *Antioche*. Voyez son mémoire intitulé *De l'authenticité de l'inscription nestorienne de Singanfou*; Paris,
1857, p. 34.

[3] Les commentateurs et traducteurs de Virgile ont cru, en général, que, dans les passages qui se rapportent à Kanichka, il s'agissait d'un chef nègre de l'intérieur de l'Afrique.

rentes contrées de l'Asie orientale existant déjà et offrant des avantages aux diverses parties, il semble qu'Auguste, devenu le maître unique de l'empire, n'avait rien de mieux à faire que de continuer et de compléter l'ouvrage commencé. Mais, malgré les avances des princes orientaux, Auguste ne voulut d'abord rien conclure, et, pendant dix ans, les rapports furent purement commerciaux et laissés à la responsabilité des particuliers. Pourquoi cette politique? On ne pouvait pas reprocher aux princes de l'Orient leur alliance avec Marc-Antoine. Ces princes s'étaient adressés à Marc-Antoine comme représentant de l'autorité romaine, et c'était au même titre qu'ils s'adressaient à Auguste : il n'y avait donc pas lieu de repousser leur demande. Ici il faut remonter à un ordre d'idées qui dominait les esprits à cette époque, qui exerça la plus grande influence sur le vieux monde tout entier, et qui cependant, au bout d'un certain temps, s'effaça tellement, qu'au moment où j'écris toute trace en était perdue. Cette idée était que le monde entier allait tomber sous les lois de Rome. D'après cela, qu'était-il besoin de se lier d'avance les mains par des traités? C'est ici qu'on va voir la grande influence exercée par les poëtes du temps d'Auguste.

On sait que Rome fut d'abord un simple village, et qu'il lui fallut des siècles pour subjuguer les territoires voisins; mais peu à peu sa puissance s'étendit, et le moment arriva où le monde entier ne parut pas trop grand pour son ambition. Cet extrême besoin d'expansion se manifesta dans les derniers temps de la république, lorsque l'autorité du peuple roi fut reconnue en Espagne, en Afrique, en Grèce et en Asie Mineure. Il acquit son dernier développement lorsque, d'une part, Pompée, après la chute de Mithridate, eut fait voir les aigles romaines aux peuples de la mer Caspienne et de la mer Rouge[1]; lorsque, de l'autre, César eut conquis toute la Gaule, entamé la Grande-Bretagne, et fait fouler à ses légions le sol germain au delà du Rhin. Beaucoup de Romains n'eurent pas de peine à se persuader qu'ils étaient destinés à soumettre le monde entier, et que le disque de la terre[2] allait devenir le disque romain[3].

A l'idée théorique qui, dans les circonstances où l'on se trouvait, ne présentait rien d'impossible, se joignit l'esprit d'intrigue. On sait que, dans le principe, le peuple romain avait admis l'existence de femmes douées d'un esprit surnaturel, et qui, sous le titre de sibylles, étaient chargées, dans les moments critiques, d'éclairer le gouvernement et de servir de guides au peuple. Celle qui jadis avait joui de plus de crédit était la sibylle de la ville de Cumes. Il existait un grand nombre d'écrits attribués aux diverses sibylles, et de temps en temps il en apparaissait de nouveaux. Vers les derniers temps de

---

[1] Aurelius Victor, *De Viris illustribus* (Œuvres d'Aurelius Victor, avec une traduction française, par M. Dubois, dans la Collection d'auteurs latins de Panckoucke, p. 164).

[2] *Orbis terrarum.*

[3] *Orbis romanus.*

la dictature de Sylla, il fut parlé dans le public d'un
oracle de la sibylle de Cumes, d'après lequel un
nouvel ordre de choses allait s'établir : Rome aurait
un roi, toute la terre lui serait soumise, la paix ré-
gnerait entre tous les peuples et la justice déciderait
de tout. Il est probable que cet oracle fut fabriqué
par Jules César qui, de bonne heure, s'était persuadé
que le gouvernement du monde entier ne serait
pas un fardeau au-dessus de ses forces. Quoi qu'il
en soit, l'idée fit son chemin, d'autant plus que l'a-
venir se présentait sous un aspect sombre, et que
beaucoup de Romains commençaient à se fatiguer
des inconvénients du gouvernement oligarchique.
Elle ne fut pas inutile à César pour le succès de la
lutte qui ne tarda pas à avoir lieu entre lui et Pompée; mais au moment où César, investi de tous les
pouvoirs, allait la réaliser dans son entier, il tomba
sous le poignard des assassins[1]. Sous le gouvernement des triumvirs Marc-Antoine, Octave et Lépide,
l'interprétation de l'oracle de la sibylle n'était pas
une chose aisée. On peut en juger par la quatrième
églogue de Virgile, sur laquelle les commentateurs
n'ont pas encore pu s'accorder. Il n'y a dans cette
églogue que quatre vers qui soient susceptibles d'explication; ce sont ceux qui expriment l'idée générale. Les voici :

[1] On peut voir dans le traité de Cicéron intitulé *De divinatione,*
liv. II, ch. LIV, la grande émotion que causa à Rome la remise en
circulation de l'oracle de la sibylle de Cumes. (Voyez aussi le
mémoire de M. Rossignol, intitulé *Virgile et Constantin le Grand;*
Paris, 1845, in-8°, p. 62.)

« Il s'avance l'âge définitif prédit par la sibylle;
je vois éclore un grand ordre de siècles nouveaux.
Déjà la vierge Astrée revient sur la terre, et, avec
elle, le règne de Saturne. Déjà descend du ciel une
autre race de mortels [1]. »

Mais l'idée prit une forme très-claire après la bataille d'Actium, lorsque l'empire n'eut plus qu'un
maître. Aussi les amis d'Auguste et de Mécène se
hâtèrent de la propager par tous les moyens. Le
mot d'ordre fut celui-ci : 1° Auguste est le roi prédit
par l'oracle de la sibylle de Cumes; 2° il n'y aura
qu'un empire sur la terre, le monde devenu l'empire romain; 3° cet empire sera éternel; en d'autres
termes, il sera le dernier mot de l'humanité; 4° Auguste et ses successeurs régneront sur la terre
comme Jupiter règne au ciel; tant qu'ils vivront,
ils seront le représentant de Jupiter, et, après leur
mort, ils iront rejoindre celui dont ils tiraient leur
autorité; 5° par une conséquence naturelle, le monde
allait jouir de l'ordre et de la paix, et toutes les vertus allaient faire sentir leur douce influence. Voilà
le thème qu'Horace et Virgile reproduisirent sous
toutes les formes. A cet égard, ils furent imités plus
ou moins complétement par Properce et Tibulle,
et l'opinion qu'ils exprimaient devint générale [2]. Il

---

[1]   Ultima Cumæi venit jam carminis ætas:
Magnus ab integro sæclorum nascitur ordo.
Jam redit et Virgo, redeunt Saturnia regna :
Jam nova progenies cœlo demittitur alto.

[2] Je ne parle pas de Catulle; il était mort à cette époque. D'un
autre côté, Ovide n'était encore alors qu'un jeune homme.

n'y eut qu'un point sur lequel on évita de s'expliquer : c'est le titre de roi que devait porter le nouveau maître de Rome. Les quatre poëtes eurent peur d'attirer une seconde fois sur sa poitrine le poignard des assassins. Mais Auguste suppléa à cette lacune par une autre voie. Un de ses affranchis publia une biographie du prince dans laquelle on rappelait, comme un fait de notoriété publique, que le jour où Octave vint au monde, un prodige avait annoncé la naissance d'un roi[1].

L'idée que j'énonce a été exprimée d'une manière plus ou moins positive par les poëtes que j'ai nommés, et cependant personne, parmi les modernes, ne l'a aperçue : c'est que l'idée, considérée en elle-même, était absurde, et qu'on aurait cru faire tort à leur mémoire en la prenant au sérieux. D'ailleurs, les quatre poëtes et les écrivains qui vinrent plus tard, bien que d'accord pour le fond, diffèrent quelquefois dans l'expression. Ceci me met dans l'obligation d'exposer la manière dont le public, à Rome, se représentait le monde au temps d'Auguste.

Ce n'est pas qu'il n'y eût d'abord lieu à se livrer à quelques considérations sur l'extension que la puissance romaine avait prise à cette époque; on peut vraiment dire qu'à Rome le mot *impossible* avait perdu sa signification. La paix et l'ordre régnaient à l'intérieur; du côté de l'extérieur, on entendait parler chaque jour de quelque nouveau peuple soumis aux lois de l'Empire. Joignez à cela les progrès que la

---

[1] Suétone, *Notice sur Auguste,* ch. xciv.

civilisation avait faits tant dans les provinces occidentales que dans les provinces orientales. Le commerce s'était ouvert de nouvelles voies; des routes étaient percées dans tous les sens; l'aisance se répandait dans toutes les classes; partout où l'autorité romaine pénétrait, la jeunesse était initiée aux chefs-d'œuvre de la littérature de la Grèce et de Rome. On peut même dire que l'influence exercée par les Grecs, par suite des conquêtes d'Alexandre, avait acquis une force nouvelle.

Mais je n'ai pas à insister là-dessus, et il vaut mieux que je passe immédiatement à un sujet moins connu : les idées géographiques des Romains au temps d'Auguste. Ce n'est pas ici une digression; c'est un éclaircissement préalable pour les différentes parties de ce mémoire.

L'homme n'eut longtemps qu'une connaissance vague et incomplète du globe qui lui a été donné pour demeure. Dès le principe, on se figura le monde comme plus petit qu'il ne l'est réellement. Les conquêtes d'Alexandre ouvrirent de nouveaux horizons; mais combien de contrées dont on ignorait jusqu'au nom, notamment la Chine?

Le premier système géographique un peu digne de ce nom est celui d'Ératosthène, qui florissait vers l'an 220 avant Jésus-Christ, et qui remplissait les fonctions de bibliothécaire à Alexandrie, alors le centre du commerce et des sciences. Suivant Ératosthène, le globe de la terre est divisé en cinq zones : la zone torride, les deux zones tempérées et les deux

zones glaciales. La zone torride est l'espace compris
entre les deux tropiques; elle est ainsi appelée parce
que le soleil y décrit sa révolution et que la chaleur
y est extrême. Les deux zones glaciales sont situées
auprès des pôles. Quant aux deux zones tempérées,
elles occupent une situation intermédiaire entre la
zone torride et les deux zones glaciales, et elles
participent de toutes les trois. La terre proprement
dite, c'est-à-dire ce qui forme l'Europe, l'Asie et
l'Afrique, occupait une partie de l'hémisphère sep-
tentrional, et était entourée de tout côté par la mer.

D'après Ératosthène, l'Afrique, à partir du détroit
de Gibraltar, tourne immédiatement au sud-est, et
se dirige, par une légère courbe, vers la côte du
Zanguebar. Quant à l'Asie, le continent, à partir de
la mer Caspienne, qui était censée communiquer
avec la mer du Nord, tournait à l'est, puis au sud-
est, puis directement au sud jusqu'à l'île de Ceylan.
En d'autres termes, l'Afrique était privée de sa partie méridionale, la partie de l'accès le moins facile.
A son tour, l'Asie perdait toute la Sibérie, tout le
Kamtchatka et toute la presqu'île au delà du Gange;
la Chine, qui était censée toucher à la Bactriane,
du côté de l'ouest, et qu'on mettait sous le même
méridien que la presqu'île de l'Inde, mais dont on
n'eut connaissance que postérieurement à Ératosthène, ne formait plus avec cette dernière qu'une
côte se dirigeant du nord au sud, et terminant le
monde du côté de l'est. La Chine et l'Inde étaient
seulement séparées par une montagne à laquelle on

donnait le nom d'*Imaus* ou d'*Emodus*, et qui était
censée se rattacher à la chaîne du Taurus [1]. L'Europe seule conservait ses dimensions; aussi l'Asie
étant représentée par le nombre 11 et l'Afrique par le
nombre 8, l'Europe équivalait à 13. Il y avait même
des savants qui prétendaient que l'Europe à elle seule
équivalait à l'Asie et à l'Afrique réunies ensemble [2].
Le système d'Ératosthène était fort prisé à Rome, et
l'on eût dit qu'il avait été fait exprès pour favoriser
l'ambition insatiable des Romains.

Ce système a été suivi par Horace [3], Virgile, Properce et Tibulle. Il se retrouve chez Pomponius
Mela et Pline le Naturaliste. On est donc autorisé
à croire qu'il fut adopté par Agrippa, pour la carte
du monde qu'il fit dresser à l'aide des matériaux ras-
semblés par ordre de Jules César [4], et qui fut placée

[1] Pline le Naturaliste, liv. V, ch. xxvii, et liv. VI, ch. xxi et
xxiv.

[2] Voyez à cet égard Pline le Naturaliste, liv. VI, ch. xxxviii, et
liv. III, au commencement.

[3] Horace, parlant de la terre en général, dit, dans le Livre des
Épodes, n° 16 : « Nos manet Oceanus circumvagus. » Pour ce qui concerne la situation respective de l'Inde et de la Chine, voyez le premier livre des *Odes*, n° 12. Le passage que j'ai en vue est rapporté
ci-dessous, p. 83.

[4] Il est dit dans la *Cosmographie d'Æthicus*, petit écrit qui paraît
avoir été composé au v° siècle de notre ère, que Jules César, lorsqu'il
fut devenu le maître des destinées de Rome, ordonna un mesurage
général des provinces soumises à l'autorité romaine. Quatre géomètres
furent chargés de cette tâche immense : Didyme eut en partage les
provinces de l'ouest; Zénodoxe, celles de l'est; Théodote, celles du
nord; et Polyclète, celles du midi. Il fallut à peu près dix-sept ans à
Didyme pour accomplir sa tâche, quatorze à Zénodoxe, vingt à
Théodote, et vingt-cinq à Polyclète. Voyez un savant mémoire de

par Auguste, après la mort d'Agrippa, dans le portique appelé du nom de ce grand homme[1]. Le fait est que, pendant bien des siècles, la jeunesse romaine, pour se faire une idée de la configuration du globe, alla étudier la carte exposée dans le portique d'Agrippa[2]. Or la carte de Peutinger, qui, bien que dressée longtemps après la carte d'Agrippa et sous une autre forme, en est la reproduction, a été faite d'après le système d'Ératosthène.

Si, à Rome, on n'avait pas employé d'autre système que celui d'Ératosthène, la question traitée ici serait fort simple. Mais ce système s'était de bonne heure compliqué d'un tout autre ordre d'idées que je ne puis me dispenser de faire connaître.

On sait que, dans le iiie siècle qui précéda notre ère, les rois de Pergame fondèrent, dans leur capitale, une bibliothèque destinée à rivaliser avec celle d'Alexandrie. Vers l'an 160 avant Jésus-Christ, la bibliothèque de Pergame avait à sa tête un savant du nom de Cratès, lequel disputait le sceptre de la grammaire au célèbre critique alexandrin Aristarque; mais Cratès ne s'occupait pas seulement de grammaire; il avait voulu se faire un nom dans la géographie, et comme il fut envoyé par le roi de Pergame en ambassade à Rome, il y introduisit,

M. d'Avezac dans le tome II du *Recueil des savants étrangers,* publié par l'Académie des Inscriptions, p. 302, 332 et 341.

[1] Pline le Naturaliste, liv. III, ch. iii.

[2] Voyez les remarques de Mannert en tête de son édition de la carte de Peutinger; Vienne, 1824. On peut aussi lire les remarques de Malte-Brun, dans sa notice sur Strabon (*Biographie universelle*).

avec le goût de la grammaire, ses théories géographiques. Par une conjecture qui s'est vérifiée, et qui remontait plus haut, Cratès ajoutait au monde d'Ératosthène, composé de l'Europe, l'Asie et l'Afrique, un ou plusieurs autres mondes. On était alors aux temps des Paul Émile et des Scipion Émilien. Strabon nous a transmis les idées de Cratès; voici en quoi elles consistaient[1].

Le monde que nous habitons, représenté à peu près comme il l'était par Ératosthène, était accompagné de plusieurs autres mondes répandus sur la surface du globe[2]. Il y en avait notamment un qui était placé au midi de l'ancien, auprès du pôle austral. Ce deuxième monde, indiqué par Aristote[3], a été admis par Virgile, Tibulle et Properce, et il en est encore parlé longtemps après eux[4]. D'après Cratès, le monde austral occupe la zone tempérée du sud, comme notre monde occupe la zone tempérée du nord. La zone torride est par elle-même inhabitable, à cause de l'excès de la chaleur; cependant il y a des habitants dans la portion de cette zone qui touche au tropique du cancer et dans celle qui touche au tropique du capricorne. On sait que les anciens donnaient aux habitants des régions tropicales

---

[1] Strabon, liv. I, ch. II.

[2] Cette opinion se trouve dans le traité *de Mundo,* attribué à Aristote, chap. III, mais qui paraît être d'une époque plus récente.

[3] *Meteorologica,* liv. II, ch. V, SS 10 et 11.

[4] Voy. entre autres Manilius, *Astronomicon,* liv. I, v. 228 et 369, Pomponius Mela et Pline le Naturaliste.

le nom d'*Éthiopiens*, de deux mots grecs [1] signifiant *au visage brûlé*. Hérodote a distingué les Éthiopiens de l'orient et ceux de l'occident, c'est-à-dire les Éthiopiens de l'Asie et ceux de l'Afrique [2]. Cratès a distingué les Éthiopiens du nord et les Éthiopiens du midi.

Le séjour de Cratès à Rome eut, sur la littérature latine, une influence qui, en ce qui concerne la géographie, n'a pas été assez remarquée. Cicéron avait adopté les idées de Cratès en géographie, et, dans son *Traité de la république*, il les met dans la bouche de Scipion l'Africain, au moment où ce grand homme, dans une apparition qu'il est censé faire à son petit-fils, cherche à le détacher des intérêts si peu solides de ce monde [3]. Ce passage de *la République* a été reproduit et commenté par Macrobe [4]. Il serait inutile de rapporter ici les paroles de Cicéron et le commentaire de Macrobe; mais je ne puis me dispenser de rappeler les témoignages de Virgile et de Tibulle, d'autant plus que j'aurai à y revenir dans la suite de ce mémoire.

Tibulle s'exprime ainsi : «Le globe, entouré de tout côté par l'air où il est fixé, se divise en cinq parties : deux d'entre elles sont continuellement désolées par un froid glacial et ensevelies dans d'épaisses ténèbres; l'eau qui commence à couler s'y condense

---

[1] Αἴθω et ὄψ.

[2] Liv. III, ch. xciv, et liv. VII, ch. lxx.

[3] Liv. VI, ch. xv.

[4] L'écrit de Macrobe porte le titre particulier de *Commentaire sur le Songe de Scipion*. (Voy. au livre II, ch. v et suiv.)

et durcit en neige et en épais glaçons; en effet, le soleil ne se lève jamais sur elles. Celle du milieu, au contraire, est pénétrée en tout temps de la chaleur de Phœbus, soit que, pendant l'été, il se rapproche de la région que nous habitons, soit que, dans les jours d'hiver, il s'en éloigne. Aussi jamais le sol ne s'y soulève sous le soc de la charrue; la terre n'y donne pas de moissons; il n'y a point de pâturages. Jamais Bacchus, jamais Cérès n'ont visité ces plaines; nul animal n'habite dans ces lieux embrasés. Entre cette région et celles où règne le froid, il en est deux qui sont fertiles : la nôtre et celle qui, dans l'autre partie du globe, correspond à la nôtre; le voisinage des deux climats contraires sert à les tempérer, et l'un y atténue l'influence de l'autre. L'année y accomplit paisiblement sa révolution. Le taureau y apprend à soumettre sa tête au joug, et la vigne flexible à monter le long des rameaux élancés. La faucille y coupe chaque année la moisson que le soleil a mûrie; le fer ouvre le sein de la terre et l'airain celui de l'onde; des villes s'élèvent protégées par des remparts [1]. »

[1]
Nam circumfuso considit in acre tellus
Et quinque in partes toto disponitur orbe :
Atque duæ gelido vastantur frigore semper.
Illic et densa tellus absconditur umbra,
Et nulla incepto perlabitur unda liquore,
Sed durata riget densam in glaciemque nivemque;
Quippe ubi non unquam Titan superingerit ortus.
At media est Phœbi semper subjecta calori,
Seu propior terris aestivum fertur in orbem,
Seu celer hibernas properat decurrere luces.
Non ergo presso tellus consurgit aratro,

D'un autre côté, on lit dans le premier livre des Géorgiques : « Pour régler nos travaux, le ciel a été partagé en régions diverses, et douze constellations marquent, à travers le monde, le cours brillant du soleil. Cinq zones embrassent tout l'espace du ciel. L'une est toujours resplendissante de lumière, toujours brûlée des feux du jour; autour d'elle, à droite et à gauche, il en est deux autres qui s'étendent jusqu'aux pôles du globe, et sous lesquelles s'amassent des glaces éternelles et de noirs frimas. Entre elles et ce milieu brûlant des cieux, il y a deux zones tempérées que la bonté des dieux a accordées aux pauvres humains. Une route la coupe en oblique, dans laquelle se meut tout le système des signes du zodiaque. Au septentrion, vers la Scythie et les monts Riphées, la terre s'élève; elle penche et s'abaisse, au midi, du côté de la Libye. Notre pôle occupe toujours le point culminant des cieux; mais l'autre, placé aux antipodes, n'est vu que par le Styx profond et par les pâles ombres des enfers[1]. »

Nec frugem segetes præbent, nec pabula terræ.
Non illic colit arva deus Bacchusve, Ceresve.
Nulla nec exustas habitant animalia partes.
Fertilis hanc inter posita est, interque rigentes,
Nostraque, et huic adversa polo pars altera nostro,
Quas similes utrinque tenens vicinia cœli
Temperat, alter et alterius vires necat aer.
Hinc placidus nobis per tempora vertitur annus.
Hinc et colla jugo didicit submittere taurus,
Et lenta excelsos vitis conscendere ramos ;
Tondeturque seges maturos annua partus;
Et ferro tellus, pontus confinditur ære :
Quin etiam structis exsurgunt oppida muris.
      (IVᵉ liv. des Élégies de Tibulle ; panégyrique de Messala.)

[1] Idcirco certis dimensum partibus orbem

Une question qui se présente naturellement, c'est celle de savoir si les contemporains d'Auguste bornaient les conquêtes romaines au monde que nous habitons, ou si ces conquêtes devaient comprendre les divers mondes répandus sur le globe. Cicéron, dans le langage qu'il fait tenir à Scipion l'Africain, part de l'idée que la zone torride est en proie à des chaleurs trop grandes pour que ce qui a été doué de la vie puisse y maintenir son existence; par conséquent, toute communication eût été impossible entre le monde du nord et le monde du midi. C'est aussi l'opinion émise par Pomponius Mela et Pline le Naturaliste [1]. Les idées que les Romains avaient alors en physique étaient des plus imparfaites. Mais que dire de Tibulle, de Properce et même de Vir-

> Per duodena regit mundi sol aureus astra.
> Quinque tenent coelum zonæ : quarum una corusco
> Semper sole rubens, et torrida semper ab igne ;
> Quam circum extremæ dextra lævaque trahuntur,
> Cærulea glacie concretæ atque imbribus atris ;
> Has inter mediamque duæ mortalibus ægris
> Munere concessæ Divum ; via secta per ambas,
> Obliquus qua se signorum verteret ordo.
> Mundus ut ad Scythiam Riphæasque arduus arces
> Consurgit ; premitur Libyæ devexus in Austros.
> Hic vertex nobis semper sublimis : at illum
> Sub pedibus Styx atra videt Manesque profundi.
>
> (Ier liv. des Géorgiques, vers 231 et suiv.)

[1] Par un singulier contraste, Silius Italicus, qui professait une espèce de culte pour Cicéron, a affecté de dire que la gloire de ce grand homme pénétrerait au delà du monde que nous habitons. Il s'exprime ainsi dans son poëme intitulé *Punica*, chant VIII :

> Ille, super Gangem, super exauditus et Indos,
> Implebit terras voce, et furialia bella
> Fulmine compescet linguæ, nec deinde relinquet
> Par decus eloquio cuiquam sperare nepotum.

gile, qui, tout en n'en sachant pas davantage, ne craignirent pas d'avancer que le nom romain ne devait pas connaître de limites, et qu'Auguste était appelé à régner sur l'univers entier [1]?

Ceux des Romains qui croyaient à l'existence de quatre mondes, les plaçaient par ordre aux quatre coins du globe, et les supposaient entourés chacun par la mer. Dans leur opinion, l'Océan était disposé en deux bandes, sous forme de grands cercles de la sphère, et se coupant à angles droits. Une de ces bandes répondait à la ligne équinoxiale et occupait la zone torride. L'autre bande équivalait au méridien. Dans les dernières années du IIIe siècle,

---

[1] Ceci me met dans le cas de parler d'un mot latin qui revient souvent dans les écrits du temps, et qui est susceptible de plusieurs interprétations. C'est le terme *orbis*. Ce mot signifie proprement *cercle* ou *disque;* au temps d'Auguste, on l'appliquait aux divers continents parsemés sur le globe, notamment à celui qui forme les trois parties du monde, l'Europe, l'Asie et l'Afrique. En ce sens, il existait plusieurs *orbis*. On trouve aussi le terme *monde* employé dans le même sens. Quand on voulait désigner l'univers entier, on employait le mot plus exact *globe*. C'est la figure d'un globe qui, sur certains monuments romains, a servi de symbole pour désigner le monde. Mais, d'une part, le mot *orbis* a servi aussi à désigner l'univers entier, et c'est en ce sens qu'il est aujourd'hui employé par le pape à Rome, dans cette expression bien connue: *urbi et orbi.* D'autre part, il a été restreint à l'empire romain proprement dit, et alors sa signification a varié avec les temps, suivant la plus ou moins grande étendue des possessions romaines. On se rappelle ces expressions du commencement du deuxième chapitre de l'Évangile de saint Luc : « Factum est « autem in diebus illis; exiit edictum a Cæsare Augusto, ut describe- « retur universus orbis. » Le mot *orbis* a été ensuite employé pour désigner soit l'empire d'Orient, soit l'empire d'Occident, l'un par rapport à l'autre, ou bien l'une des trois parties de l'ancien monde, l'Europe, l'Asie et l'Afrique. On en verra des exemples ci-dessous.

lorsque l'empire compta deux empereurs, Dioclétien
et Maximien Hercule, et deux Césars, Constance
Chlore et Galère, Eumène, qui était professeur
d'éloquence dans la ville d'Autun, imagina de comparer les quatre princes entre lesquels l'empire avait
été partagé, aux quatre continents du globe. Il s'exprime ainsi : « Tout est soumis dans le monde à
l'influence du nombre quatre : on compte quatre
éléments, quatre saisons et quatre terres séparées
par un double océan, etc. [1] » La croyance aux quatre
continents était devenue une chose si naturelle, que
l'autorité publique n'hésita pas à la consacrer, en la
marquant sur la monnaie [2].

J'ai dit qu'en général, chez les physiciens de
l'antiquité, on regardait toute communication d'un
continent à l'autre comme impossible. Cependant
Sénèque le Tragique est parti de l'idée que non-
seulement les communications n'étaient pas impos-
sibles, mais que le temps amènerait la découverte
de quelques mondes nouveaux. Parlant, dans sa

---

[1] Quippe isto numinis vestri numero summa omnia nituntur et
gaudent; elementa quatuor, et totidem anni vices, et orbis quadri-
fariam duplici discretus Oceano, et remenso quater cœlo lustra re-
deuntia, et quadrigæ solis et duobus cœli luminibus adjuncti Vesper
et Lucifer. (Voyez les *Panegyrici veteres,* édition de Nuremberg,
1779, t. I, p. 273; voyez aussi le *Commentaire du Songe de Scipion,*
par Macrobe, liv. II, ch. IX.)

[2] Ce fait a été signalé par Abraham Gronovius dans les notes qui
accompagnent son édition du traité de Pomponius Mela. Quelques-
unes des médailles citées à l'appui, par Gronovius, sont fausses.
Mais d'après les vérifications que j'ai faites au cabinet impérial des
médailles, le fait ne m'en paraît pas moins indubitable.

Médée, de la vaste influence romaine et du progrès que les arts avaient fait de son temps, il s'exprime ainsi : « Aujourd'hui la mer soumise obéit à tous les mortels. Ils n'ont plus besoin d'un vaisseau merveilleux, ouvrage de Minerve, et conduit par les princes de la Grèce; la barque la plus vulgaire passe et repasse sur l'abîme. Les bornes des États sont changées : on fonde des cités au delà des mers. Dans cet univers que parcourt l'audace humaine, rien n'est plus à la place qu'il occupait. L'Indien se désaltère dans l'Araxe glacé; les Persans boivent les eaux de l'Elbe et du Rhin; quelques siècles encore, et l'Océan ouvrira ses barrières; une vaste contrée sera découverte, des mondes nouveaux seront révélés par un autre Tiphys, et Thulé ne sera plus la limite de l'univers [1]. » Était-il possible de mieux

[1]
> Nunc jam cessit pontus, et omnes
> Patitur leges : non Palladia
> Compacta manu, regum referens
> Inclyta remos, quæritur Argo.
> Quælibet altum cymba pererrat;
> Terminus omnis motus, et urbes
> Muros terra posuere nova.
> Nil, qua fuerat sede, reliquit
> Pervius orbis.
> Indus gelidum potat Araxem;
> Albim Persæ, Rhenumque bibunt.
> Venient annis sæcula seris,
> Quibus Oceanus vincula rerum
> Laxet, et ingens pateat tellus,
> Tiphysque* novos detegat orbes,
> Nec sit terris ultima Thule.

     (*Médée*, par Sénèque, acte II, à la fin.)

* Tiphys est le nom du pilote du navire des Argonautes. Les éditions imprimées portent *Tethys*, nom qui ici n'a pas de sens. Je me suis conformé à la leçon des manuscrits de la Bibliothèque impériale.

prédire la grande découverte de Christophe Colomb ?

Le nombre des personnes qui croyaient à l'impossibilité de communiquer d'un continent à l'autre était de beaucoup le plus considérable. Ce fut ce qui nuisit le plus à la théorie de la pluralité des continents. En effet, les idées chrétiennes ne tardèrent pas à se répandre, et d'après ces idées nous naissons tous du même père. Il est aussi de foi chez les Chrétiens que Jésus-Christ a versé son sang pour le salut de tous les hommes, sans exception. Comment concilier ces idées avec l'existence de plusieurs continents sans communication les uns avec les autres? C'est la même difficulté qui s'est élevée plus tard, quand nos savants agitèrent la question de savoir si les planètes étaient habitées. L'existence de plusieurs mondes suppose ce qu'on appelle des noms d'antipodes, d'antichtones, etc. Saint Augustin s'est formellement prononcé contre l'idée des antipodes[1], et pendant tout le moyen âge l'église repoussa l'idée de la pluralité des continents. Au viiie siècle, un prêtre de la Bavière, nommé Virgile, fut suspendu de ses fonctions pour avoir professé cette opinion[2]. Ainsi qu'on le verra dans le troisième paragraphe, Paul Orose, disciple de saint Augustin, s'en est tenu au système primitif d'Ératosthène. Cependant, ici et là on re-

---

[1] *Cité de Dieu,* liv. XVI, ch. ix.

[2] Voyez l'*Histoire ecclésiastique* de l'abbé Fleury, liv. XLII, n° 57. On fera bien de lire aussi la dissertation publiée en 1861 par M. Charles Jourdain, sous ce titre : *De l'influence d'Aristote et de ses interprètes sur la découverte du nouveau monde.*

trouve, en plein moyen âge, les traces du système romain [1].

Avant d'aller plus loin, j'ai encore quelques mots à dire sur le système d'Ératosthène et sur certaines opinions professées à Rome sous Auguste.

La plus grande largeur de la terre, de l'ouest à l'est, se comptait à partir du détroit de Gibraltar jusqu'à l'embouchure du Gange [2]. Or le détroit de Gibraltar présente, à son entrée, deux montagnes qui se détachent, l'une, du continent de l'Europe, et l'autre, du continent de l'Afrique. Comme ces montagnes se rapprochent, pour la forme, de cippes naturels, elles reçurent le nom de *colonnes;* et comme, suivant la tradition, Hercule avait porté jusque-là le cours de ses exploits, on les appela du nom de *colonnes d'Hercule.* Le vulgaire alla jusqu'à croire que ce fut Hercule qui, par la vigueur de son bras surhumain, éleva ces cippes, en ouvrant aux eaux de l'Océan l'entrée dans la Méditerranée. Mais lorsque Jules César eut envahi la Grande-Bretagne, on reconnut que l'Angleterre, ou, du moins, l'Irlande, s'avançait plus à l'ouest que le détroit de Gibraltar, et l'on plaça l'extrémité occidentale du monde dans les Îles-Britanniques; c'est l'opinion qu'a suivie Virgile. Voilà pour l'ouest. Quant à l'extrémité orientale du monde, elle était placée à l'embouchure du

[1] Voyez le manuscrit de *l'Apocalypse,* manuscrit du viii* siècle, qui se conserve dans la bibliothèque de Turin, catalogue de Pasini, t. II, p. 26, n° 93.

[2] *Recueil des petits géographes grecs,* édit. Didot, t. II, p. 475 et 494, ainsi que Pline le Naturaliste, liv. II, ch. cxii.

Gange. J'ai dit que, d'après Ératosthène, l'Asie se
terminait, à l'est, par une ligne droite ayant la Chine
au nord et l'Inde au sud. Or le Gange était censé
former une saillie à son embouchure. Telle est l'o-
pinion à laquelle se sont rangés Horace, Virgile, Properce, et qu'on retrouve chez Pomponius Mela,
Pline le Naturaliste, sur la carte de Peutinger, chez
Paul Orose, etc. D'après la tradition, Bacchus porta
ses conquêtes jusque-là, et l'on ajoutait que le demi-
dieu, avant de revenir sur ses pas, éleva sur les deux
pointes par lesquelles se termine le cours du Gange,
deux colonnes destinées à rivaliser avec les colonnes
d'Hercule [1]. Virgile, comme on verra, n'a pas dédaigné de se conformer à cette tradition.

Du côté du nord, les contemporains d'Auguste
n'avaient qu'une idée vague des contrées situées au
delà du Rhin, du Danube, de la mer Noire et du
Caucase. Les connaissances géographiques des Grecs
et des Romains ne s'étendirent qu'au fur et à mesure
des progrès des armes romaines. A l'égard du midi,
j'ai déjà dit que, d'après Ératosthène, l'Afrique, à
partir du détroit de Gibraltar, se dirigeait au sud-
est, et qu'elle perdait plus de la moitié du territoire
qu'elle possède réellement. Le mont Atlas et les Îles
Fortunées, qu'on savait lui être annexées du côté de
l'ouest, étaient placés plus au sud qu'ils n'auraient

---

[1] Voyez le poëme grec de Denys le Périégète, dans le tome II du
Recueil des petits géographes grecs, vers 623, 1105 et 1164 (vers 824
et 1384 de la version latine d'Avienus). On trouve quelque chose
d'analogue chez les géographes arabes. (Voyez mon *Introduction à la
Géographie d'Aboulféda*, p. CCLV.)

dû l'être. La véritable situation de l'Atlas ne fut connue que sous le règne de l'empereur Claude, à la
suite de l'expédition de Suetonius Paulinus [1]. Strabon dit que le Fezzan actuel, qui est situé au midi
de la régence de Tripoli, près du tropique du cancer, se trouvait à neuf ou dix journées seulement
de l'Océan [2], et Virgile suppose que, par le Fezzan,
les Romains n'auraient pas eu de peine à occuper
l'Atlas ainsi que le jardin des Hespérides. Comment
avec de pareilles doctrines ne serait-il pas venu aux
Romains des idées de monarchie universelle ?

Le système d'Ératosthène, ramené à sa simpli-
cité primitive, fut suivi par Strabon dans sa grande
description de la terre; c'est même surtout d'après
lui qu'on a pu saisir l'ensemble de ce système, vu
que le traité original d'Ératosthène ne nous est point
parvenu. Mais Strabon n'a terminé son ouvrage
qu'après la mort d'Auguste; d'ailleurs, il a écrit
surtout pour les Grecs, et, tandis qu'il ne paraît pas
connaître les traités latins [3], les écrivains latins, tels
que Pomponius Mela et Pline le Naturaliste, ne
semblent pas avoir eu connaissance du sien. Cent
cinquante ans après Auguste, Ptolémée mit en avant
un système tout différent de celui d'Ératosthène

---

[1] Voy. Pline le Naturaliste, liv. V, au commencement.

[2] Liv. XVII, ch. III.

[3] Voyez cependant ce qui est dit dans l'*Index* de Strabon, p. 775,
au mot *chorographus;* quelques savants pensent que Strabon a voulu
désigner par là Balbus, secrétaire de la commission qui, sous la pré-
sidence d'Agrippa, dressa la carte du monde, tel qu'il était alors
connu. (Notice de Strabon, par Malte-Brun.)

et de Cratès : d'une part, l'Asie recevait une place
beaucoup plus grande que par le passé; de l'autre,
les diverses parties du monde étaient disposées tout
autrement. Le système de Ptolémée se propagea ra-
pidement en Orient; mais, pour l'Occident, tant
que les anciennes traditions se conservèrent à Rome,
tant que l'empire romain d'Occident exista au moins
de nom, les doctrines professées par Virgile, Horace,
Properce et Tibulle, conservèrent la supériorité,
principalement auprès des païens. C'est ce qui fait
que, sur la carte annexée à ce mémoire, j'ai cru
pouvoir donner à ces idées le nom particulier de
système géographique des Romains.

Ces notions ne seront pas inutiles pour l'intelligence des écrits latins des cinq premiers siècles de
notre ère. Maintenant je dois dire que le plan de
monarchie universelle, du moins en ce qui concerne l'Asie orientale, ne prit pas tout de suite une
forme définitive. Il fallait d'abord laisser à l'empire
le temps de se remettre du long ébranlement causé
par les guerres civiles. Il fallait surtout s'occuper
d'assurer la tranquillité des régions occidentales,
beaucoup moins éloignées du siége de l'autorité.
Voici un court tableau de l'état général de l'empire après la bataille d'Actium, et de la politique
à laquelle Auguste consacra le reste de sa vie.
L'Égypte avait été réduite en province romaine; la
mer Méditerranée était devenue un lac romain, et
bientôt, du côté du midi, l'empire n'eut plus pour
limites que les sables qui bornent la côte septen-

trionale de l'Afrique. Du côté de l'occident, l'Espagne, la Gaule et le midi de la Grande-Bretagne avaient fait leur soumission, et l'empire possédait une frontière naturelle dans l'océan Atlantique; mais il restait quelques populations, notamment dans les Alpes et les Pyrénées, qui subissaient le joug avec peine et qui n'attendaient qu'une occasion pour reconquérir leur indépendance. Il en était de même, du côté du nord, sur les bords du Rhin, du Weser et de l'Elbe, sur les bords du Danube, enfin sur les bords du Tanaïs, fleuve qui sépare l'Europe de l'Asie, et où se rencontraient alors les populations gothiques, les populations de race finnoise et les populations tartares. Comme la présence de ces diverses populations était un danger permanent pour l'empire, la politique d'Auguste consista à dompter celles qui se trouvaient dans l'intérieur des nouvelles frontières, et, pour les autres, à les éloigner ou, du moins, à les réduire à l'impuissance. Des forts furent construits le long de ces frontières; dans les lieux qui occupaient une position centrale, on établit des camps retranchés, propres à recevoir un corps d'armée. Le règne d'Auguste se passa à amener ces résultats, et, pendant tout ce temps, ce prince fit preuve d'un courage et d'un esprit de suite admirables. Aussi, de ces trois côtés, la sécurité de l'empire fut assurée pour longtemps.

Restait le côté de l'orient. L'Inde était un pays riche en produits, et où, par suite de nombreuses

importations de marchandises, l'or romain allait s'en-
gloutir. Pourquoi ne pas en prendre possession? Il y
avait aussi la Chine, dont la soie flattait beaucoup le
goût de la classe riche, et dont les habitants passaient
pour des gens doux et tranquilles. N'était-ce pas le
cas de faire goûter aux Chinois le bonheur du gouvernement romain? A la vérité, comme la navigation
n'avait pas fait les mêmes progrès qu'aujourd'hui,
on ne pouvait arriver dans l'Asie orientale que par
terre, à travers la Perse; or, la Perse, soumise alors
aux Parthes, avait jusque-là opposé une résistance
invincible, et toutes les tentatives faites par les Romains pour franchir l'Euphrate avaient été repous-
sées avec perte. Mais, en ce moment, les Parthes
étaient divisés, et les compétiteurs au trône étaient
des hommes méprisables. Le succès ne tenait plus
qu'à une certaine réunion de circonstances; l'essentiel était de ne pas se presser. Une considération
particulière faisait désirer la conquête de la Perse.
Crassus avait été défait par les Parthes, et des drapeaux romains décoraient les temples des disciples
de Zoroastre; Marc-Antoine avait subi le même affront, et une foule de Romains étaient captifs sur
la terre étrangère. Au seul mot de Parthe, la plupart des Romains bondissaient d'indignation.

L'an 24 avant Jésus-Christ, Auguste fit faire
comme essai une expédition contre les habitants de
l'Arabie méridionale. On a vu dans mon mémoire
sur le Périple de la mer Érythrée, que les habitants
de l'Arabie méridionale, qui se trouvaient placés

entre l'Égypte et l'Inde, avaient fait de tout temps un riche commerce. Le luxe des Sabéens était comme passé en proverbe[1]. Il importait aux Romains de se rendre maîtres d'un pays qui, dans un moment donné, pouvait faire pencher la balance. Qu'on entreprît la conquête de l'Inde ou même celle de la Perse, la possession de l'Arabie serait nécessairement d'un grand secours. D'ailleurs, l'Arabie a presque toujours été un pays divisé, et il n'y avait pas d'apparence que les Sabéens pussent résister aux forces romaines. Une armée partit donc des bords du Nil et se mit en marche vers l'Arabie du sud. Le fait est qu'aucune troupe armée ne se présenta; mais lorsque les Romains arrivèrent près du lieu de leur destination, ils avaient tant souffert du froid et du chaud, de la faim et de la soif, qu'ils n'étaient plus en état de rien entreprendre. Ils furent obligés de revenir sur leurs pas[2].

J'ai dit que l'invasion de l'Arabie était un acheminement vers la conquête de la Perse. C'est ce que dit positivement Horace. Dans une ode qu'il adresse à un philosophe stoïcien du nom d'Iccius, lequel, à la première nouvelle de l'expédition, avait mis bas le manteau de philosophe pour prendre les armes, il commence ainsi : « Quoi, Iccius, vous avez regardé d'un œil d'envie les richesses des Arabes; vous allez

---

[1] Voyez la Relation d'Agatharchide, *Recueil des petits géographes grecs,* édition Didot, t. Ier, p. 186.

[2] Strabon, liv. XVI, ch. IV, n° 22 ; Pline le Naturaliste, liv. VI, ch. XXXII.

faire une guerre acharnée aux rois sabéens qui n'ont jamais connu le joug, et vous apprêtez des chaînes au Parthe redoutable[1]! »

Auguste, éclairé par l'expérience, se borna désormais à faire occuper certains points des côtes de la mer Rouge, où les navires romains, qui se livraient au commerce de l'Éthiopie et des mers orientales, pouvaient trouver un refuge. Pour tout le reste, il tâcha de vivre en paix avec les indigènes. Néanmoins, l'invasion des Romains en Arabie leur attira une attaque à laquelle ils ne s'attendaient pas.

L'Abyssinie, à cette époque, n'était pas divisée comme aujourd'hui et formait un État puissant. Le pays exportait de l'ivoire provenant de ses éléphants, des parfums de divers genres, et d'autres objets. Sa capitale était située dans une presqu'île formée par les deux principaux affluents du Nil et qu'on nommait l'île de Méroé. Une femme appelée Candace occupait le trône. Horace nous apprend que cette princesse avait à ses ordres une flotte capable de tenir la mer[2]. Pendant que les troupes romaines, chargées de garder l'Égypte, se trouvaient en Arabie, Candace fit envahir la haute Égypte. Les Romains n'eurent pas de peine à repousser les Éthio-

[1] Icci, beatis nunc Arabum invides
Gazis, et acrem militiam paras
Non ante devictis Sabææ
Regibus, horribilique Medo
Nectis catenas.

(Liv. Ier, n° 29.)

[2] Liv. III, n° 6.

piens. Ils s'avancèrent même jusque dans l'île de Méroé; mais le pays qu'ils envahirent présentait un aspect si misérable qu'ils se hâtèrent de revenir. Auguste s'empressa d'offrir à Candace des conditions qui furent acceptées[1].

Les rapports entre l'empire romain et la Perse devenaient de plus en plus difficiles. Le roi des Parthes, qui se nommait Phraate, et qui n'était parvenu au trône qu'en donnant la mort à son père, était en ce moment en lutte avec un prince du sang royal, nommé Tiridate. Tiridate avait recouru à Auguste, et, en se rendant à Rome, il avait emmené avec lui un fils de Phraate. A s'en tenir au petit nombre de témoignages historiques qui nous sont parvenus sur cette époque, Auguste mettait une grande modération dans ses démarches. Pour gagner Phraate, Auguste lui renvoya son fils; en retour, Phraate promit de rendre les drapeaux enlevés à Crassus, et n'en fit rien. L'agitation était extrême à Rome, et l'on reprochait au gouvernement sa longanimité. Horace, que tout délai impatientait, fait, dans une ode qu'il adresse à Auguste, cette invocation à Jupiter: « Fils de Saturne, père et conservateur de la race humaine, c'est à toi que les destins ont remis le soin de la grandeur de César. Tu es le premier roi de l'univers, et César en est le second. Soit qu'il traîne à son char les Parthes, qui ne cessent pas de menacer l'Italie, ou bien les Sères (Chinois) et les Indiens, qui habitent à l'extrémité orientale du

____
[1] Strabon, liv. XVII, ch. 1, n° 54.

monde, subordonné à toi seul, qu'il gouverne selon les lois de la justice le monde agrandi[1]! »

Horace fait, peu de temps après, une déclaration encore plus explicite dans l'ode où se trouve le fameux portrait de l'homme juste à l'épreuve des caprices de la fortune : « Que le Capitole maintienne son éclat, et que la superbe Rome, toujours triomphante, donne des lois aux Parthes; que, partout redoutée, elle porte son nom aux extrémités du monde, au sein de la mer qui sépare l'Europe de l'Afrique, et dans les champs que fécondent les eaux du Nil débordé. Les contrées qui terminent notre monde, au nord et au midi, que Rome y porte ses armes, qu'elle atteigne les régions embrasées par les feux du soleil, et celles où se forment les nuages et les frimas[2]! »

[1]
Gentis humanæ pater atque custos,
Orte Saturno, tibi cura magni
Cæsaris fatis data : tu secundo
    Cæsare regnes.

Ille, seu Parthos Latio imminentes
Egerit justo domitos triumpho,
Sive subjectos Orientis oræ
    Seras et Indos;

Te minor latum reget æquus orbem.
               (Liv. Ier, nᵒ 12.)

[2]
. . . . stet Capitolium
  Fulgens, triumphatisque possit
    Roma ferox dare jura Medis.

Horrenda late nomen in ultimas
Extendat oras, qua medius liquor
  Secernit Europen ab Afro,
    Qua tumidus rigat arva Nilus.

Quicumque mundo terminus obstitit,
Hunc tangat armis, visere gestiens

L'an 22 avant J. C. Auguste annonça l'intention de se mettre en route pour l'Orient; en apparence il partait pour s'assurer de la manière dont l'ordre était observé dans les provinces; mais des légions étaient échelonnées sur la route; en même temps, et tandis que les Parthes n'avaient pas de marine, une flotte romaine croisait dans la mer Rouge et dans les environs du golfe Persique. Tout annonçait une de ces luttes qui changent la face du monde. Cette expédition ne répondit pas à ce que le public en attendait. Quand Auguste se trouva près de l'Euphrate, le roi des Parthes céda; il renvoya les drapeaux et les prisonniers romains qui voulurent retourner dans leur pays, et la paix fut faite. L'Euphrate continua à servir de séparation aux deux empires. Aussi les historiens se sont peu arrêtés sur cette expédition; mais jamais, peut-être, depuis la fondation de Rome, entreprise ne fut plus populaire, et sur aucune, du moins en ce qui concerne les présages qui en furent tirés, il ne nous est parvenu de détails aussi précis. Quatre poëtes jouissaient alors de la vogue à Rome, et tous les quatre se sont plu à se faire les interprètes de l'état des esprits. Ces quatre poëtes sont Horace, Virgile, Properce et Tibulle. Comme ce

Qua parte debacchentur ignes,
Qua nebulæ pluviique rores.
(Liv. III, n° 3.)

Il semble, du reste, d'après divers témoignages, que, dans l'opinion des contemporains, le soleil était plus chaud à l'Orient qu'à l'Occident. Voyez ci-après, p. 92 et 158.

qu'ils ont dit touche directement à l'objet de ce mémoire, et que d'ailleurs il s'agit d'une lacune à remplir, je ne puis me dispenser de rappeler ce qu'ils ont dit[1].

La pensée première de cette expédition était de venger l'affront fait par les Parthes au nom romain. Plus la puissance romaine était devenue grande, plus l'injure réclamait un prompt châtiment. Mais de plus, pour la grande masse du public, il s'agissait de faire du côté de l'orient ce qui avait été fait du côté de l'occident; il s'agissait d'exterminer la race des Parthes, et de faire triompher le nom romain; il s'agissait de faire ce que n'avait pu faire Alexandre, de subjuguer du même coup l'Inde et la Chine. Quelle exaltation dans les têtes! on allait enfin parcourir cet Orient, qui avait été considéré de tout temps comme le chemin de la gloire; on allait retrouver les traces de Bacchus, de Sémiramis, de Cyrus, de Darius et d'Alexandre; on allait ne faire qu'un de Rome et du monde, et on allait asseoir la société sur des bases qui ne devaient plus changer.

Aussi, depuis l'océan Atlantique jusqu'à l'Euphrate, depuis le Danube jusqu'aux sables du Sahara, on ne s'entretenait plus d'autres choses. Des cartes particulières, destinées à faire connaître la

---

[1] Les quatre poëtes emploient quelquefois les mêmes termes. On ne peut pas supposer qu'ils se sont copiés les uns les autres; probablement ces sortes de rencontres proviennent de certaines expressions employées dans les dépêches officielles et les journaux du temps. Les quatre poëtes pourraient donner lieu à des rapprochements littéraires intéressants. Mais ce n'est pas ici le lieu.

marche des légions, avaient été préparées d'avance.
Les militaires qui faisaient partie de l'expédition
avaient promis de tenir leurs amis au courant des
événements. Avant de se séparer, les époux et les
épouses se juraient une fidélité constante. Les
femmes promettaient, pour occuper leurs loisirs,
de tracer à l'aiguille l'image des combats où leurs
maris et leurs amants se couvriraient de gloire.
Les journaux offraient d'avance d'accueillir toutes
les nouvelles qui arriveraient du théâtre de la
guerre. Les journaux du temps ne nous étant point
parvenus, les vers des quatre poëtes pourront y
suppléer.

Je vais d'abord rapporter les témoignages de Properce et de Tibulle. On verra ensuite, année par
année, ce qu'Horace a dit sur le même sujet. Quant
à ce qu'a écrit Virgile, je le réserve pour la fin du
paragraphe. Virgile a fait ici ce qu'il a fait ailleurs :
il a voulu tracer le programme complet de l'expédition, et il a eu la prétention de résumer en vers,
tels qu'il savait les faire, les principaux épisodes de
ce grand drame; malheureusement il tomba malade et mourut avant d'avoir terminé son travail, et
il est devenu impossible de bien suivre sa pensée,
si déjà l'on n'a pas l'ensemble du sujet présent à
l'esprit.

Voici d'abord une épître que Properce adresse à
Auguste : «Le divin César médite une expédition
contre l'Inde opulente : sa flotte est prête à sillonner
les flots de la mer qui recèle des perles (le golfe

Persique). Soldats, quelle magnifique perspective! Les contrées les plus éloignées ne seront pour vous qu'une occasion de triomphe. Le Tigre et l'Euphrate couleront sous les lois de César, et, quoique un peu tard, une nouvelle région viendra se ranger sous les faisceaux de l'Ausonie. Il faut que les trophées du Parthe ornent à leur tour le temple de Jupiter, dieu du Latium. Allez, partez, flottes belliqueuses, déployez vos voiles; et vous, coursiers destinés à nous apporter les trophées qui sont la récompense du brave, préparez-vous à une si belle tâche. Je vous garantis le succès. Vengez Crassus de sa défaite; partez, et ajoutez quelques nouvelles pages aux fastes de Rome. Ô Mars, père des Latins, ô Vesta, dont les feux sacrés règlent nos destinées, je vous en conjure, faites briller avant ma mort le jour où je pourrai voir le char de César couvert de dépouilles, et ses chevaux obligés de refouler à chaque pas et avec douceur tout un peuple qui viendra l'applaudir. Penché sur le sein de la jeune beauté que j'aime, je contemplerai avec délices ce spectacle. Je lirai sur chaque trophée les noms des villes prises; je compterai les flèches de ces cavaliers qui combattent en fuyant (les Parthes); je verrai les arcs de ces peuples qui portent la braie (les Indo-Scythes de Kanichka), et leurs chefs captifs assis au pied de faisceaux faits avec leurs propres armes. Ô Vénus! protége ta race; prolonge l'existence de cette tête si chère; c'est tout ce qui te reste du sang d'Énée. A ceux donc qui l'ont mérité par tant de travaux, le butin; pour moi, il me suffira de les applaudir (à leur retour à Rome) au milieu de la Voie Sacrée [1]. »

A la même occasion, Tibulle a chanté la conquête du vieux monde, composé de l'Europe, l'Asie et l'Afrique, comme un fait déjà accompli. Le personnage auquel il s'adresse est un ancien général républicain, appelé Messala, qui s'était attaché à la fortune d'Auguste. On peut induire des paroles du poëte, qu'Auguste avait eu un moment l'intention de donner à Messala le commandement de l'Angleterre, dont les provinces septentrionales défendaient avec succès leur indépendance, et que le gouvernement était impatient de soumetre au joug. Quoi qu'il en soit, l'idée générale du morceau est

[1]
Arma deus Cæsar dites meditatur ad Indos,
   Et freta gemmiferi findere classe maris.
Magna, viri, merces! parat ultima terra triumphos;
   Tigris et Euphrates sub tua jura fluent;
Sera, sed Ausoniis veniet provincia virgis;
   Adsuescent Latio Partha tropæa Jovi.
Ite, agite, expertæ bello date lintea proræ,
   Et solitum armigeri ducite munus equi.
Omina fausta cano : Crassos clademque piate;
   Ite, et Romanæ consulite historiæ.
Mars pater, et sacræ fatalia lumina Vestæ:
   Ante meos obitus sit, precor, illa dies,
Qua videam spoliis oneratos Cæsaris axes ;
   Ad vulgi plausus sæpe resistere equos;
Inque sinu caræ nixus spectare puellæ
   Incipiam, et titulis oppida capta legam,
Tela fugacis equi, et braccati militis arcus,
   Et subter captos arma sedere duces !
Ipsa tuam serva prolem, Venus; hoc sit in ævum,
   Cernis ab Ænea quod superesse caput !
Præda sit hæc illis, quorum meruere labores :
   Me sat erit Sacra plaudere posse via.
     (Troisième livre des Élégies de Properce, n° 4.)

que le continent de l'Europe, de l'Asie et de l'Afrique, étant soumis entièrement aux lois de Rome, il ne restait plus à Messala pour se signaler d'autre moyen que de subjuguer les Bretons, et de passer ensuite dans le monde austral, avec la chance de devenir le héros des deux mondes. Voici ce morceau singulier : « Encouragé par un dieu (Auguste), signale-toi par de grandes choses, et conquiers des triomphes qui n'aient été obtenus par personne. Tu n'as plus à subjuguer la Gaule qui nous avoisine, ni la fière Espagne aux vastes provinces, ni le sol sauvage où vint s'asseoir une colonie de Théra (la Cyrénaïque), ni les plaines où coule le Nil, ni celles où coule le Choaspe (dans la Susiane), boisson du grand roi, ni les champs d'Arecta que traverse le rapide Gyndès, dont Cyrus, en démence, divisa les eaux en branches nombreuses (dans le Khouzestan); ni les royaumes auxquels Tomyris (reine des Scythes) donna pour bornes le cours sinueux de l'Araxe (Iaxarte), ni les terres situées à l'extrémité orientale du monde, là où le Padéen, assis à des tables ensanglantées, célèbre ses horribles festins [1]; ni l'Hèbre et le Tanaïs, qui arrosent le territoire des Gètes et des Mosyns. Pourquoi une plus longue énumération? Nul peuple, dans le monde que nous habitons et qui est entouré par la mer, n'aurait d'armes à opposer aux tiennes. La seule mission qui t'est réservée, c'est de triompher du Breton, qui jusqu'ici a résisté aux armes romaines;

---

[1] Hérodote, liv. III, chap. xcix.

tu es même appelé à subjuguer cet autre monde
qui est séparé du nôtre par la ligne du zodiaque ;
mais lorsque de si brillants triomphes auront cou-
ronné tes exploits, seul tu seras nommé grand dans
les deux mondes [1]. »

Parmi les élégies de Properce, il y en a une qui
est adressée à un personnage appelé Postume : on y
remarque le passage suivant : « Quoi! Postume, tu
as pu quitter Galla en pleurs, pour suivre, en qualité de soldat, les redoutables enseignes d'Auguste?
L'avantage d'avoir ta part des dépouilles du Parthe
l'a donc emporté sur les mille supplications de
Galla! Puissiez-vous, ô avares, s'il est possible, périr
tous d'une même mort, et avec vous quiconque
préfère la vie des camps à la couche d'une chaste
épouse! Tu vas donc, une casaque sur le dos, et
harassé de fatigue, boire dans ton casque de l'eau

---

[1] Quin hortante deo, magnis insistere rebus
Incipe; non iidem tibi sint aliisque triumphi.
Non te vicino remorabitur obvia Marte
Gallia, nec latis audax Hispania terris ;
Nec fera Theræo tellus obsessa colono ;
Nec qua vel Nilus, vel, regia lympha, Choaspes
Proluit, aut rapidus, Cyri dementia, Gyndes
Radit Arcctæos haud una per ostia campos ;
Nec qua regna vago Tomyris finivit Araxe ;
Impia vel sævis celebrans convivia mensis
Ultima vicinus Phœbo tenet arva Padæus ;
Quaque Hebrus Tanaisque Getas rigat atque Mosynos.
Quid moror? Oceanus ponto qua continet orbem,
Nulla tibi adversis regio sese offeret armis.
Te manet invictus Romano Marte Britannus,
Teque interjecto mundi pars altera sole.
Ergo, ubi per claros ierint tua facta triumphos,
Solus utroque idem diceris magnus in orbe.
(Livre quatrième des poésies de Tibulle ; panégyrique de Messala.)

de l'Araxe[1]! A la seule pensée d'une gloire si vaine,
de ta valeur surtout qu'elle craint de voir te devenir
fatale, Galla séchera de douleur; elle croira voir les
flèches des Mèdes prendre plaisir à s'abreuver de
ton sang, et leurs cavaliers couverts de fer te pour-
suivre sur leurs chevaux caparaçonnés d'or. A tout
instant elle croira voir une urne sépulcrale arriver
de ces régions sauvages, et dans cette urne quelques
lamentables restes de toi-même, seul débris, hélas!
de ceux qui ont le malheur de succomber dans ces
contrées[2]. »

Voici l'extrait d'une autre élégie de Properce : celle
dont il a déjà été parlé, et qui est adressée par une
jeune femme du nom d'Aréthuse à son mari, appelé
Lycotas. Elle respire un ton de tendresse conjugale
qui en rend la lecture des plus touchantes. « Aréthuse
envoie cette lettre à son cher Lycotas, pourvu toute-
fois, Lycotas, qu'après de si fréquentes absences, tu

---

[1] Ici il s'agit de l'Araxe qui coule en Arménie.

[2]
> Postume, plorantem potuisti linquere Gallam,
>   Miles et Augusti fortia signa sequi?
> Tantine ulla fuit spoliati gloria Parthi,
>   Ne faceres, Galla multa rogante tua!
> Si fas est, omnes pariter pereatis avari,
>   Et quisquis fido prætulit arma toro!
> Tu tamen injecta tectus, vesane, lacerna,
>   Potabis galea, fessus, Araxis aquam.
> Illa quidem interea fama tabescet inani,
>   Hæc tua ne virtus fiat amara tibi;
> Neve tua Medæ lætentur cæde sagittæ,
>   Ferreus aurato neu cataphractus equo;
> Neve aliquid de te flendum referatur in urna.
>   Sic redeunt illis qui cecidere locis.
>   (Troisième livre des Élégies de Properce, n° 12.)

sois encore à moi! Lorsque tu liras cette lettre, si quelques lignes sont effacées, elles l'auront été par mes larmes; et si les traits incertains de mon écriture se dérobent à ton intelligence, ils te diront assez que ma main était alors défaillante. Naguère la ville de Bactra t'a vu pour la deuxième fois. Les Sères (Chinois), que leurs chevaux bardés de fer rendent si redoutables, les Gètes glacés, les Bretons, qui montent des chariots peints, l'Indien au teint décoloré et brûlé par les eaux enflammées du soleil levant, tous les peuples de l'univers t'ont vu tour à tour. Est-ce là le devoir d'un époux? Sont-ce là les nuits qui m'étaient promises, quand, naïve que j'étais, pressée et vaincue par tes instances, je te donnai ma foi? Ah! sans doute, le flambeau qui me précédait, présage du sort qui m'était réservé, avait emprunté à quelque bûcher croulant sa sombre lueur; sans doute je fus aspergée avec de l'eau du Styx; la bandelette qui ceignit mes cheveux n'était pas droite, et quand je fus unie à toi, le dieu ne se trouvait pas à nos côtés. Ce n'est pas que mes funestes offrandes ne se trouvent, hélas! suspendues à toutes les portes des temples; voilà le quatrième vêtement que je tisse pour ton séjour au camp. Ah! périsse celui qui le premier coupa une branche innocente pour en faire un épieu, ou qui d'un os creux et rauque fabriqua la trompette sonore.....
Durant les nuits d'hiver, je travaille à tes habits de camp, et je remplis mes navettes de laine de Tyr. Tantôt je cherche dans quel climat coule l'Araxe

que. Rome va soumettre, et pendant combien de
milles le cheval du Parthe peut courir sans boire.
Tantôt j'étudie avec soin sur la carte les mondes
qui y sont tracés, la position qu'une divinité sage
assigna à chacun d'eux, les terres qu'engourdit la
glace et celles que l'ardeur du soleil réduit en pous-
sière; enfin je demande quel est le vent propice
pour les voiles qui se dirigent vers l'Italie. Ma sœur
est seule assise à côté de moi, et ma nourrice, pâle
d'inquiétude, me jure par tous les dieux que c'est
uniquement la saison des tempêtes qui te retient
loin de moi. Heureuse la reine des Amazones, Hip-
polyte, qui combattit le sein nu, et couvrit son front
délicat du casque des Barbares! Plût aux dieux que
les camps fussent ouverts aux femmes romaines!
Aréthuse serait dans les combats ta compagne insé-
parable. Les sommets de la Scythie seraient impuis-
sants à m'arrêter, alors même que l'Africus, sous
son souffle glacé, lie le flot au flot..... Je t'en conjure, n'attache pas tant de gloire à monter l'un des
premiers sur les remparts de Bactra, et à enlever à
l'un de ses chefs parfumés sa robe de lin, alors que
des frondes tournoyantes pleut une grêle de plomb,
ou que vibre l'arc perfide des cavaliers à la fuite si-
mulée. Dès que les guerriers parthes auront été mis
à la raison, viens à Rome, suivre, la haste à la
main, le char du triomphateur, et surtout, garde
inviolable cette foi que tu m'as jurée sur notre
couche nuptiale. A ce prix je fais des vœux pour
ton retour. Alors je suspendrai tes armes à la porte

Capène, et je graverai au-dessous : *une épouse recon-
naissante pour son époux revenu sain et sauf* [1]. »

Hæc Arethusa suo mittit mandata Lycotæ,
    Quum toties absis, si potes esse meus.
Si qua tamen tibi lecturo pars oblita deerit,
    Hæc erit a lacrymis facta litura meis;
Aut si qua incerto fallet te littera tractu,
    Signa meæ dextræ jam morientis erunt.
Te modo viderunt iteratos Bactra per ortus,
    Te modo munito Sericus hostis equo,
Hibernique Getæ, pictoque Britannia curru,
    Ustus et eoa decolor Indus aqua.
Hæcne marita fides? Hæc pactæ sunt mihi noctes,
    Quum rudis urgenti brachia victa dedi?
Quæ mihi deductæ fax omen prætulit, illa
    Traxit ab everso lumina nigra rogo;
Et Stygio sum sparsa lacu, nec recta capillis
    Vitta data est; nupsi non comitante deo.
Omnibus heu! portis pendent mea noxia vota;
    Texitur hæc castris quarta lacerna tuis.
Occidat immerita qui carpsit ab arbore vallum,
    Et struxit querulas rauca per ossa tubas...
Noctibus hibernis castrensia pensa laboro,
    Et Tyria in radios vellera secta suos.
Et disco qua parte fluat vincendus Araxes,
    Quot sine aqua Parthus millia currat equus;
Cogor et e tabula pictos ediscere mundos,
    Qualis et hæc docti sit positura dei;
Quæ tellus sit lenta gelu, quæ putris ab æstu;
    Ventus in Italiam qui bene vela ferat.
Adsidet una soror curis et pallida nutrix
    Pejerat hiberni temporis esse moras.
Felix Hippolyta nuda tulit arma papilla,
    Et texit galea barbara molle caput.
Romanis utinam patuissent castra puellis!
    Essem militiæ sarcina fida tuæ;
Nec me tardarent Scythiæ juga, quum pater altas
    Africus in glaciem frigore nectit aquas...
Ne, precor, adscensis tanti sit gloria Bactris,
    Raptave odorato carbasa lina duci,
Plumbea quum tortæ sparguntur pondera fundæ,
    Subdolus et versis increpat arcus equis.
Sed, tua sic domitis Parthæ telluris alumnis

Il existe aussi quelques fragments de poésie attribués à un auteur du nom de Gallus, qui paraît avoir
vécu au temps d'Auguste. Les critiques se sont partagés à cet égard; quoi qu'il en soit, il n'y a aucun
inconvénient à reproduire le présent fragment, composé à l'occasion de l'expédition d'Auguste en Orient,
et qui est censé adressé par un guerrier à sa fian-
cée nommée Lycoris : « Fallait-il donc courir au
siége de Séleucie, capitale des Arsacides (Ctésiphon,
capitale de l'empire des Parthes), et faire hommage
à Jupiter vengeur des étendards romains (enlevés à
Crassus), si Lycoris, en proie aux regrets et au cha-
grin de mon absence, doit, hélas! rester neuf mois
entiers ensevelie dans sa douleur?... Heureusement
un juste espoir assure Lycoris de mon retour, et
nourrit une secrète joie dans son cœur. Absent,
elle m'appelle; c'est pour moi, pour moi seul qu'elle
soupire; c'est à moi qu'elle pense et la nuit et le
jour. Déjà mêlant l'argent à l'or le plus pur, elle me
brode un nouveau manteau pour la prochaine campagne. Là, attentive à me plaire, elle dessine d'une
aiguille légère l'image des jeunes guerriers et les
combats qu'a racontés la renommée. Elle peint
l'Euphrate, qui coule plus mollement (depuis qu'il
est soumis aux lois romaines), et nos aigles con-

> Pura triumphantes hasta sequatur equos,
> Incorrupta mei conserva fœdera lecti;
>   Hac ego te sola lege redisse velim.
> Armaque quum tulero portæ votiva Capenæ,
>   Subscribam *salvo grata puella viro.*
>
> (Livre quatrième des Élégies de Properce, n° 3.)

duites à la victoire par Ventidius, qui venge enfin, sous les auspices de César Auguste, les mânes de Crassus et nos étendards captifs. Parthe superbe, qu'enorgueillissaient nos désastres, là aussi tu parais abattu sous une main romaine. Au premier rang je figure en vainqueur. Je n'attendais pas moins d'un amour si fidèle et si tendre. Elle s'y est aussi représentée, pâle, défaite, les yeux en larmes; on dirait que sa bouche s'apprête à prononcer mon nom [1]. »

Il m'a semblé que ces divers témoignages jetteraient un jour nouveau sur les mœurs romaines au temps d'Auguste. J'aurai à revenir là-dessus quand

[1] Non fuit Arsacidum tanti expugnare Seleucem,
    Italaque ultori signa referre Jovi;
Ut desiderio nostri curaque Lycoris
    Heu! jaceat menses pæne sepulta novem...
Illa meos reditus spe non præsumit inani,
    Et fovet in tacito gaudia certa sinu.
Me vocat absentem, me me suspirat in unum,
    Et de me noctes cogitat atque dies;
Quin etiam argento puroque intexitur auro
    Altera jam castris parta lacerna meis.
Illic bellantum juvenum studiosa figuras,
    Atque audita levi prælia pingit acu.
Pingit et Euphratis currentes mollius undas
    Victricesque aquilas sub duce Ventidio;
Qui nunc Crassorum manes direptaque signa
    Vindicat, Augusti Cæsaris auspiciis.
Parthe tumens animis et nostra clade superbe,
    Hic quoque Romano stratus ab hoste jaces.
At mea cum primis victrix apparet imago;
    Exigit hoc pietas et bene fidus amor.
Ipsa quoque exprimitur; dejecto pallida vultu
    Stat lacrymans et me pæne vocare putes.
Les fragments de Gallus sont ordinairement publiés avec les Élégies de Properce.

je rapporterai les passages correspondants des Géorgiques et de l'Énéide. Pour le moment j'ai à répondre à une question qui se présente naturellement : Auguste et Mécène étaient-ils pour quelque chose dans ce qui se disait au sujet de l'expédition d'Orient? Le gouvernement ne pouvait introduire dans le langage officiel rien de ce qui se serait rapporté à un plan de monarchie universelle. Il n'en eût pas fallu davantage pour voir interrompre toutes les relations internationales. On est également autorisé par la politique mesurée qu'Auguste suivit à partir du moment où il fut le maître unique de l'empire, à croire qu'il ne prenait pas au sérieux l'existence des divers mondes à subjuguer successivement. Tacite rapporte qu'Auguste, dans le testament qu'il laissa en mourant, et qui fut lu, après sa mort, au sénat, recommandait à son successeur de ne pas chercher à reculer les limites actuelles de l'empire. Tacite ne sait s'il faut attribuer cette disposition à une prudence véritable, ou bien à un sentiment de jalousie qui aurait fait voir avec peine à Auguste un autre faire ce qu'il n'avait pas osé faire lui-même[1]. Le nœud de la difficulté était dans la conduite à tenir avec le gouvernement parthe. Or il est certain que pendant les trente-quatre ans qui suivirent le traité fait avec Phraate, la politique d'Auguste fut une politique de conciliation. Il y a donc lieu de croire que le mouvement qui s'était manifesté à un certain moment dans l'opinion publique n'était pas l'ou-

___
[1] *Annales,* liv. I, ch. xi.

vrage du prince. D'un autre côté, comment admettre que, non-seulement Properce et Tibulle, mais encore Horace et Virgile, qui étaient censés exprimer l'idée du gouvernement, aient chanté sur tous les tons l'idée de monarchie universelle, si Auguste n'avait pas manifesté d'une manière quelconque le désir de voir cette idée se réaliser? La grande mission d'Auguste fut de pacifier et d'organiser l'empire. Là devait être sa gloire. Le but une fois atteint, pourquoi ne pas désirer que l'idée reçût, un peu plus tôt, un peu plus tard, son dernier couronnement? Ainsi qu'on le verra, Virgile est entré dans des détails tellement intimes, qu'il est difficile de ne pas croire qu'il avait recouru aux sources officielles.

Maintenant je retourne à mon récit. Dans l'expédition d'Auguste en Orient, expédition qui s'était annoncée avec tant de fracas, il n'y eut pas, à proprement parler, d'hostilités. L'armée romaine était échelonnée sur les bords de l'Euphrate, depuis sa source jusqu'auprès de Babylone. Auguste occupait le centre, en face de la Mésopotamie.

S'il y eut du sang versé, ce fut en Arménie, contrée un moment célèbre et que se disputaient alors les Romains et les Perses, comme se la sont disputée plus tard les Turcs et les Persans, et maintenant les Russes. Depuis quelque temps, l'Arménie était une principauté vassale de la Perse. Le débat entre Auguste et Phraate consistait à savoir si le prince appelé à gouverner l'Arménie, serait nommé par les

Romains ou par les Perses. Auguste fit venir Tibère
de Rome pour commander l'aile gauche de l'armée
romaine, et finit par l'emporter. Nous manquons de
détails sur ce qui se passa. Nous savons seulement
par Horace et Virgile, qui écrivaient au moment de
l'événement, qu'un combat eut lieu au cœur de
l'Arménie, au pied d'une montagne appelée *Niphat*[1], laquelle se trouvait non loin des sources de
l'Araxe, et paraît répondre au mont Ararath. Horace
s'exprime ainsi dans une de ses odes : « Chantons
les nouveaux trophées de César Auguste, le Niphat
aux pics hérissés et le fleuve de Médie, qui, soumis
au joug, a maintenant un cours moins fier, etc. [2] »
Dans tous les cas, les témoignages des contemporains, comme on l'a vu, s'accordent à dire que l'effort de la campagne eut lieu sur les bords de l'Araxe,
ce qui ne laisse aucun doute sur la position du Niphat.

De plus, à en croire Horace, le roi parthe, pour
obtenir la paix d'Auguste, se soumit aux démarches
les plus humiliantes. Ce fut à genoux qu'il reçut la

---

[1] Le Niphat est appelé par les écrivains arméniens *Nebad.* (Voyez
les *Mémoires sur l'Arménie,* de Saint-Martin, t. I, p. 49.) Je présume
que ce mot est de dérivation grecque et qu'il répond à Νιφάτης, signifiant *toujours couvert de neige.*

[2]   . . . . et potius nova
         Cantemus Augusti tropæa
            Cæsaris, et rigidum Niphaten ,
      Medumque flumen , gentibus additum
      Victis, minores volvere vortices;
         Intraque præscriptum Gelonos
            Exiguis equitare campis.
                        (Liv. II, n° 9.)

7.

couronne des mains de l'empereur. Horace, adressant dans le moment même une épître au philosophe stoïcien Iccius, dont il a déjà été parlé, lui dit en post-scriptum : « Pour que vous n'ignoriez pas où en sont les affaires de l'empire, les Cantabres viennent d'être vaincus par Agrippa et les Arméniens par Tibère. Phraate s'est jeté humblement aux pieds d'Auguste et a reçu la loi; l'abondance règne en Italie[1]. »

Du reste, la situation de Phraate était des plus misérables. Ayant tué son père, il craignait que ses enfants ne lui fissent subir le même sort. Pour assurer sa tranquillité, il remit ses quatre fils aînés à Auguste, qui les conduisit à Rome. Il ne garda auprès de lui que le fils d'une esclave que lui avait donnée Auguste, et qui finit par l'empoisonner.

La reddition des drapeaux enlevés à Crassus, et cela sans recourir à la voie des armes, était un des plus beaux triomphes de la politique d'Auguste. Cet événement fut accueilli dans toutes les provinces de l'empire comme une réparation faite à l'honneur romain. Mais rien ne changea dans la disposition

---

[1]
Ne tamen ignores, quo sit Romana loco res :
Cantaber Agrippæ, Claudi virtute Neronis
Armenius cecidit : jus imperiumque Phraates
Cæsaris accepit genibus minor : aurea fruges
Italiæ pleno diffudit Copia cornu.

(Liv. Ier des *Épîtres*, n° 12.)

La nouvelle relative au roi des Parthes était probablement parvenue à Horace par un de ses amis, appelé *Julius Florus*, qui était attaché à la personne de Tibère et à qui Horace a adressé la troisième de ses épîtres.

des esprits. La concession faite par Phraate fut considérée comme un signe d'impuissance, et l'on crut plus que jamais à la réalisation prochaine du rêve qu'on caressait depuis quelque temps : la chute du royaume parthe et l'autorité romaine s'étendant jusqu'aux dernières limites du monde. Virgile le dit en propres termes, et Horace en fait autant sous une autre forme. L'ode de félicitation qu'Horace adressa à Auguste commence ainsi : « Le tonnerre nous apprend que Jupiter règne dans le ciel, et l'on va avoir la preuve qu'Auguste est son digne représentant sur la terre, maintenant que l'incommode Perse est subjuguée et que la Bretagne a été annexée à l'empire[1]. » Jules César avait conquis la partie méridionale de la Grande-Bretagne; mais toute la partie montagneuse de l'île, notamment l'Écosse, défendait avec succès son indépendance, et les Romains ne purent jamais y pénétrer. Auguste avait déjà manifesté l'intention de faire une tentative de ce côté[2]. Horace demande que, pour faire disparaître le dernier foyer de résistance qui existât du côté de l'Occident, l'on *annexe* le territoire indépendant comme on avait annexé le pays des Cantabres, c'est-à-dire

[1]
    Cœlo tonantem credidimus Jovem
    Regnare : præsens Divus habebitur
      Augustus, adjectis Britannis
        Imperio, gravibusque Persis.
                (Liv. III, n° 5.)
Voyez aussi le n° 21 du premier livre des Odes. Sur le sens du mot *præsens* voyez les remarques de M. Rossignol, *Virgile et Constantin le Grand*, p. 40 et suiv.

[2] Voyez ci-dessus, p. 88.

en massacrant tous les hommes pris les armes à la main, et en poussant les autres dans la mer.

De son côté Properce s'exprime ainsi : « Que celui-ci rappelle à la mémoire les Sicambres relancés dans leurs marais; que celui-là chante l'île de Méroé, l'empire de Céphée (père d'Andromède) et ses rois basanés; qu'un troisième dise le traité imploré par le Parthe, aveu tardif de sa faiblesse, et la restitution des enseignes romaines. Bientôt il faudra que le Parthe livre ses propres enseignes, à moins qu'Auguste ne laisse un peu respirer les guerriers de l'Orient, pour qu'il reste à ses neveux quelques trophées à conquérir [1]. »

En ce qui concerne la politique d'Auguste, nous ignorons quels furent les motifs qui l'engagèrent à se contenter des conditions que lui offrit le roi parthe. Quoi qu'il en soit, la paix étant faite avec les Parthes, il n'y avait pas de raison de la refuser aux princes de la Bactriane et de l'Inde, qui la sollicitaient depuis longtemps. Elle fut conclue dans l'hiver qui suivit, pendant le séjour qu'Auguste fit dans l'île de Samos. On était alors en l'an 20 avant J. C. Ce fut à la même occasion que l'accord fut rétabli entre l'empire et l'Éthiopie. Il en fut probablement de même pour le traité conclu par Auguste

---

[1]
    Ille paludosos memoret servire Sicambros;
      Cepheam hic Meroen fuscaque regna canat;
    Hic referat sero confessum fœdere Parthum;
      Reddat signa Remi : Mox dabit ipse sua.
    Sive aliquid pharetris Augustus parcet eois,
      Differat in pueros ista tropæa suos.
                    (Livre IV, n° 6.)

avec le roi de la Mésène et de la Kharacène, dont j'ai parlé dans un précédent mémoire[1], ainsi que pour le traité fait avec les Garamantes, peuple du Fezzan, dans l'intérieur de l'Afrique, contre lequel un général romain, Cornelius Balbus, venait de faire une expédition heureuse pour laquelle il obtint les honneurs du triomphe.

Les traités avec le roi de la Bactriane et les princes de l'Inde étaient, les uns simplement commerciaux, les autres commerciaux et politiques. Il serait intéressant de déterminer les divers princes avec lesquels Auguste traita et la nature de chaque traité ; mais l'histoire est loin de nous avoir transmis à cet égard tout ce que nous aurions désiré connaître.

Voici la suite des témoignages qui nous sont parvenus.

On sait qu'Auguste rédigea, peu de temps avant sa mort, une espèce de testament politique où il exposait, en termes simples et dignes, dans quel état il avait trouvé l'empire et dans quel état il le laissait. C'est un des documents les plus précieux que nous ait laissés l'antiquité. A la mort d'Auguste, il en fut donné lecture au sénat par Tibère[2]. On en avait fait deux rédactions, une en latin et l'autre en grec, et il s'en répandit des copies de tous les côtés. De plus, on le grava dans les deux langues, sur les murs des temples qui furent élevés dans dif-

----

[1] Tome XXIV du *Recueil des mémoires de l'Académie des inscriptions,* p. 155 et suiv.

[2] *Annales* de Tacite, liv. Ier, ch. VIII.

férentes villes en l'honneur d'Auguste[1]. Il en existe encore des fragments plus ou moins considérables sur les murs d'un temple à Angora, en Galatie; sur les murs d'un autre temple à Apollonie, dans la Pisidie, etc. Aucun historien n'a conservé la copie de ce document, sans doute parce qu'on le supposait suffisamment connu.

Or, Auguste parle dans son testament des députations qu'il avait reçues de l'Inde : « Plusieurs députations, dit-il, me furent envoyées par les rois de l'Inde; jamais rien de semblable n'avait été fait pour un prince romain[2]. » On voit que, aux yeux d'Auguste, Marc-Antoine, depuis ses liaisons avec Cléopâtre, n'était plus un Romain; c'était l'esclave

---

[1] Aurelius Victor s'exprime ainsi dans son livre *De Cæsaribus* : « Pater patriæ, ob clementiam, ac tribunicia potestate perpetuo « habitus : bincque uti deo, Romæ provinciisque omnibus per urbes « celeberrimas, vivo mortuoque, templa, sacerdotes et collegia sa- « cravere. »

[2] La portion latine citée ici est mutilée; mais, dès le principe, on en reconnut le sens. (Voyez l'édition des Œuvres de Tacite d'Oberlin, qui a été reproduite par M. Naudet dans la Collection Lemaire, t. IV, p. 329.) En 1840, un tiers environ de la traduction grecque fut relevé, sur le monument d'Ancyre, par M. William Hamilton (*Researches in Asia Minor*, Londres, 1842, t. II). Tout le reste de cette traduction, à une courte lacune près, a été, en 1861, dégagé des masures qui le cachaient à la vue, et transcrit par G. M. Perrot, ancien membre de l'École française d'Athènes, chargé par l'Empereur d'une mission scientifique en Asie Mineure. Voici le passage en grec et en latin, tel qu'il est restitué par M. Perrot : Πρὸς ἐμὲ ἐξ Ἰνδίας βασιλέων πρεσβεῖαι πολλάκις ἀπεσ7άλησαν, οὐδέποτε πρὸ τούτου τοῦ χρόνου ὀφθεῖσαι παρὰ Ῥωμαίων ἡγεμόνι. Ad me ex India regum legationes sæpe missæ sunt numquam antea visæ apud quemquam principem Romanorum.

et le jouet d'une femme étrangère. Telle était aussi
la manière de voir d'Horace et de Virgile. Du reste,
Auguste ne spécifie rien, ni date ni pays; mais son
témoignage suffirait à lui seul pour réfuter les savants qui ont traité de fable les relations de l'empereur avec l'Asie orientale.

Suétone, qui aurait pu nous apprendre tant de
choses, est aussi peu explicite qu'Auguste. Dans sa
notice sur ce prince, il se borne à ceci : « Grâce à sa
réputation de vertu et de modération, il amena les
Scythes et les Indiens, dont jusque-là on connaissait
à peine le nom, à rechercher d'eux-mêmes, par le
ministère de députés, son amitié et celle du peuple
romain [1]. »

Paul Orose, écrivain espagnol des premières années du ve siècle, parle d'une députation indienne
qu'Auguste avait reçue quelques années auparavant, pendant qu'il était à Tarragone, en Espagne.
Il s'exprime ainsi : « Des députés indiens et scythes,
traversant la terre presque entière, se présentèrent
à Auguste, à Tarragone, et firent à l'empereur
un honneur qui n'avait été fait, jusque-là, qu'à
Alexandre le Grand. En effet, de même que, jadis,
les Espagnols et les Gaulois, voulant s'assurer d'a-
vance la bienveillance d'Alexandre, lui envoyèrent
une députation pendant qu'il était à Babylone, au

---

[1] Qua virtutis moderationisque fama Indos etiam ac Scythas au-
ditu modo cognitos, pellexit ad amicitiam suam populique romani
ultro per legatos petendam. (Notice sur Auguste, ch. xxi. Voy. aussi
Eutrope, liv. VII, ch. x.)

cœur de l'Orient, de même eux, qui habitaient l'extrémité de l'orient et du septentrion, s'étaient avancés jusqu'en Espagne, à l'extrémité de l'Occident, pour lui présenter leurs hommages et lui offrir des présents de leur pays[1]. »

Florus aussi, à l'occasion de l'éclat que l'empire romain jeta lorsqu'il eut été pacifié par Auguste, parle des députations qui lui furent envoyées de divers côtés. De plus, à l'exemple d'Horace, dont les témoignages seront bientôt rapportés, il fait mention d'une députation chinoise. Voici ce qu'il dit : « Les peuples mêmes qui ne dépendaient pas de l'empire ne pouvaient s'empêcher d'admirer la grandeur du peuple romain et de respecter en lui le vainqueur de tous les peuples. En effet, les Scythes et les Sarmates envoyèrent des députés à Auguste pour solliciter son amitié. Les Sères eux-mêmes et les Indiens, qui habitent sous le soleil levant, se firent un devoir d'envoyer des députés avec des pierres précieuses et des perles, ainsi que des éléphants, etc. Comme les députés avaient fait attendre leur arrivée, ils s'excusèrent sur la longueur de la route qui les avait retenus pendant quatre ans. Du

---

[1] Interea Cæsarem apud Tarraconem citerioris Hispaniæ urbem legati Indorum et Scytharum, toto orbe transmisso, tandem ibi invenerunt, ultra quod jam quærere non possent, refuderuntque in Cæsarem Alexandri Magni gloriam, quem sicut Hispanorum Gallorumque legatio in medio oriente, apud Babylonem, contemplatione pacis adiit, ita hunc apud Hispaniam, in occidentis ultimo, supplex cum gentilitio munere, eous Indus et Scytha boreus oravit (liv. VI, ch. XXI, p. 446 de l'édition Havercamp).

reste, leur teint montrait assez qu'ils étaient nés sous un autre climat[1]. »

Aurelius Victor est le seul, avec Horace, qui fasse mention, parmi les députés envoyés à Auguste, de celui du roi de la Bactriane. Voici ce qu'il dit : « Un des bonheurs d'Auguste, c'est que les Indiens, les Scythes, les Garamantes et les Bactriens lui envoyèrent des députés pour faire un traité avec lui[2]. »

Enfin Strabon, qui était contemporain, mais qui se plaint de la difficulté qu'il avait éprouvée pour recueillir des nouvelles sûres de pays si éloignés, parle de la députation indienne qu'Auguste reçut dans l'île de Samos. Il dit que le prince qui l'envoya comptait six cents rois (radjas) sous sa dépendance ; mais il ne peut affirmer si ce prince se nommait Pandion ou Porus[3].

Il résulte de ces divers témoignages que plusieurs députations furent envoyées de l'Asie orientale à Auguste, et qu'il y en a eu de diverses époques.

---

[1] Illi quoque reliqui qui immunes imperii erant, sentiebant tamen magnitudinem et victorem gentium populum romanum reverebantur. Nam et Scythæ misere legatos et Sarmatæ amicitiam petentes. Seres etiam habitantesque sub ipso sole Indi, cum gemmis et margaritis elephantes quoque inter munera trahentes, nihil magis quam longinquitatem viæ imputabant quam quadriennio impleverant; et tamen ipse hominum color ab alio venire cœlo fatebatur. (Florus, liv. IV, ch. xii.)

[2] Felix adeo ut Indi, Scythæ, Garamantes ac Bactri legatos mitterent orando fœderi. (Voyez le traité *De Cæsaribus*.)

[3] Strabon, liv. XV, ch. 1er, nos 4 et 74. Voy. aussi Dion-Cassius, liv. LIV, ch. ix.

Pandion répond au prince de la famille Pandya dont j'ai parlé dans mon mémoire sur le Périple, et qui régnait sur la partie méridionale de la presqu'île de l'Inde. Le port de cette partie de l'Inde, où abordaient les navires romains, se nommait *Nelcynda*. Il vint nécessairement aussi une députation du roi de la Limyrice, sur la côte de Malabar, où se trouvaient Tyndis et Muziris, ports très-fréquentés des Romains. Il en vint aussi du Guzarate et des autres places de commerce de la presqu'île. Des relations commerciales entre l'Inde et l'empire romain existant déjà, il était naturel que les princes intéressés cherchassent à les régulariser. En ce qui concerne les ports de Tyndis et de Muziris, il existe une preuve irrécusable de l'importance que le trafic romain avait acquise dès cette époque. La carte de Peutinger, dressée à une époque où l'empire était encore dans toute sa force, porte, sur la feuille qui est consacrée à l'Inde, à l'endroit où sont marqués les noms de Tyndis et de Muziris, les mots *templum Augusti* [1].

Il s'agit d'un de ces temples élevés à Auguste, dont il a été parlé. Ce temple avait-il été construit à Tyndis ou à Muziris, ou bien se trouvait-il entre ces deux villes et avait-il été bâti à frais communs? On sait que les Romains, à cette époque, avaient la prétention de travailler pour l'éternité. Il vaudrait la peine que les voyageurs qui explorent le Malabar,

---

[1] *Tabula itineraria Peutingeriana denuo cum codice Vindoboni collata*, édition de Mannert; Vienne, 1824, in-folio. La feuille qui se rapporte à l'Inde est la douzième.

s'assurassent s'il n'existe pas sur place quelques restes d'un monument de ce genre. Quoi qu'il en soit, voilà un temple élevé en l'honneur d'Auguste à l'aide de cotisations individuelles. Cet édifice suppose des ministres du culte et une colonie romaine assez nombreuse pour subvenir à tous les frais[1]; en d'autre termes, cela suppose, dans les principaux ports de l'Inde, des compagnies de marchands, comme il en existe maintenant dans nos grandes villes de commerce.

Ce n'est pas tout. Des compagnies de marchands romains existant dans certaines places de commerce de l'Inde, cela suppose des rapports officiels avec les autorités locales; à leur tour, les rapports officiels avec les autorités locales supposent un droit international. En vain des hommes savants, et même très-savants, ont, faute d'avoir étudié suffisamment la question, nié l'authenticité des députations envoyées par les princes de l'Inde à Auguste[2]. Les témoignages existent, et n'existassent-ils pas, il faudrait les supposer.

Le fait est d'une telle évidence, que je crois inutile d'insister; mais je ne puis me dispenser de m'arrêter sur les traités conclus avec le roi de la Bactriane et avec les Chinois. Le premier n'était pas seulement commercial, il était politique, et il eut les conséquences les plus graves. Le second présente

---

[1] Voyez le passage d'Aurelius Victor déjà cité.

[2] Voyez, entre autres, le mémoire de Letronne, dans le *Recueil de l'Académie des inscriptions*, t. X, p. 226 et suiv.

quelque chose de singulier à l'esprit, et il importe d'en bien déterminer le caractère.

J'ai déjà dit que pendant quatre cents ans les rois de la Bactriane furent les plus fidèles alliés du peuple romain. Ainsi un traité politique fut fait avec le roi de la Bactriane, soit avec Kanichka, le même qui avait fait alliance avec Marc-Antoine, soit avec son successeur. Aurelius Victor se contente d'énoncer le fait, et il restait à fixer le moment et le lieu où le traité fut conclu. C'est Horace, Horace seul, qui va nous l'apprendre. Mais Horace emploie quelquefois un langage qui n'est rien moins que sérieux, et il n'est pas étonnant qu'on n'ait pas toujours accordé à ses paroles l'attention qu'elles méritent.

Quelques mois auparavant, pendant que les députés indiens étaient en marche pour se rendre à Samos, Mécène fut chargé du gouvernement de Rome, et ces nouvelles fonctions ajoutées aux anciennes ne lui laissaient pas un moment de loisir. Comme on était au moment des grandes chaleurs de l'été, Horace, qui vivait familièrement avec Mécène, et dont la maison de campagne à Tibur, avoisinait celle du ministre, lui écrivit pour le décider à venir prendre quelque repos chez lui, dans sa maison de campagne de Tibur : « Illustre rejeton des rois de Tyrrhénie, lui dit-il, il y a chez moi un quartaut d'excellent vin, qu'on n'a pas encore entamé, et qui vous attend avec des roses et des parfums pour vos cheveux... Quittez pour quelques moments cette abondance que le dégoût accompagne, et ce palais dont le faîte touche les nues. Rien ne peut-il donc vous charmer que la fumée, le luxe et le fracas de Rome? Le changement de scène amuse quelquefois les grands, et un petit repas proprement servi, un toit pauvre, sans tapis et sans pourpre, leur a souvent déridé le front... Vous êtes chargé du fardeau des affaires de l'empire et avez à pourvoir aux besoins de la ville. Pourquoi vous préoccuper encore de la politique des Sères, des habitants de la Bactriane, sur laquelle régna Cyrus, et des peuples divers qui errent sur les bords du Tanaïs [1]? » Qui se serait attendu à trouver sous ces badinages des événements d'une si grande importance? Il est vrai que le langage d'Horace n'a pas toute la précision désirable; mais on trouvera plus bas un passage plus décisif.

Nous savons maintenant que le passage d'Aure-

[1]
Tyrrhena regum progenies, tibi,
Non ante verso lene merum cado
   Cum flore, Mæcenas, rosarum, et
    Pressa tuis balanus capillis

Jamdudum apud me est : eripe te moræ;
. . . .

Fastidiosam desere copiam, et
Molem propinquam nubibus arduis :
   Omitte mirari beatæ
    Fumum, et opes, strepitumque Romæ.

Plerumque gratæ divitibus vices,
Mundæque parvo sub lare pauperum
   Cœnæ, sine aulæis et ostro,
    Sollicitam explicuere frontem.

Tu civitatem quis deceat status
Curas, et Urbi sollicitus times
   Quid Seres et regnata Cyro
    Bactra parent, Tanaisque discors.
            (Liv. III, n° 29.)

lius Victor, les vers d'Horace et le passage de Strabon déjà cités se rapportent à un seul et même événement. Tâchons d'en bien marquer la signification. Strabon dit que le roi indien dont les députés se rendirent dans l'île de Samos, comptait six cents princes sous sa dépendance. Cette circonstance ne peut convenir qu'à Kanichka, le monarque le plus puissant de la presqu'île de l'Inde, ou à son successeur. Ce qui fait la difficulté, c'est le nom de Porus attribué par Strabon à ce prince. Nous ne connaissons pas le nom du successeur de Kanichka. Ce qu'il y a de plus probable, c'est que Strabon, n'en sachant pas plus que nous, a écrit au hasard le nom d'un prince qui, trois cents ans auparavant, avait régné dans les mêmes contrées, et dont le souvenir était présent à tous les esprits. On a déjà fait remarquer que plusieurs livres du grand ouvrage de Strabon, notamment celui qui traite de l'Inde, sont presque à peine ébauchés[1]. Nous-mêmes, nous ne connaissons le nom de Kanichka que depuis quelques années.

Quoi qu'il en soit, voici le précis des détails qui nous sont parvenus sur l'ambassade indienne reçue par Auguste à Samos. Ces détails sont empruntés à Strabon, Dion-Cassius et Florus. Ils donneront une idée de l'esprit qui dominait alors dans l'Inde, notamment chez les bouddhistes. Quelques-uns des députés étaient morts en route, et en ce moment

---

[1] Voyez la Notice de Strabon, par Malte-Brun, dans la *Biographie universelle*.

l'ambassade était réduite à trois personnes. Elles présentèrent à Auguste une lettre écrite en grec, et dans cette lettre le roi déclarait attacher le plus grand prix à l'amitié de l'empereur. Il y était dit de plus que les navires romains seraient reçus dans les États du roi dans tous les ports où ils se présenteraient, sûrs d'y trouver les facilités compatibles avec les institutions du pays. Les ambassadeurs étaient accompagnés de présents, qu'ils firent apporter par huit esclaves nus jusqu'à la ceinture et parfumés d'aromates. Ces présents comprenaient, outre les perles, les pierreries et des éléphants, divers objets propres à exciter l'étonnement. C'était un homme sans bras qui, avec son pied, bandait un arc et faisait partir la flèche; il portait à la bouche une trompette dont il sonnait; en un mot il exécutait presque tous les mouvements que nous faisons avec nos mains; c'étaient des tigres, animaux qui n'avaient pas encore été vus à Rome; des vipères d'une grandeur extraordinaire; un serpent de la longueur de dix coudées, une tortue de rivière qui avait trois coudées de long, et une perdrix plus grosse qu'un vautour[1].

Avec les ambassadeurs était venu un homme qui se piquait de philosophie, et qui renouvela auprès d'Auguste le triste spectacle donné trois cents ans auparavant par Calanus au grand Alexandre. Quand Auguste se mit en route pour retourner à

---

[1] S'agirait-il ici du dinde qui, plus tard, fut naturalisé en Europe par les pères jésuites?

Rome, ce philosophe l'accompagna jusqu'à Athènes. Là il se fit initier aux mystères de Cérès, après quoi il fit dresser un bûcher, et, quand le bûcher fut allumé, il déclara qu'ayant joui jusque-là d'un bonheur constant, il ne voulait pas s'exposer à un retour de fortune; puis, quittant ses vêtements et se frottant d'huile, il se précipita en riant au milieu des flammes.

J'arrive au traité fait avec les Chinois. L'idée d'une ambassade chinoise à Auguste présente à l'esprit quelque chose d'étrange, et le premier mouvement est de n'y rien voir de sérieux. C'est, en général, l'opinion qui a été suivie. La plupart des savants n'ont pas accordé plus de confiance à ce qui est dit plus tard des relations de l'empire romain avec la Chine. Mais la question n'a pas encore été examinée comme elle méritait de l'être, et je pense que, lorsque toutes les considérations auxquelles elle donne lieu auront été mises en ligne de compte, on n'hésitera pas à changer d'avis.

Voici l'état de la question. Le fait de l'ambassade chinoise à Auguste est attesté par Horace et Florus; mais il n'en est point parlé dans les annales chinoises. Il y a plus : il est parlé, un siècle après, dans les annales chinoises, d'une tentative faite par un général chinois pour se rendre dans l'empire romain, mais dans des termes qui, à en juger par la traduction française, donneraient lieu de croire que c'était la première tentative de ce genre. Ajoutez à cela qu'après Auguste les écrivains latins ne parlent plus

d'aucune ambassade semblable. Il y a là une véritable difficulté. D'un autre côté, les annales chinoises, à partir du règne de Marc-Aurèle, font mention de diverses ambassades parties successivement
de Rome et de Constantinople, sans que les écrivains grecs et latins en disent un seul mot. Faut-il
rejeter aussi ces ambassades? Une circonstance qui
peut-être ne semblera pas indifférente, c'est que les
annales chinoises, qui ne mentionnent aucune ambassade de la Chine à Rome et à Constantinople, ne
se font pas faute de parler des ambassades envoyées
par le fils du Ciel, dans la Bactriane, en Perse et
dans l'Inde, et des ambassades parties de ces pays
pour le Céleste Empire. Voilà les objections présentées dans toute leur force.

Voici maintenant ce que j'ai à répondre : Le fait
de l'ambassade chinoise à Auguste est attesté par
Horace et Florus, et le traité qui en fut la suite fut
accompagné d'exécution. Dès le règne d'Auguste, les
caravanes commencèrent à circuler entre l'empire
romain et le Céleste Empire. C'est ce que je prouverai dans le paragraphe suivant. Je prouverai aussi
la réalité de l'ambassade de Marc-Aurèle en Chine.
C'est également dans le paragraphe suivant que je
traiterai de l'état social et politique de la Chine pendant les premiers siècles de notre ère. Cela suffit
pour le moment. Ici je me bornerai à une observation concernant l'ambassade à Auguste. En principe, le gouvernement chinois était intéressé à établir des relations régulières avec l'empire romain.

C'était le moment où la soie chinoise commençait à
se répandre dans toutes les provinces de l'empire; à
cette époque où l'on ne parlait pas encore ni du thé
ni de la porcelaine, la Chine n'avait pas d'autre
branche importante d'exportation. De plus, l'empire était depuis plusieurs années dans des rapports pacifiques avec les Parthes, et il était facile de
faire voyager la soie à travers la Perse. Les circonstances ne pouvaient donc être plus favorables. En
fait, et pour expliquer le silence des annales chinoises, il n'était pas nécessaire que l'ambassade chinoise fût revêtue de la solennité ordinaire. Des ambassadeurs bactriens allaient se mettre en route
pour Rome. Des agents chinois étaient à demeure
à la cour du roi de la Bactriane. Il suffisait qu'un
de ces agents, suffisamment accrédité par son gouvernement, se mît à la suite de l'ambassade bac-
trienne.

Ce que j'avais à dire sur le règne d'Auguste étant
maintenant épuisé, il semble que je pourrais reprendre le cours de mon récit. Mais j'ai un compte
à régler avec Horace et Virgile. J'ai de plus à mettre
dans tout son jour l'opinion des Romains de l'époque
relativement à une monarchie universelle, opinion
qui, avant de s'effacer complétement, exerça son
influence sur le vieux monde tout entier, sans ex-
cepter la Chine.

On a vu le ton un peu singulier d'Horace à l'é-
gard des Parthes, des Indiens et des Chinois, avant
qu'une paix générale eût été jurée. Il avait été imité

en cela par Properce et Tibulle. Le même ton se manifesta chez Horace après que la paix fut conclue. Horace faisait à peu près ce que les Chinois ont presque toujours fait : il pensait que tout pays qui s'adressait au gouvernement romain pour traiter, faisait par là même acte de soumission. J'en ai déjà cité un exemple. En voici un autre qui est postérieur de quelques années, et qui est emprunté à l'hymne fameux connu sous le nom de *Carmen sæculare*, hymne originairement destiné à être chanté dans les fêtes publiques par les jeunes Romains et les jeunes Romaines, et où l'auteur se couvre de l'autorité de la Sibylle de Cumes : «Le Parthe tremble sur terre et sur mer à la vue des haches romaines. Le Scythe, naguère si fier, et l'Indien sollicitent une réponse. La foi, la paix, l'honneur, la pudeur antique, la vertu, depuis si longtemps oubliées, vont reparaître aussi bien que l'heureuse abondance [1]. »

Voici ce qu'on lit dans une autre ode d'Horace adressée à Auguste l'an 13 avant J. C. : «Le Cantabre, jusqu'ici indompté, le Parthe, l'Indien, le Scythe errant vous regardent avec respect, ô image visible de la divinité qui protége Rome, reine du

---

[1]
Jam mari terraque manus potentes
Medus, Albanasque timet secures;
Jam Scythæ responsa petunt, superbi
    Nuper, et Indi.

Jam fides et pax et honor, pudorque
Priscus et neglecta redire virtus
Audet; apparetque beata pleno
    Copia cornu.

monde, et l'Italie! Le Nil, qui a dérobé aux mortels
son origine, le Danube, le Tigre rapide, l'Océan,
cette mer remplie de monstres, qui frémit autour
des Iles-Britanniques, le Gaulois, qui méprise la
mort, l'Ibérien infatigable obéissent à vos ordres, et
les Sicambres, qui aiment à verser le sang, ont déposé les armes en signe d'hommage[1]. »

Enfin, peu de temps avant sa mort, l'an 10
avant J. C. Horace parlait ainsi à Auguste : « Sous
votre règne, César, les campagnes ont repris leur
fécondité ; les étendards romains, enlevés des orgueilleux temples des Parthes, ont été transportés
au Capitole; la paix a fait fermer le temple de Janus;
la licence a été remplacée par l'ordre; le vice a été
banni; on a revu ces vertus antiques qui firent la
grandeur du nom romain, et qui ont étendu la
gloire de votre empire depuis le lieu où le soleil se
lève jusqu'à celui où il se couche. Tant que César
gouvernera la terre, ni les fureurs civiles ni la vio-
lence ne troubleront notre repos, non plus que la

---

[1]
  Te Cantaber non ante domabilis,
  Medusque et Indus, te profugus Scythes
    Miratur, o tutela præsens
     Italiæ dominæque Romæ!

  Te, fontium qui celat origines
  Nilusque, et Ister, te rapidus Tigris,
    Te, belluosus qui remotis
     Obstrepit Oceanus Britannis :

  Te non paventis funera Galliæ,
  Duræque tellus audit Hiberiæ :
    Te cæde gaudentes Sicambri
     Compositis venerantur armis.
       (Liv. IV, n° 14.)

vengeance qui forge les épées et qui arme les malheureuses cités les unes contre les autres. Jamais les peuples qui boivent les eaux profondes du Danube, ni les Gètes, ni les Sères, ni les perfides Parthes, jamais ceux qui naissent sur les bords du Tanaïs n'oseront enfreindre les volontés de César [1]. » Il me semble que ce qui est dit ici des Chinois ne peut s'expliquer que par l'existence d'un traité fait précédemment entre Rome et la Chine, comme il en avait été fait avec les autres peuples désignés au même endroit. Évidemment, c'est ainsi que l'a entendu Florus.

[1]

> . . . . Tua, Cæsar, ætas
>
> Fruges et agris retulit uberes,
> Et signa, nostro restituit Jovi
>   Direpta Parthorum superbis
>   Postibus, et vacuum duellis
>
> Janum Quirini clausit, et ordinem
> Rectum, evaganti frena licentiæ
>   Injecit, emovitque culpas,
>   Et veteres revocavit artes,
>
> Per quas Latinum nomen et Italæ
> Crevere vires, famaque et imperi
>   Porrecta majestas ad ortum
>   Solis, ab Hesperio cubili.
>
> Custode rerum Cæsare, non furor
> Civilis, aut vis eximet otium :
>   Non ira, quæ procudit enses,
>   Et miseras inimicat urbes.
>
> Non, qui profundum Danubium bibunt,
> Edicta rumpent Julia, non Getæ,
>   Non Seres infidive Persæ,
>   Non Tanain prope flumen orti.
>
> (Liv. IV, n° 15.)

On a reproché à Boileau ces vers, adressés à Louis XIV :

> Est-il dans l'univers de plage si lointaine
> Où ta valeur, grand roi, ne te puisse porter,
> Et ne m'offre bientôt des exploits à chanter ?
> Non, non, ne faisons plus de plaintes inutiles :
> Puisqu'ainsi, dans deux mois, tu prends quarante villes,
> Assuré des beaux vers dont ton bras me répond,
> Je t'attends dans deux ans aux bords de l'Hellespont [1].

Boileau n'a jamais approché de ce qui a été écrit par Horace. Il est vrai que la France, même pendant les belles années du règne de Louis XIV, n'approchait pas pour la grandeur de l'empire romain. D'ailleurs on peut expliquer les exagérations d'Horace en ce sens qu'il était l'interprète des opinions de son temps, opinions qui, tant qu'elles ne furent pas mises à l'épreuve, étaient de nature à séduire les esprits.

Tels sont les passages d'Horace que j'ai cru pouvoir invoquer en témoignage, et qui, rapprochés des faits, en sont la confirmation. J'en viens maintenant aux passages correspondants des Géorgiques et de l'Énéide. Les paroles d'Horace, jointes à celles de Properce et de Tibulle, éclaircissent et complètent quelquefois le langage de Virgile, de même que le langage de Virgile éclaircit et complète les paroles de ses contemporains. En général, il importe pour le lecteur de ne pas séparer par la pensée les quatre poëtes les uns des autres.

---

[1] Épître de Boileau à Louis XIV.

J'ai dit que les passages des Géorgiques et de l'Énéide qui touchent à l'objet de ce mémoire, furent rédigés dans les deux dernières années de la vie de Virgile, pendant le temps que le grand poëte passa à Naples, occupé à y revoir ses ouvrages. Pendant ce même temps, Auguste se trouvait en Orient, traitant des intérêts de l'empire avec le roi des Parthes et les autres princes de la contrée. Virgile, étant tombé malade, se rendit à Athènes, où Auguste le trouva à son retour. Il s'embarqua avec l'empereur pour rentrer en Italie, et mourut presque immédiatement après qu'il eut touché le rivage.

Les passages dont il s'agit ici ont trait à l'idée de Rome dominant le vieux monde tout entier, l'Europe, l'Asie et l'Afrique. Un seul maître règne sur la terre, comme Jupiter dans les cieux : c'est Auguste, et après lui pour toujours les personnes de sa famille; or, le monde n'ayant plus qu'un maître, il ne peut plus y avoir de guerres nationales, et la société est à jamais préservée de ces désordres qui viennent la bouleverser de temps en temps.

La pensée fondamentale de l'Énéide est le rejeton de la race troyenne qui cherche un refuge en Italie, et les fondateurs de la république romaine se résumant tous dans Auguste, qui avait fermé l'abîme des guerres civiles. En définitive, c'est la figure d'Auguste qui est appelée à dominer dans toute la suite du poëme. Mais, chose singulière, l'idée ne prit une forme déterminée dans la tête de Virgile que dans les derniers temps de sa vie, lorsque déjà les principaux épisodes du poëme étaient composés, et quand Virgile voulut rendre l'idée sensible pour tous les lecteurs, il fut arrêté par la mort. Ceci mérite explication.

Virgile ne songea à son Énéide que lorsqu'il eut à peu près achevé ses Géorgiques, c'est-à-dire après la bataille d'Actium, quand Auguste fut devenu le maître unique de l'empire. Auguste devant être le héros principal du poëme, il fallait trouver dans sa vie des actes assez éclatants pour justifier un pareil honneur. Quels étaient ces actes? Le poëte ne pouvait pas songer à ce qui s'était passé, au temps des guerres civiles, pendant le triumvirat. Il a fait une exception aux dépens de Marc-Antoine; mais dans l'opinion de Virgile et des autres amis du nouveau gouvernement, Auguste, à Actium, ne combattait pas des Romains; il combattait des Égyptiens[1]. Après le triomphe d'Auguste, il fallut plusieurs années à l'empire pour s'organiser et prendre une assiette définitive. Il y a d'ailleurs un fait qui répond à tout. C'est que les divers passages que j'ai à citer ont trait à des événements qui se sont passés dans les derniers temps de la vie de Virgile, des événements

---

[1] Pour se faire une idée de la manière dont Marc-Antoine fut considéré à Rome après sa mort, il suffira de lire le n° 37 du premier livre des Odes d'Horace, et le n° 9 du livre des Épodes. Le fait est qu'Antoine, dans sa vie privée et publique, pendant qu'il était à Alexandrie, avait agi comme s'il avait abjuré son titre de Romain. (Comparez Saint-Martin, Notice de Ptolémée, fils d'Antoine, dans la *Biographie universelle*, t. XXXVI, p. 256; et Letronne, *Journal des Savants* de l'année 1842, p. 716 et suiv.)

qu'il recueillait au fur et à mesure que la nouvelle
lui en venait. Il y a même de ces événements qu'il a
défigurés, parce qu'ils ne prirent leur véritable caractère qu'après que Virgile eut cessé d'écrire.

De ces diverses circonstances il est résulté de
graves inconvénients. D'abord Virgile n'a pas toujours connu la vérité; ainsi le grand poëte, qui, au
moyen âge, était regardé comme un homme inspiré
de Dieu, et dont on consultait les vers presque au
même titre que les versets de la Bible, a commis
des erreurs[1]. Ensuite Virgile, décrivant au jour le
jour les faits qui devaient tenir la place principale
dans son poëme, ne les a vus que d'une manière
imparfaite, ce qui a jeté de l'obscurité dans son récit.

Avant d'entrer en matière, j'ai diverses considérations à présenter. Dans mon opinion, la pensée de
Virgile, en ce qui concerne l'objet spécial de ce
mémoire, n'a pas, jusqu'ici, été comprise. Il faut
donc que le lecteur soit d'abord mis au courant de
l'état de la question. Au lieu de surcharger mon interprétation des vers de Virgile de notes et de commentaires, n'est-il pas plus simple de faire précéder
cette interprétation de quelques observations explicatives?

Autant Horace est vif et rapide dans ses allures,
autant Virgile est mesuré, et semble vouloir ne rien
laisser d'incertain dans l'esprit du lecteur. Les anciens
et les modernes se sont accordés à dire que Virgile

---

[1] Sur les sorts virgiliens, voyez le mémoire de M. Rossignol, intitulé *Virgile et Constantin le Grand*, p. xxix et suiv.

étudiait avec beaucoup de soin les questions qui se
présentaient à lui, et que, si quelquefois il a sacrifié
aux erreurs de son temps, il a d'ailleurs fait tous ses
efforts pour arriver à la vérité. C'est en ce sens que
j'explique le fragment d'une lettre qu'il écrivit à
Auguste, fragment qui est parvenu jusqu'à nous.
Auguste, qui considérait avec raison l'Énéide comme
le poëme national des Romains, se montrait impatient de la voir terminée. Pour s'excuser des lenteurs
de la composition, Virgile lui écrit : « En ce qui
concerne mon Énée, je ne demanderais pas mieux
que de te l'envoyer, si je le jugeais digne d'être entendu par toi; mais telle est l'étendue de la tâche
que j'ai entreprise, que je commence à craindre d'a-
voir fait un acte de folie en m'en chargeant. Tu le
sais : pour en venir à bout, je suis obligé de me livrer à des études bien autrement difficiles que le
sujet proprement dit[1]. »

La manière dont Virgile s'est acquitté de la partie
de la tâche qui touche à ce mémoire me paraît loin
d'être satisfaisante. Mais, en somme, à la différence
de ce qui a été fait par ses contemporains, ce qu'il
dit présente un caractère d'ensemble, et c'est pour
cela que j'ai voulu en traiter à part.

Aux yeux de Virgile, de même qu'à ceux d'Horace,
de Properce et de Tibulle, Auguste était un dieu. Il
était dieu à peu près au même titre que Jupiter; par
conséquent il était d'un rang supérieur aux demi-

---

[1] Ce fragment de lettre est ordinairement publié dans les éditions des œuvres de Virgile, à la suite des *Catalecta*.

dieux, notamment à Bacchus et à Hercule, qui, dans leur temps, avaient rempli le monde du bruit de leurs exploits. A plus forte raison Auguste était supérieur à Alexandre, qui, bien que se disant issu de Jupiter Ammon, avait été arrêté malgré lui au milieu de ses brillantes conquêtes.

Auguste était né pour soumettre l'univers entier à ses lois; mais Auguste n'était pas un conquérant dans le sens ordinairement attaché à ce mot. Il était le bienfaiteur de l'humanité entière. Jusque-là les conquêtes romaines avaient été accompagnées d'effusion de sang; mais d'abord on n'obtient pas le bien sans peine, et dans ce bas monde il est rare que l'avantage ne soit pas accompagné de quelques inconvénients; d'ailleurs, en ce qui concerne la conquête de l'Orient jusqu'à la mer orientale, aucun danger de ce genre ne pouvait se présenter. Les Perses et les Indiens soupiraient après l'arrivée des Romains. Qu'étaient les Parthes, si ce n'est des aventuriers qui s'étaient imposés aux indigènes, et qui les froissaient dans toutes leurs habitudes? Les Romains, en arrivant, laisseraient les indigènes parler à leur aise de Djemschid et de Feridoun, de Cyrus et de Darius; ils rendraient au culte de Zoroastre son ancien éclat, et ils obtiendraient des populations tout ce qu'ils voudraient. Qu'étaient Kanichka et ses Indo-Scythes, si ce n'est des barbares qui se faisaient un jeu de vexer des populations douces et tranquilles? En tenant la balance égale entre les disciples de Brahma et de Bouddha, les Romains se flattaient de rétablir

l'ordre et la tranquillité partout, et de rendre les
Indiens plus heureux qu'ils ne l'avaient jamais été.
Virgile avait présent à l'esprit ce qui avait eu lieu
pour Alexandre. Alexandre se trouvait dans des conditions moins favorables qu'Auguste; et cependant
trois batailles suffirent pour rendre ce conquérant
maître de toute la Perse; et non-seulement la Perse
resta soumise de son vivant, mais elle obéit aux rois
séleucides, et plus tard aux rois parthes, qui avaient
adopté la civilisation grecque.

Auguste, considéré comme homme de guerre,
n'avait pas joué un rôle brillant pendant le triumvirat. Il n'approcha jamais, sous le rapport militaire,
de la valeur et du génie de son oncle Jules César.
Cependant, quand il fut empereur, il paya de sa
personne dans les Gaules et en Espagne. Néanmoins
Virgile est parti de l'idée que rien de tout cela n'é-
tait digne d'entrer dans un poëme épique. Pour lui
et pour ses contemporains, l'Orient seul offrait un
champ convenable. C'est une remarque que Napo-
léon, dans ses mémoires, s'est appliquée à lui-même
à propos de sa campagne d'Égypte. En conséquence
Virgile n'a pas craint de mettre Auguste en scène
sur un théâtre où il ne joua qu'un rôle ordinaire.
Il est vrai que du côté de l'occident, Auguste ne pouvait pas faire un pas sans rencontrer les traces lais-
sées par les Scipion, les Pompée et les César,
tandis que dans la Perse et dans l'Inde il n'avait pas
eu chez les Romains de prédécesseurs.

Il est facile de se rendre compte du plan de la

campagne qui devait conduire les Romains dans
l'Inde et même en Chine. Ce plan est le même que
celui que s'était proposé le grand Alexandre, et qu'il
n'exécuta qu'en partie.

J'ai dit que l'armée romaine avait été échelonnée
sur les bords de l'Euphrate, depuis sa source jusqu'aux environs de Babylone. Il est de fait que Tibère, qui commandait l'aile gauche, pénétra au cœur
de l'Arménie, et qu'un combat se livra sur les bords
de l'Araxe. D'après Tibulle, l'aile droite était chargée
d'opérer dans la Susiane et sur le territoire de Per-
sépolis. De son côté, Gallus fait honneur à un certain Ventidius du siége de Ctésiphon, capitale de
l'empire des Parthes. D'après cela, Auguste, occu-
pant le centre, aurait envahi la Mésopotamie et
marché dans la direction d'Ecbatane. Les Romains,
se présentant en libérateurs, étaient sûrs de ne pas
rencontrer de résistance.

Tibulle cite parmi les futures conquêtes des Romains le pays des Padéens, qui, suivant Hérodote,
habitaient à l'extrémité orientale de l'Asie[1]. Cette
citation paraît avoir été faite au hasard; mais il n'en
est pas de même pour la mention des États de Kanichka, qui se composaient de la Bactriane et de la
vallée de l'Indus, ni pour celle du pays des Gangarides, qui, de l'accord des géographes, étaient établis dans la partie inférieure de la vallée du Gange.
Properce fait mention du siége de la ville de Bactra;

____

[1] Livre III, ch. xcix. Sur ce peuple, voyez le grand ouvrage de
Heeren, t. I de la traduction française, p. 3g3.

de son côté, Virgile parle de la défense du passage
de l'Hindoukousch par Kanichka, et d'une victoire
remportée sur les Gangarides.

Je vais maintenant retracer l'ensemble du point
de vue où Virgile s'est placé. Dans ce qui suit, les
données archéologiques ne m'ont pas été inutiles. Je
demande la permission de faire observer que, sous
quelques rapports, j'ai qualité pour parler d'archéologie. En 1818 et 1819, je passai seize mois à Rome,
comme secrétaire du comte Portalis, et une grande
partie de ce temps fut employée à visiter les musées
et à étudier les monuments que renferment la ville
éternelle et ses environs [1]. Le point de vue de Virgile
nous offre Auguste étendant son autorité dans le sens
des quatre points cardinaux. Virgile, à l'exemple de
Tibulle, parle de cette idée comme d'un fait accompli. Il y a plus : quelques siècles plus tard, Æthicus,
Servius, commentateur de Virgile, et d'autres écrivains, prirent ce rêve pour une réalité. Je vais suivre
leur exemple et je commencerai par le côté de
l'est.

Le royaume des Parthes est abattu. Par ce fait
seul, Rome devenait maîtresse des trois contrées qui
bornent la mer Caspienne, au sud-ouest, au sud et
au sud-est : ce sont l'Arménie, l'Hyrcanie et le pays
des Dahes. Tantôt Virgile désigne les trois pays par
leur nom particulier, tantôt par une dénomination

____

[1] La reconnaissance me fait un devoir d'ajouter que, dans ces
études, je fus excité et encouragé de toutes les manières par le duc
de Blacas, alors ambassadeur de France à Rome.

collective, *les royaumes de la Caspienne*[1]. L'Arménie
était un pays ouvert de tous côtés et ne pouvait opposer une résistance sérieuse. Les Hyrcaniens, peuple
à moitié sauvage, se seraient défendus dans leurs
montagnes. Mais les Romains les auraient traités
comme les Cantabres, c'est-à-dire qu'ils auraient été
traqués de toutes parts; tous les hommes en état de
porter les armes auraient été passés au fil de l'épée,
et le reste aurait fini par céder. Les Dahes, au premier aspect des légions, se seraient soumis ou auraient cherché un asile auprès des populations de la
Tartarie. En même temps l'on occupait le royaume
de la Mésène et de la Kharacène, et le pavillon romain dominait sur le golfe Persique comme sur la
mer Rouge. Cela fait, les légions marchaient contre
Kanichka, maître de la Bactriane et de la vallée
de l'Indus. C'est là que devait être le grand effort
de la guerre. On n'aurait pas de peine à envahir
la Bactriane; mais Kanichka s'était retranché dans
les gorges de l'Hindoukousch, qui conduisent de
la Bactriane dans l'Inde, et, entouré de ses Indo-
Scythes, il était décidé à vaincre ou à périr. Ces
gorges présentaient un aspect effrayant. C'était une
suite de montées rapides et de défilés où dix hommes
pouvaient en arrêter mille; c'étaient d'immenses
forêts où la hache n'avait jamais pénétré. Tous les
passages étaient gardés par les Indo-Scythes, armés de leurs arcs. Heureusement les légions em-
menaient chacune avec elle quelques escadrons de

[1] *Caspia regna.*

cavalerie, des soldats spécialement chargés de faire mouvoir les balistes et les autres machines de guerre. La cavalerie et l'infanterie s'apprêtent à charger; des soldats débarrassent la voie; on sonne la charge; les légions marchent à l'assaut; on se perce à coups d'épées et de lances; les flèches volent de toutes parts; on s'assomme à coups de pierres; on se prend corps à corps, et l'on se précipite dans des abîmes; mais au fort de la mêlée, tandis que le sol se jonchait de morts et de mourants, les Romains montent par un endroit qui n'était pas gardé; les Scythes, voyant des éclats de rochers pleuvoir sur leur tête, hésitent; les Romains les pressent avec une nouvelle vigueur; la plupart prennent la fuite; les autres sont mis en pièces. Kanichka est mort ou s'est enfui l'on ne sait où; tous les obstacles sont levés. Les Romains atteignent le sommet de l'Hindoukousch.

Les légions, descendent tranquillement le versant oriental, et marchent vers l'Indus. Elles traversent successivement ce fleuve et les autres rivières, si connues depuis les conquêtes d'Alexandre. Ici, ce semble, la décence exigeait que Virgile dît quelques mots sur le héros macédonien. Mais qu'était Alexandre à côté de l'empereur Auguste? Virgile n'a pas daigné prononcer le nom du héros.

Rappelons, avant d'aller plus loin, que ni les Hyrcaniens, ni les Dahes, ni les Bactriens n'avaient jamais fait de mal aux Romains. Bien au contraire, ils n'aspiraient qu'à une chose : c'était de s'unir d'intérêt avec les Romains contre les Parthes. Mais Virgile et les autres poëtes contemporains parlent d'après un principe; y a-t-il quelque chose de plus terrible qu'un principe?

Cependant les légions ont passé l'Hyphase, et se dirigent vers le Gange. Virgile ne dit pas quelle impression fit sur Auguste la vue de ce fleuve qu'Alexandre n'avait pu atteindre. Virgile ne parle pas non plus de la marche des légions le long du Gange, et de l'entrée d'Auguste dans Palibothra. Cette ville avait été deux cents ans auparavant la capitale de toute l'Inde, et elle avait tenu dans l'Asie orientale la même place que quelques siècles auparavant, du côté de l'occident, Ninive, Babylone et Thèbes aux cent portes. Le silence de Virgile confirme ce qu'on savait d'ailleurs; c'est que l'empire de Palibothra était dès lors en décadence, et que le nom de Kanichka avait fait pâlir tous les autres noms.

Cependant les légions continuent leur marche du côté de l'est, et atteignent les limites du Bengale. Ce pays était alors occupé par un peuple appelé *Gangaride*, qui, probablement jusque-là, n'avait jamais entendu prononcer le nom romain. Le roi des Gangarides, à la nouvelle du danger qui le menaçait, assemble soixante mille hommes de pied, mille cavaliers et sept cents éléphants armés en guerre[1]. Vains efforts! les légions passent sur les corps des Gangarides, de leurs chevaux et de leurs

____
[1] Pline, *Histoire naturelle,* liv. VI, ch. xxii.

éléphants, et arrivent sur les bords de la mer orientale.

Sur toute la route, des ingénieurs avaient marqué les distances et élevé des colonnes milliaires. Près des bords de la mer, là où, dans l'opinion du temps, on voyait, chaque matin, l'aurore sortir du sein des eaux, les architectes, pour signaler la nouvelle domination, construisent quelque arc de triomphe, quelque pont gigantesque. Virgile fait une mention spéciale de deux colonnes colossales, avec une inscription en gros et beaux caractères, en latin, en grec et en sanscrit, et destinée à transmettre le nom d'Auguste aux générations futures.

Horace était d'avis que, puisqu'on était en chemin, on ferait bien d'aller jusqu'en Chine. En effet, la Chine était aussi placée sur la mer orientale, du côté du nord, à une distance pas trop longue à franchir. Je n'ai pas connaissance que Virgile ait fait mention de la conquête de la Chine par les Romains. Dans tous les cas, la place naturelle des colonnes était sur les deux pointes formées par le Gange à son embouchure, là où avaient été élevées les colonnes de Bacchus; les nouvelles colonnes, placées à côté des anciennes, auraient été un témoignage des progrès faits par les arts depuis les courses aventureuses du fils de Sémélé.

Voilà pour l'est; passons au sud. Virgile parle du Nil, de Marc-Antoine vaincu et de l'Égypte réduite en province romaine, de la reine Candace, etc. Précisément au moment où Virgile écrivait, Corne-

lius Balbus faisait son expédition contre les Garamantes, dans le Fezzan. Cette expédition est réelle.
Il paraît même que les Romains se maintinrent plus
ou moins longtemps dans cette partie de l'Afrique.
Les Européens qui, dans ces derniers temps, ont visité cette contrée, y ont trouvé des vestiges de cons-
tructions romaines. Mais Virgile ne se contente pas
de la réalité. Induit en erreur par les théories géographiques de son temps, il veut que l'autorité romaine s'étende au sud et au sud-ouest, jusqu'à
l'Océan, là où se développait le mont Atlas et où
brillaient les pommes d'or du jardin des Hespérides.
Il veut même que le nom d'Auguste pénètre jusqu'au pôle austral, dans le monde qu'on croyait
placé au midi de l'Afrique, et même probablement
dans les deux autres mondes.

Du côté du nord, Horace et Virgile s'accordent
à demander au gouvernement d'adresser une dernière sommation aux Gélons, aux Gètes, aux Daces,
aux Sarmates et à une foule d'autres peuples dont à
présent l'on connaît à peine le nom, pour qu'ils fissent sur-le-champ leur soumission, faute de quoi ils
seraient attaqués de toute part et forcés de se réfu-
gier dans les régions où végètent maintenant les Sa-
moyèdes et les Lapons.

Restaient, du côté de l'Occident, les habitants de
l'Angleterre. Les populations du nord de la Bretagne, notamment les Écossais, au lieu de se soumettre au joug, faisaient des efforts désespérés pour
se maintenir indépendants. C'était, de ce côté, le

seul peuple qui eût conservé son autonomie. Horace et Virgile se montrent fort mécontents de la conduite des Bretons. On a vu qu'Horace demandait qu'ils fussent annexés. Virgile veut de plus qu'on inflige à ce peuple intraitable un châtiment qui serve de leçon à toutes les nations de la terre. Ô ciel! j'en rougis pour la fière Albion ! Après la conquête du pays, conquête qui devait nécessairement amener l'extermination de la plus grande partie de la population, on aurait fait choix d'un certain nombre d'hommes de bonne mine et appartenant aux principales familles du pays, et on les aurait conduits à Rome, dans leur costume national et les mains liées derrière le dos[1]. Le jour où le commandant de l'armée romaine recevrait les honneurs du triomphe, au moment où toute la population se répandrait sur les places et dans les rues, et lorsque le cortége s'apprêterait à se mettre en marche, quand il s'agirait de déployer les tapisseries représentant les principaux épisodes de l'expédition, on amènerait ces pauvres Bretons et ils seraient forcés de déployer de leurs propres mains ces monuments de la honte de leur nation. Ce n'est pas tout : Virgile demande qu'en Écosse et en Irlande, là où, chaque soir, le soleil va puiser de nouvelles forces dans les gouffres de l'Océan, on érigeât, sur un lieu élevé, deux colonnes gigantesques destinées à servir de pendant aux colonnes de la mer orientale.

---

[1] C'est ainsi que les captifs sont représentés dans le musée du Vatican. Voyez d'ailleurs Horace, livre des Épodes, n° 7.

J'ai dit que Virgile avait fait au grand Alexandre l'affront de ne pas faire mention de lui. Il a parlé de Bacchus et d'Hercule ; mais c'est uniquement pour dire qu'à côté des exploits romains les prouesses de ces deux demi-dieux n'étaient que des jeux d'enfants, et que dorénavant l'on ne parlerait plus des travaux de Bacchus et d'Hercule, mais des travaux d'Auguste.

Voilà, sous une forme nette et un peu vive, ce que Virgile a dit d'une manière moins explicite. C'est ainsi que Lucain, Stace et Silius Italicus l'ont interprété, à une époque où les idées professées par Virgile étaient encore partagées par une grande partie du public. C'est également ainsi que l'entendirent plus tard Claudien et Sidoine Apollinaire[1]. Personne, jusqu'ici, parmi les modernes, n'avait vu cette suite de faits dans les poésies de Virgile ; mais à présent que le lecteur est averti, il suffira qu'on lui rappelle les vers en question pour qu'il s'y reconnaisse.

Il fallait, suivant Virgile, que l'empire romain ne reconnût aucune limite, ni pour le temps ni pour l'espace. Virgile, dans le premier chant de l'Énéide, met ces paroles dans la bouche de Jupiter : « Romulus, le fier nourrisson de la louve, et paré de sa dépouille fauve, héritera du royaume d'Albe, fondera la cité de Mars et appellera les Romains de son nom. Ceux-ci ne connaîtront de bornes ni pour le temps

---

[1] Les passages de Lucain, Stace, Silius Italicus et Sidoine Apollinaire, sont rapportés ci-dessous. Pour Claudien, voyez le panégyrique du troisième consulat d'Honorius, à la fin.

ni pour l'espace. Je leur donnerai un empire qui n'aura pas de fin [1]. »

L'oracle d'Apollon avait parlé, et l'empire du monde était réservé à Auguste et aux autres descendants d'Énée, jusqu'à la fin des siècles [2].

Il est à remarquer que cette opinion de l'éternité du monde romain et de la perpétuité du sang d'Auguste produisit chez beaucoup de personnes, notamment chez les chrétiens du premier siècle de l'église, un effet tout contraire à celui qu'on en attendait. Assurément l'existence d'un empire qui déjà comprenait les plus belles parties du monde, et qui, en idée, ne tarderait pas à comprendre toutes les autres, présentait à l'esprit quelque chose de saisissant. On peut ajouter que les mêmes lois et les mêmes usages servant de règle à toutes les populations de la terre, et cela dans un siècle où la civilisation avait fait de si grands progrès, étaient un bienfait pour l'humanité. Mais à côté de ces avantages, que d'inconvénients ! Les plus grandes inégalités régnaient entre les différents peuples de l'empire ; chez le même peuple, il y avait des maîtres et des esclaves, des hommes en proie à la plus grande mi-

---

[1]
Inde lupæ fulvo nutricis tegmine lætus
Romulus excipiet gentem, et Mavortia condet
Mœnia, Romanosque suo de nomine dicet.
His ego nec metas rerum, nec tempora pono :
Imperium sine fine dedi.
(Vers 275 et suiv.)

[2]
Hic domus Æneæ cunctis dominabitur oris
Et nati natorum et qui nascentur ab illis.
(*Énéide*, liv. III, v. 97.)

sère, et des hommes qui étalaient un luxe insolent.
Si on ajoute à cela le désordre des mœurs et des
croyances, le spectacle était encore plus regrettable.
Nulle règle dans les doctrines ; à l'état d'une société
bouleversée jusqu'à la base était venue se joindre
l'apothéose accordée à tous les empereurs, et la divinité concédée à des êtres qui n'avaient pas même
conservé leur raison. Quant aux mœurs, c'était tout
ce qu'il y a de plus irrégulier, et à cet égard on a
le regret de dire qu'Horace et Virgile étaient loin
de donner le bon exemple. [1]. Voilà une des causes,
la principale de toutes peut-être, qui engagèrent
beaucoup de personnes à embrasser le christianisme. Ces personnes, s'exagérant l'action de la pro-
vidence divine, crurent qu'une société si corrompue
ne pourrait pas se maintenir longtemps ; et comme
on ne voyait pas apparaître sur l'horizon de puissance en état de renverser le colosse romain, on s'i-
magina que le monde était près de finir. Rome en
particulier, Rome où le vice était porté aux dernières
limites, fut appelée une seconde Babylone, et tandis que les uns la nommaient la ville éternelle, les
autres se la représentaient comme un prochain
exemple de la vengeance divine excitée par tant de
perversité.

Virgile termine ainsi ses Géorgiques : « Ma muse
chantait les champs, les troupeaux et les arbres,
pendant que César, grand dans la guerre, foudroyait

---

[1] On trouvera à ce sujet des détails curieux dans l'*Histoire d'Horace,* par Walckenaer.

l'Euphrate épouvanté, donnait des lois aux nations qui soupiraient après un nouveau régime, et se frayait la route vers l'Olympe [1]. »

Ce passage montre l'époque précise où les Géorgiques reçurent la dernière main. On a vu du reste que pendant le voyage d'Auguste en Orient, il ne s'était rien passé de particulier sur les bords de l'Euphrate. Enfin j'ai dit quelques mots sur l'opinion où était Virgile que les Perses et les Indiens, impatients du joug qui pesait sur eux, ne demandaient pas mieux que de se soumettre à la domination romaine.

J'ai cité précédemment le magnifique tableau de la bataille d'Actium et du triomphe d'Auguste à Rome, pour des faits oubliés et dont l'indication ne se trouve plus que là. En revanche, les derniers vers, qui évidemment ont été modifiés ou ajoutés après coup, contiennent des énoncés dont quelques-uns, pour figurer comme exemples dans les traités de rhétorique, n'en sont pas plus fondés. Virgile représente l'Euphrate comme étant si heureux de couler sous les lois romaines, que, pour prolonger son bonheur, il avait ralenti son cours [2]. Horace, comme on l'a vu, a employé la même image pour un fait analogue, qui se serait passé à la même occasion. Il en a été de même du poëte Gallus. Or rien n'avait changé dans la situation de l'Euphrate; et par le

[1]
Hæc super arvorum cultu pecorumque canebam,
Et super arboribus, Cæsar dum magnus ad altum
Fulminat Euphratem bello, victorque volentes
Per populos dat jura, viamque affectat Olympo.

[2]
..... Euphrates ibat jam mollior undis.

dernier traité, ce fleuve continuait de servir de séparation aux deux empires, c'est-à-dire qu'une rive appartenait aux Romains et l'autre aux Parthes. Dans le vers où Virgile dit qu'Auguste fit subir à l'Araxe l'affront d'un pont[1], il y a une image vraie, en ce que le cours de l'Araxe est tellement rapide, qu'à cette époque les Romains seuls avaient des ingénieurs assez habiles pour venir à bout d'une telle tâche. Il y a de plus un compliment adressé à la politique des Romains, qui, à la différence des Barbares, partout où leurs aigles pénétraient, perçaient des routes et construisaient des ponts, en vue de faciliter la communication des peuples entre eux. Mais le fait en lui-même, et bien que l'armée romaine eût alors pénétré en Arménie, sous la conduite de Tibère, n'offre rien de probable. Cependant voyez l'effet de l'exemple, quand il vient d'un poëte tel que Virgile. Claudien, l'emphatique Claudien, fait construire quatre cents ans après, un pont sur l'Araxe par son ridicule héros, le faible Honorius[2].

Parlerai-je des Hyrcaniens, des Dahes et des Bactriens, qui n'ont jamais vu chez eux les aigles ro-

---

[1] Indomitique Dahæ et pontem indignatus Araxes.

[2] Invectives contre Rufin, liv. Ier (dans les Œuvres de Claudien). Le droit de construire un pont sur l'Araxe était devenu la consécration de la puissance suprême. Tant que Rome conservait quelque ascendant, elle construisait un nouveau pont sur l'Araxe; quand son influence déclinait, elle avait la modestie de renoncer à ce droit. Outre le passage cité de Claudien, voyez-en un autre du même auteur, dans le poëme sur la guerre contre Gildon. Voyez également Sidoine Apollinaire, panégyrique d'Anthemius.

maines? Mais c'est trop insister sur des détails qui s'effacent devant les idées de monarchie universelle professées par les contemporains d'Auguste. Je dois me borner à rappeler ce que Virgile a dit dans son fameux tableau de l'ouverture du temple de Janus. « Il y avait dans le Latium un usage antique révéré depuis par toutes les villes d'origine albaine: Aujourd'hui la reine des cités, Rome, l'observe quand elle ouvre à Mars la carrière des combats, soit qu'on se prépare à porter la guerre et la désolation aux Gètes, aux Hyrcaniens ou aux Arabes, soit qu'on menace l'Indien, et qu'en poussant jusqu'aux régions où se lève l'aurore, on redemande aux Parthes nos étendards captifs [1]. »

Aux yeux de Virgile, la Perse et l'Inde formaient une partie intégrante de l'empire, et vouloir empêcher les Romains d'en prendre possession, c'était une impiété, un attentat qui ne pouvait être puni trop sévèrement.

Dans le deuxième livre des Géorgiques, Virgile représente Auguste relançant le roi de la Bactriane, Kanichka, jusque dans le cœur de ses États. S'adressant à Auguste, il lui dit : « Et toi, César, le plus grand de tous les héros, qui aujourd'hui même, parcourant

---

[1]   Mos erat Hesperio in Latio, quem protinus urbes
       Albanæ coluere sacrum, nunc maxima rerum
       Roma colit, cum prima movent in prælia Martem
       Sive Getis inferre manu lacrymabile bellum,
       Hyrcanisve, Arabisve parant; seu tendere ad Indos,
       Auroramque sequi, Parthosque reposcere signa.
                           (*Énéide*, liv. VII, vers 601 et suiv.)

en vainqueur les extrémités de l'Asie, chasses des
places romaines l'Indien réduit à l'impuissance[1]. »

Le même livre contient une allusion à Kanichka,
à laquelle on ne se serait pas attendu. C'est à propos
des arbres particuliers à chaque pays : « Chaque
arbre, dit Virgile, a sa patrie; l'Inde seule produit
le noir ébène; on ne trouve que dans le pays de
Saba le rameau qui donne l'encens. Que te dirai-je
de ce bois odorant qui distille le baume, de la baie
de l'acanthe toujours vert et des forêts de l'Éthiopie toutes blanches d'un tendre duvet? Montrerai-je
comment les Sères (Chinois) détachent des feuilles
de leurs arbres les plus fines toisons? Parlerai-je
des forêts de l'Inde, voisine de l'Océan et où finit le
monde? Les arbres de ces forêts s'élèvent si haut
qu'aucune flèche ne peut en atteindre le sommet, et
pourtant la main de ces peuples n'est pas lente à
lancer des traits [2]. » Jusqu'ici ce que Virgile a dit au
sujet de Kanichka et des Indo-Scythes avait été appli-

---

[1]
.... et te, maxime Cæsar,
Qui nunc extremis Asiæ jam victor in oris,
Imbellem avertis Romanis arcibus Indum.
(Vers 172 et suiv.)

[2]
Divisæ arboribus patriæ. Sola India nigrum
Fert ebenum, solis est thurea virga Sabæis.
Quid tibi odorato referam sudantia ligno
Balsamaque, et baccas semper frondentis acanthi?
Quid nemora Æthiopum molli canentia lana?
Velleraque ut foliis depectant tenuia Seres?
Aut quos Oceano propior gerit India lucos,
Extremi sinus orbis! ubi aera vincere summum
Arboris haud ullæ jactu potuere sagittæ?
Et gens illa quidem sumptis non tarda pharetris.
(Vers 116 et suiv.)

qué, malgré l'ensemble des récits et malgré le témoignage décisif de Pline le Naturaliste[1], à une contrée de l'intérieur de l'Afrique; on vante les charmes
de la poésie; mais c'est à une condition : c'est que les
objets décrits par le poëte soient connus d'ailleurs.
Autrement à quoi sert la poésie?

Dans le troisième livre des Géorgiques, Virgile
parle d'un temple qu'il voudrait élever à la gloire
d'Auguste, au milieu des vertes campagnes de sa
chère Mantoue. A cette occasion, il fait un petit tableau des conquêtes des Romains, dans le sens des
quatre points cardinaux; on y trouve la mention de
l'entière conquête de l'Angleterre et de l'Irlande, et
de la victoire remportée sur les Gangarides, ainsi que
des colonnes monumentales destinées à marquer à
la fois les limites de l'empire romain et les limites
du monde, à l'orient et à l'occident. Du côté du midi,
Virgile rappelle les succès obtenus contre la reine
Candace, et du côté du nord la conquête de l'Arménie par Tibère : « Au milieu de ce temple, dit-il,
sera César, qui le remplira de sa divinité. Et moi,
dans la pompe des triomphateurs, tout resplendis-
sant de la pourpre de Tyr, je ferai voler, en son
honneur, sur les bords du Mincio, cent chars à quatre
chevaux. La tête ornée du feuillage de l'olivier, je
distribuerai les dons aux vainqueurs. Déjà je vois
s'avancer vers le temple la pompe joyeuse et solen-
nelle; je vois tomber les taureaux immolés; la scène
m'apparaît avec ses tableaux variés, et des Bretons

____

[1] Liv. VII, ch. ii, et liv. XII, ch. viii.

semblent lever la toile où est peinte la honte de leur nation. Je veux, sur les portes du temple, représenter en or et en ivoire le combat livré aux Gangarides, les armes victorieuses d'Auguste, le Nil coulant au large et portant la guerre dans ses flancs, ainsi que l'airain des vaisseaux s'élevant en colonnes dans les airs. On y verra les villes de l'Asie domptées, l'habitant du Niphate repoussé[1], et le Parthe, qui met son espoir dans la fuite et dans les flèches qu'il retourne contre ses ennemis, terrassé; on y verra les deux trophées destinés à perpétuer le souvenir des succès remportés de deux côtés opposés, ainsi que le double triomphe obtenu sur l'un et l'autre rivage (l'océan Atlantique et la mer orientale[2]). »

[1] Par *Niphate* Virgile veut parler de l'Arménie. On a vu qu'Horace avait employé la même dénomination pour désigner la même contrée. Cette circonstance prouve deux choses : d'abord, l'armée romaine, commandée par Tibère, avait remporté quelque succès au pied de cette montagne; de plus, le mot *Niphate* se trouvait dans la dépêche ou l'article de journal d'après lequel les deux poëtes écrivirent.

[2] In medio mihi Cæsar erit, templumque tenebit.
Illi victor ego, et Tyrio conspectus in ostro,
Centum quadrijugos agitabo ad flumina currus.
Ipse caput tonsæ foliis ornatus olivæ,
Dona feram. Jam nunc solemnes ducere pompas
Ad delubra juvat, cæsosque videre juvencos;
Vel scena ut versis discedat frontibus, utque
Purpurea intexti tollant aulæa Britanni.
In foribus pugnam ex auro solidoque elephanto
Gangaridum faciam, victorisque arma Quirini;
Atque hic undantem bello, magnumque fluentem
Nilum, ac navali surgentes ære columnas.
Addam urbes Asiæ domitas, pulsumque Niphatem,

Je passe maintenant à l'Énéide. Dans le premier chant, Virgile met dans la bouche de Jupiter parlant à Vénus ces paroles qui, tout en paraissant s'adresser à Jules César, ne peuvent se rapporter qu'à Auguste : «De la belle race troyenne naîtra Jules César, qui portera son empire jusqu'à l'Océan (oriental), et la gloire de son nom jusqu'aux astres. Toi-même un jour, libre d'inquiétude, tu le recevras tout chargé des dépouilles de l'Orient, dans le séjour des dieux, et les mortels l'invoqueront dans leurs prières. Alors cesseront les guerres; alors s'adoucira la férocité des temps; alors l'antique Honneur et Vesta et Romulus, avec son frère Remus, dicteront des lois aux nations[1]. »

Il ne me reste plus qu'à rappeler ce qui se trouve de relatif à mon sujet dans le sixième chant de

> Fidentemque fuga Parthum, versisque sagittis;
> Et duo rapta manu diverso ex hoste tropæa,
> Bisque triumphatas utroque ab littore gentes.
>
> (Vers 16 et suiv.)

On serait tenté de croire, en ce qui concerne les captifs bretons, qu'il s'agit là d'une représentation faite dans un théâtre. Mais nous apprenons par Appien que les acteurs figuraient dans les cérémonies du triomphe. (Voyez Appien, *De rebus punicis*, ch. LXVI. Voyez aussi ce que Vopiscus a dit au sujet du triomphe de l'empereur Aurélien.)

[1]
> Nascetur pulchra Trojanus origine Cæsar,
> Imperium Oceano, famam qui terminet astris;
> Julius, a magno demissum nomen Iulo.
> Hunc tu olim cœlo, spoliis Orientis onustum,
> Accipies secura; vocabitur hic quoque votis.
> Aspera tum positis mitescent sæcula bellis.
> Cana Fides, et Vesta, Remo cum fratre Quirinus,
> Jura dabunt.
>
> (Vers 286 et suiv.)

l'Énéide. On sait que, dans ce chant, Énée s'introduit, accompagné de la Sibylle de Cumes, dans les
Champs Élysées, où se trouvaient rassemblées non-
seulement les âmes des personnes mortes, notamment
Anchise, père d'Énée, mais encore les ombres de ses
descendants les plus illustres, jusqu'à Auguste. C'était
pour Virgile une admirable occasion de faire connaître à Énée la suite des héros qui fondèrent Rome et
firent de cette ville la maîtresse du monde. Le poëte
fait ainsi parler Anchise à Énée : « Voici Romulus,
fils du dieu Mars et d'Ilie, qui prêtera le secours de
son bras vengeur à son aïeul Numitor. Vois-tu les
deux aigrettes qui se dressent sur sa tête[1], et comme
son père lui imprime sur le front sa divine splendeur? Ce sera, mon fils, sous ses auspices que la superbe Rome étendra son empire sur toute la terre,
et que ses enfants, par leur valeur, égaleront les
dieux..... Tourne les yeux de ce côté, et regarde
cette nation : ce sont les Romains. Je te présente
César et toute la postérité d'Ascagne, qui doit venir
à la vie jusqu'à la fin des siècles. Voici, voici le héros
qui t'a été si souvent promis, César Auguste, du sang

---

[1] Voyez ci-après, p. 157. Sur le nom de Quirinus, appliqué par
Virgile tantôt à Romulus et tantôt à Auguste, voyez le commentaire
du P. La Rue (*Géorgiques*, III, 27). De même que Virgile a appliqué
à la fois le nom de Quirinus à Romulus et à Auguste, il a attribué
les deux aigrettes à l'un et à l'autre. En ce qui concerne les deux aigrettes, ou plutôt les deux flammes d'Auguste, voyez le tableau de
la bataille d'Actium, chant huitième de l'Énéide, vers 680. Voici
les expressions de Virgile :

Stans celsa in puppi : geminas cui tempora flammas
Læta vomunt, patriumque aperitur vertice sidus.

des dieux, qui rappellera l'âge d'or, dans le Latium et dans les champs où régna jadis Saturne. Il étendra son empire jusqu'au delà des Garamantes et des Indiens[1]. Déjà s'apprêtent à le recevoir la région située au delà du cercle du zodiaque et des voies de l'année et du soleil (la zone torride), ainsi que les climats où l'infatigable Atlas soutient sur ses épaules le ciel étincelant d'étoiles. Déjà, dans l'attente de ce héros, les peuples de la mer Caspienne et du Palus-Méotide, ainsi que les populations de la vallée du Nil, le fleuve aux sept embouchures, frémissent d'épouvante à l'annonce de la volonté des dieux. Non, Alcide, qui a percé la biche aux pieds d'airain, qui a rendu la sécurité aux forêts d'Érymanthe, et qui a fait trembler avec son arc l'hydre de Lerne, ni Bacchus qui, lançant des sommets de Nyse ses tigres soumis au joug, manie en se jouant les rênes de son char entrelacées de pampres, n'ont subjugué autant de contrées........ D'autres peuples (les Grecs) feront mieux respirer l'airain sous leur ciseau moelleux; ils tireront du marbre des figures plus vivantes; ils plaideront mieux les causes; ils décriront mieux les mouvements célestes; ils détermineront plus sûrement la marche des astres; toi, Romain, ta mission est de diriger les nations, de les faire

---

[1] Par *pays situé au delà des Indiens*, il me paraît difficile de ne pas entendre les deux mondes situés sur le côté du globe opposé au nôtre. Cette expression a été imitée par Silius Italicus. (Voyez ci-devant, p. 69.) A l'égard de la région située au delà des tropiques, c'est évidemment le monde placé au midi de l'Afrique.

jouir de la paix, de ménager le bonheur de ceux qui
obéissent, et de faire la guerre aux superbes[1]. »

Telle est la suite des divers témoignages que j'avais
à faire comparaître. Je me suis borné à ceux qui
présentent quelque chose de précis. Si j'avais voulu
recueillir tout ce qui se rencontre de relatif à mon
sujet dans les poésies d'Horace, de Virgile, de Properce et de Tibulle, la suite eût été beaucoup plus

---

[1] Quin et avo comitem sese Mavortius addet
Romulus, Assaraci quem sanguinis Ilia mater
Educet; viden' ut geminæ stant vertice cristæ,
Et pater ipse suo Superum jam signat honore?
En hujus, nate, auspiciis, illa inclyta Roma
Imperium terris, animos æquabit Olympo.
Huc geminas nunc flecte acies; hanc adspice gentem,
Romanosque tuos. Hic Cæsar, et omnis Iuli
Progenies, magnum cœli ventura sub axem.
Hic vir, hic est, tibi quem promitti sæpius audis,
Augustus Cæsar, divi genus; aurea condet
Sæcula qui rursus Latio, regnata per arva
Saturno quondam; super et Garamantas, et Indos
Proferet imperium; jacet extra sidera tellus,
Extra anni solisque vias, ubi cœlifer Atlas
Axem humero torquet stellis ardentibus aptum.
Hujus in adventum jam nunc et Caspia regna
Responsa horrent Divum, et Mæotia tellus,
Et septemgemini turbant trepida ostia Nili.
Nec vero Alcides tantum telluris obivit,
Fixerit aeripedem cervam licet, aut Erymanthi
Pacarit nemora, et Lernam tremefecerit arcu;
Nec qui pampineis victor juga flectit habenis,
Liber agens celso Nysæ de vertice tigres.
Excudent alii spirantia mollius æra,
Credo equidem, vivos ducent de marmore vultus;
Orabunt caussas melius, cœlique meatus
Describent radio et surgentia sidera dicent :
Tu regere imperio populos, Romane, memento.
Hæ tibi erunt artes; pacisque imponere morem,
Parcere subjectis et debellare superbos.

(Vers 778 et suiv.)

longue. Les témoignages que j'ai rapportés s'éclai-
rent et se complètent les uns les autres. Tous appartiennent à des hommes considérables ; tous ont
été écrits au moment même des événements. Il n'y
a peut-être pas d'exemple d'une telle rencontre pour
l'histoire de la république romaine ni pour le long
règne d'Auguste. N'était-il pas urgent qu'il vînt quel-
qu'un pour les mettre en lumière ?

Pour ces témoignages, j'ai quelquefois développé
l'idée ; mais je n'ai rien inventé. C'est ce qu'on reconnaîtra, j'espère, si on prend la peine de comparer
les témoignages entre eux, et si de plus on parcourt
l'ensemble des ouvrages auxquels ils sont empruntés.
Il ne me reste plus qu'à discuter un passage du quatrième livre des Géorgiques, qui a donné lieu à bien
des commentaires et à bien des erreurs. C'est ce que
je ferai dans le paragraphe suivant.

Maintenant je me permettrai quelques courtes
observations au sujet des Géorgiques et surtout de
l'Énéide. Ici peut-être il y aura des personnes qui ne
pourront s'empêcher de sourire en voyant un professeur d'arabe faire, pour ainsi dire, la leçon sur un
sujet qui a exercé le talent des plus grands écrivains
de tous les temps et de tous les pays. Mais ce professeur d'arabe n'est jamais resté étranger aux choses
de goût, notamment dans ce qui concerne l'antiquité classique.

Tout ce que Virgile a dit au sujet d'Auguste
faisait une partie essentielle du sujet traité dans
l'Énéide. Le poëte avait pris pour tâche de dérouler

aux yeux de ses contemporains le tableau de la vie
si agitée d'Énée, du rôle éminent que Rome était
appelée à jouer dans le monde, et de la succession
presque non interrompue des grands hommes qui
en firent la gloire. Naturellement la fondation de
l'empire et la place plus qu'humaine que se fit
Auguste étaient le couronnement de tout l'édifice.
Virgile a consacré quelques vers du sixième livre de
l'Énéide à ce sujet imposant. Mais s'est-il acquitté
dignement de sa tâche? Je ne le pense pas. Qu'on
dise, si l'on veut, qu'il n'y eut pas de sa faute, puisque,
lorsque l'idée lui vint de traiter ce sujet, la main
commençait à lui trembler, et qu'il ne tarda pas à
être emporté par la maladie et la mort; mais il y eut
de son fait, et son récit ne tarda pas à devenir en
partie inintelligible. Il y a plus : l'état d'imperfection
de cette portion des vers de Virgile porta malheur
aux vers correspondants d'Horace, de Properce et
de Tibulle, qui jusqu'ici étaient restés méconnus.

Virgile écrivait au fur et à mesure des événements
et lorsque la vérité ne lui était point parfaitement
connue. De plus, il a morcelé son sujet dans le cours
des Géorgiques et de l'Énéide, et il a oublié plus
d'un trait essentiel. Dans l'ensemble, le tableau est
à la fois décousu et incomplet.

Virgile savait très-bien ce qui manquait à son
poëme. En mourant, il témoigna le regret de n'avoir
pas eu le temps d'y mettre la dernière main. On
dit même qu'il ordonna de brûler le manuscrit. En
quoi consistaient les imperfections de l'Énéide qui

causaient tant de regrets à Virgile? On a signalé
quelques vers inachevés; mais là n'était pas la difficulté. Ce défaut est si léger, qu'il est facile, dans une
traduction, de le rendre insensible. La difficulté ne
pouvait être que dans l'état d'esquisse où se trouvait
un des rôles principaux. Qu'on cherche bien, et l'on
verra que ce rôle ne pouvait être que celui d'Auguste.

J'ai essayé de suppléer à quelques-uns des traits
oubliés par Virgile. Qu'on me permette d'en indiquer d'autres. Virgile, en ce qui concerne les populations de l'Angleterre, de la Germanie et du pays
des Sarmates, aurait pu devancer Tacite et nous
offrir le tableau des conquêtes des Romains dans
les provinces septentrionales de l'Europe. Les renseignements existaient déjà, et, curieux comme il
était, il eût dépendu de lui de les recueillir. Il eût
pu également, à la suite de l'expédition de Cornelius Balbus dans l'intérieur de l'Afrique, nous faire
connaître les populations berbères et les populations nègres du Soudan. J'ajouterai un mot : de
quel intérêt n'aurait pas été pour nous un tableau
de l'empire romain peint de la main de Virgile, de
cet empire dont les empires successifs de Sésostris,
de Sémiramis, de Nabuchodonosor, de Cyrus et
d'Alexandre n'eussent plus été que des provinces? On
a vanté le tableau de l'empire romain par Gibbon,
tel qu'il était sous le règne des Antonins. Un tableau
de l'empire romain, au moment où il venait de
prendre son assiette, aurait fourni l'occasion de

montrer la différence de ce qui existait alors et de ce qui avait existé précédemment.

On a été de tout temps si frappé des beautés qui étincellent dans les poésies de Virgile, que mes observations causeront de la surprise. Les vers de Virgile se distinguent entre tous par la gravité, la clarté, la grâce, la précision et l'éclat. L'air qu'ils respirent est si naturel, qu'on est d'abord porté à croire qu'ils sortaient tout faits de sa tête, comme Pallas sortit toute armée du cerveau de Jupiter. Mais qu'on se garde de s'en tenir à cette première impression. Virgile travaillait beaucoup ses vers, et ce n'est qu'à force de travail qu'il faisait disparaître toute trace de la peine qu'ils lui avaient coûtée. Lors donc qu'il a composé des morceaux qu'il n'a pas eu le temps de revoir à loisir, ces morceaux doivent s'en ressentir. Jean-Jacques Rousseau a fait une remarque analogue, et tout ceci était écrit, lorsque je suis tombé sur un passage des *Nuits attiques* d'Aulu-Gelle, ouvrage rédigé dans le IIe siècle de notre ère, à une époque où les traditions étaient encore fraîches. Aulu-Gelle introduit un de ses amis, le philosophe Favorinus, qui était Gaulois de naissance et qui professait à Rome, et le fait ainsi parler : « Virgile avait coutume de dire qu'il produisait ses vers à la manière des ours. L'ours, en effet, ne produit d'abord que des êtres informes, qu'il lèche ensuite pour leur donner une forme, une figure. De même, disait Virgile, les fruits de son génie se produisaient dans un état imparfait et grossier; et ce n'était qu'à force de les remanier, de les lécher, qu'il leur donnait des traits, une apparence. Il y avait de la vérité dans l'aveu ingénu du poëte au goût délicat. Ses vers en sont la preuve. Ceux qu'il a polis, revus avec une affection particulière, ceux où il a mis la dernière main, ont toute la fleur de la grâce poétique. Ceux que, surpris par la mort, il n'a pas retouchés, qu'il n'a pas pu achever, ne sont dignes ni du génie ni du goût du plus parfait des poëtes[1]. » Là-dessus Favorinus citait quelques passages qui lui paraissaient prêter à la critique.

On demandera peut-être pourquoi, les choses étant ainsi, les deux poëtes, Tucca et Varius, qui, après la mort de Virgile, furent chargés par Auguste d'examiner le manuscrit de l'Énéide, n'essayèrent pas de suppléer à ce qui y manquait. Mais d'abord, de même que pour la massue d'Hercule, il y aurait eu du danger de porter la main sur l'œuvre principale de Virgile. D'ailleurs il ne faut pas oublier que Virgile, à l'exemple d'Horace, de Properce et de Tibulle, en disant ce qu'il a dit, n'a été que l'interprète de l'opinion de son temps, et que, par conséquent, le public l'entendait à demi-mot. Les contemporains voyaient parfaitement que les quatre poëtes s'étaient laissés aller au cours de leur imagination. Mais ce qui n'avait pas été fait ne pouvait-il pas se faire au premier jour? A la vérité les traditions s'effaçaient peu à peu; mais qui songeait alors qu'un jour vien-

_____
[1] Aulu-Gelle, liv. XVII, ch. x.

drait où les hordes du Nord envahiraient Rome, et
où le Capitole serait occupé par les Barbares ?

Après la mort de Virgile, d'Horace, de Properce
et de Tibulle, les circonstances qui avaient empêché la réalisation de leur rêve chéri, continuèrent
comme auparavant. Les Parthes restèrent maîtres
chez eux; les Bretons du nord de l'Angleterre dé-
fendirent avec succès leur indépendance. De plus,
on apprit successivement que l'accès de la Chine
n'était pas aussi facile qu'on l'avait cru d'abord. On
eut même lieu de reconnaître que les Hyrcaniens,
les Dahes et les Bactriens, consentant à se faire les
auxiliaires de la politique romaine dans l'Asie orientale, seraient d'un secours bien plus efficace pour
l'empire, que si l'on en était réduit à envoyer des
légions dans leur pays pour le garder. Les idées des
quatre poëtes perdirent donc de leur popularité.
Mais que ne peuvent un style enchanteur d'une part,
et de l'autre ce sentiment d'orgueil qui faisait pa-
raître à bien des personnes la conquête du monde
entier comme une chose flatteuse pour le nom romain? Les jeunes gens surtout, les esprits exaltés et
les ambitieux, s'imaginaient qu'en professant de pareilles idées, ils faisaient acte de grands citoyens.
Sans doute il y en eut plus d'un qui, étendu mollement sous les frais ombrages de Tibur et de Tuscu-
lum et buvant du vin de Falerne, se levait tout à
coup et demandait si le gouvernement ne s'occupait
pas d'envoyer bientôt un proconsul dans l'Inde et
un autre en Chine. Il était devenu de mode de mau-

dire l'ambition de Pompée et de César, celle des triumvirs Marc-Antoine, Octave et Lépide, parce que, disait-on, sans leurs querelles fatales, l'Inde et la Chine feraient depuis longtemps partie de l'empire.

Nous possédons le programme de cette ambition délirante, et il est inconcevable que personne n'y ait fait attention. Il se trouve au commencement de la *Pharsale* de Lucain. Ce n'est, du reste, que la répétition de ce qu'on a déjà lu. Lucain, au moment d'aborder le récit de la lutte de César et de Pompée, s'écrie dans une espèce de prosopopée adressée aux Romains : « Citoyens! quelle fureur, quelle débauche du glaive que d'aller offrir à des nations odieuses le sang latin à répandre, quand vous aviez à arracher à l'orgueilleuse capitale des Parthes les trophées enlevés à l'Italie, quand l'ombre de Crassus errait sans vengeance sur la terre étrangère! Vous préférâtes des guerres pour lesquelles Rome n'avait pas de triom-phes à décerner. Hélas! avec le sang que versèrent à longs flots vos mains fratricides, que de terres, que de mers vous eussiez pu conquérir, et vers le lieu d'où vient le soleil, et vers la région ténébreuse où vont se coucher les astres, et vers les zones brûlantes du Midi, et vers ces contrées brumeuses où la mer de Scythie, resserrée dans ses glaces, ne sait pas s'amollir au souffle du printemps! Déjà nous tiendrions sous nos lois et le Sère, et l'Araxe barbare[1], et les peuples, s'il en est, qui boivent à la

---

[1] Probablement le Iaxarte. On a vu que le nom de l'Araxe était

source ignorée du Nil. S'il te reste, ô Rome, une telle ardeur de discordes criminelles, attends du moins que le monde entier reconnaisse les lois du Latium. Alors tu pourras tourner ton glaive contre toi-même. Jusqu'à présent l'ennemi ne t'a pas fait défaut[1]. »

Ces fières paroles étaient prononcées sous le règne de l'ignoble Néron. Les guerres civiles qui accompagnèrent la mort de ce prince n'étaient pas de nature à favoriser de tels projets. Vespasien finit par être le maître unique de l'empire; mais il avait l'esprit trop positif pour se lancer dans une carrière aussi aventureuse. Un appel fut fait à deux reprises à Domitien, qui n'y répondit pas, ou qui du moins mourut assassiné avant d'y avoir donné suite. Trajan fut le premier qui regarda la conquête du monde entier comme n'étant pas au-dessus de ses forces. Il

appliqué par les anciens à des fleuves différents, et quelquefois le lecteur est incertain sur le fleuve dont il s'agit.

[1]   Quis furor, o cives! quæ tanta licentia ferri,
       Gentibus invisis Latium præbere cruorem?
       Quumque superba foret Babylon spolianda tropæis
       Ausoniis, umbraque erraret Crassus inulta,
       Bella geri placuit nullos habitura triumphos.
       Heu! quantum potuit terræ pelagique parari
       Hoc, quem civiles hauserunt, sanguine, dextræ
       Unde venit Titan, et nox ubi sidera condit,
       Quaque dies medius flagrantibus æstuat horis,
       Et qua bruma rigens, ac nescia vere remitti
       Adstringit Scythico glacialem frigore pontum?
       Sub juga jam Seres, jam barbarus isset Araxes,
       Et gens si qua jacet nascenti conscia Nilo?
       Tunc si tantus amor belli tibi, Roma, nefandi,
       Totum sub Latias leges quum miseris orbem,
       In te verte manus: nondum tibi defuit hostis.

est vrai que jusqu'à lui l'empire n'avait jamais joui d'une telle tranquillité au dedans, et n'avait jamais exercé un tel prestige au dehors. Comme il mourut à la peine, l'idée fut abandonnée. Nous y reviendrons quand nous aurons à parler du règne de Trajan.

En ce qui concerne le rôle personnel que Virgile, Horace et Properce ont fait jouer à Auguste dans la prétendue conquête de l'Asie orientale, il n'en est plus fait de mention expresse nulle part. Certains écrivains latins postérieurs ont admis le fait de la conquête en général ; mais Servius est à ma connaissance le seul qui ait parlé d'Auguste en particulier[1]. Tout souvenir cependant ne s'en perdit pas. Et où le retrouve-t-on ? C'est ici qu'éclate ce qu'il y a de bizarre dans ce qu'on nomme la gloire humaine. Le souvenir s'en retrouve dans le Coran, et c'est Dieu lui-même qui est censé le rappeler à Mahomet. Le récit du Coran paraît avoir été emprunté à quelque légende rabbinique, et il s'est empreint du cachet de l'imagination orientale. Avant de le rapporter, il est indispensable d'établir le point de vue où s'est placé celui qui parle. On a vu qu'à s'en tenir aux écrivains du temps d'Auguste, ce prince était appelé à régner sur l'Occident et l'Orient, en un mot, sur le monde entier. C'était un homme rempli de la crainte des dieux, et sa mission était une mission de justice. Comme son premier devoir était de procurer la tranquillité à ses peuples, il avait repoussé au loin les

---

[1] *Commentaire sur Virgile,* Géorgiques, liv. III, vers 26 (p. 370 du tome I de la grande édition de Virgile, par Burmann).

Gélons et les autres populations barbares du nord
de l'Europe et de l'Asie, et, afin de les empêcher de
recommencer leurs incursions, il avait fait border
les frontières de l'empire d'une ligne non interrompue de châteaux forts et de camps retranchés. De
plus, suivant Virgile, de même que le dieu Mars et
son descendant Romulus portaient deux aigrettes
sur la tête, de même la tête d'Auguste était ceinte
de deux flammes[1]. N'est-il pas naturel de voir ici
une allusion à la conquête du monde tout entier?
Quoi qu'il en soit, voici le singulier personnage que
Mahomet a mis en scène. Il est appelé du nom de
Doul-Carnaïn ou l'homme aux deux cornes[2], et Dieu
est censé parler ainsi à Mahomet : « Nous donnâmes à
Doul-Carnaïn tout pouvoir sur la terre, et nous le
laissâmes libre de disposer de tout comme il voudrait.
Arrivé là où le soleil se couche, il vit que l'astre
se plongeait dans une masse d'eau boueuse. Là se
trouvait une peuplade particulière (les Bretons). .
Nous dîmes à Doul-Carnaïn : « Décide toi-même,
« soit que tu veuilles faire sentir ta colère à ce peuple,
« soit que tu veuilles user envers lui de douceur. »
Doul-Carnaïn répondit : « Ceux qui ont été méchants,

---

[1] Ci-devant, p. 143, et Valère Maxime, liv. I, ch. VIII, n° 6.

[2] Suivant la remarque de l'écrivain arabe Zamakhschari, *carn*
signifie en arabe «corne, extrémité, boucle de cheveux sur la
tempe.» La raison du surnom de Doul-Carnaïn peut être l'usage de
porter une couronne avec des pointes semblables à des cornes, ou
la possession des deux extrémités du monde connu, à l'orient et à
l'occident, ou l'habitude d'avoir des cheveux bouclés des deux côtés
de la tête. Voyez M. Caussin de Perceval, *Essai sur l'histoire des
Arabes,* t. I, p. 65.

« nous les punirons; puis nous les renverrons au tri-
« bunal de Dieu, qui les châtiera sévèrement. Pour
« ceux qui ont eu la foi, et qui ont fait le bien, ils
« recevront une digne récompense, et nous aurons
« pour eux les plus grands égards [1]. » Ensuite Doul-
Carnaïn se remit en route, et arriva là où le soleil
se lève. Il y trouva un peuple à qui nous n'avions
donné aucun moyen de s'abriter contre la chaleur [2].
Il se remit en marche une troisième fois, et (se dirigeant vers le nord) il atteignit les gorges (du Caucase), là où vivent des populations qui ne connaissent pas la langue les unes des autres [3]. Ces peuples
se plaignirent à Doul-Carnaïn des incursions que
les peuples de Gog et de Magog faisaient sur leur
territoire, et offrirent de lui payer un tribut, s'il
voulait élever une barrière pour les défendre. Doul-
Carnaïn y consentit, et rendit désormais le passage
de la montagne impossible aux peuples de Gog et
de Magog [4], etc. »

Quelques commentateurs du Coran ont appliqué
cette légende à Alexandre le Grand. Mais Alexandre
ne tourna jamais ses pas vers l'occident. D'un autre
côté, le prophète Daniel a attribué à Alexandre une
corne [5], et ici il s'agit de deux cornes. Il serait té-
méraire de vouloir pénétrer le fond de la légende ;

---

[1] Virgile a dit : « Parcere subjectis et debellare superbos. »

[2] Voyez ci-devant, p. 84 et 92.

[3] *Traduction française de la Géographie d'Aboulféda*, p. 93.

[4] Coran, sourate XVIII, versets 82 et suiv. — *Introduction à la
Géographie d'Aboulféda*, p. 311 et suiv.

[5] Chap. VIII, versets 5 et 21.

mais l'analogie est frappante entre ce qu'elle dit et le rôle que Virgile a fait jouer à Auguste.

Voilà bien des détails. Mais je ne pouvais pas exposer la suite des relations de l'empire romain avec l'Asie orientale, sans parler des difficultés que ces relations éprouvèrent à leur naissance. D'un autre côté, du moment que les poëtes du temps d'Auguste étaient appelés en témoignage, je ne pouvais me dispenser de m'arrêter sur le sens de leurs paroles. D'ailleurs il ne s'agissait pas ici de faire une guerre de mots. Il s'agissait de mettre dans son véritable jour la politique de Marc-Antoine et d'Auguste, d'Auguste surtout, qui, par le rôle qu'il a joué, est un homme à part. Si, tout en suivant mon chemin, je suis parvenu, à l'aide d'écrivains contemporains et de témoins oculaires, à mieux faire connaître l'enfantement de l'empire romain, je ne m'en repens pas; bien au contraire, je considère ce résultat comme un des principaux de ce mémoire. Je vais maintenant faire pour l'Asie orientale ce que j'ai fait pour l'empire romain, et fournir, j'espère, de nouveaux matériaux à la géographie et à l'histoire.

§ II.

COMMERCE DE L'INDE ET DE LA CHINE. — ÉTAT POLI-
TIQUE ET SOCIAL DE LA CHINE PENDANT LES PREMIERS
SIÈCLES DE NOTRE ÈRE. — SYSTÈMES GÉOGRAPHIQUES
DE PTOLÉMÉE ET DE L'AUTEUR DU PÉRIPLE DE LA MER
ÉRYTHRÉE.

On se rappelle que je fais commencer les relations commerciales et politiques de l'Égypte avec
l'Inde sous le règne de Ptolémée Aulète, vers l'an
72 avant J. C. et que ces relations prirent une
nouvelle extension à l'époque de la mort de Jules
César, lorsque Marc-Antoine, sous le titre de triumvir, exerça le pouvoir en Égypte et dans les autres
provinces orientales de l'empire romain. On peut
dire que le vieux monde était alors dans une de ces
situations providentielles où le passé semble avoir
fait son temps et où un nouvel ordre de choses
s'annonce. Il a été observé avec raison que la partie
la plus belle et la plus éclairée de l'univers tendant
à se concentrer dans la même main, le christianisme, né dans le sein de l'empire, n'eut que plus
de facilité à se propager au loin. L'avénement d'Auguste fut accompagné de trois circonstances qui
aidèrent au contact des nations entre elles et qui
eurent d'autres effets analogues. Si les régions occidentales du vieux monde se réunirent pour ne faire
qu'un tout, il en fut de même pour l'Asie orientale.
Les principautés entre lesquelles la Chine était par-

tagée ne faisant plus qu'une monarchie qui ne tarda
pas à étendre son influence parmi les populations
sauvages de la Tartarie, les deux empires se firent
contre-poids l'un à l'autre. La soie était alors un
produit particulier à la Chine, un produit dont l'usage n'était presque pas sorti des limites du Céleste
Empire. A mesure que le nom chinois se répandit
au dehors, la soie devint le principal article de commerce de la Chine; son usage s'étendit, et elle ne
tarda pas à s'introduire dans l'Inde, en Perse et en
Occident. Enfin, comme pour compléter la révolution dont les signes avant-coureurs étaient visibles
pour tous les yeux, l'application de la mousson, qui
est générale dans les mers orientales, était venue
abréger les distances, de manière à réduire à quelques
semaines des trajets qui auparavant exigeaient des
années. Pour retrouver des situations analogues, il
faut descendre au viii⁰ siècle, lorsque les disciples
de Mahomet, le sabre d'une main et le Coran de
l'autre, eurent étendu leur domination depuis l'océan
Atlantique jusqu'à la vallée de l'Indus, et purent
donner la main aux Chinois; ou bien au xiii⁰ siècle,
lorsque Gengis-Khan et ses enfants, non contents
d'occuper presque toute l'Asie, manifestèrent l'intention d'envahir l'Europe entière.

Ici je devrais parler d'abord de la manière dont
les Romains, une fois maîtres de l'Égypte, se trouvèrent mêlés au commerce des mers orientales, et
tracer le tableau des contrées et des ports de mer
où flotta leur pavillon. Mais ce tableau a été déjà

tracé dans mes deux mémoires sur le royaume de la Mésène et de la Kharacène, et sur le Périple de la mer Érythrée, et il serait inutile de revenir sur ce que j'ai déjà dit [1].

Les navigations des Romains dans les mers orientales touchant à une foule de pays et de peuples différents, on a d'abord à se demander dans quelle langue se faisaient les transactions commerciales et les traités politiques. Ils se faisaient en grec. Le grec, depuis les conquêtes d'Alexandre et de ses lieutenants, était devenu la langue universelle de l'Orient. On ne se fait plus maintenant en Europe, et encore moins en Orient, l'idée des progrès que le grec avait faits jusque dans les contrées les plus reculées de l'Asie. Ce qui a induit en erreur, c'est le silence absolu que les écrivains indigènes gardent à cet égard. J'ai déjà dit que le nom d'Alexandre le Grand ne se trouve pas une seule fois dans les livres des Indiens et des Chinois. Les annales chinoises ne contiennent pas le nom des Romains. L'empire romain y est désigné par le nom de *Ta-thsin* ou le grand Thsin. Dans l'Inde, le mot *Romaka* s'est conservé chez les astronomes et les astrologues pour désigner celui des quatre points cardinaux qui répond à l'Occident [2]. Mais les écrivains sanscrits ont compris les Romains sous la dénomination *Yavana*

---

[1] En ce qui concerne le commerce de l'empire romain sous Auguste, on peut lire le mémoire de M. de Pastoret, *Nouveau recueil de l'Académie des Inscriptions*, t. V, p. 76 et suiv.

[2] Voyez mon *Introduction à la Géographie d'Aboulféda*, p. ccxiii et suiv.

qui servit d'abord en Orient à désigner les Ioniens ou Grecs. Les Indiens ne font pas mention des mots *Empereur*[1] et *César*. Cependant le mot *César* se rencontre dans les annales chinoises sous la forme *Kai-sa*[2].

J'ai déjà parlé des Brahmanistes et des Bouddhistes qui, dès le IIIe siècle avant notre ère, se partagèrent l'influence dans la presqu'île de l'Inde. Le bouddhisme, grâce à son esprit de sociabilité, fut favorisé par les rois grecs de la Bactriane; il paraît même avoir été adopté par quelques-uns d'entre eux. Les derniers, en embrassant le bouddhisme, s'initièrent nécessairement au langage et aux pratiques religieuses des indigènes. C'est ce que montrent plusieurs de celles de leurs médailles qui sont venues récemment enrichir nos cabinets. Mais à leur tour les indigènes participèrent à cette espèce de fusion de langage et de doctrines. Ce que je dis des rois grecs de la Bactriane se continua plus ou moins sous les rois indo-scythes qui les remplacèrent.

Il est facile de comprendre les progrès que les idées grecques et romaines firent au milieu de la confusion générale. Sous les rois grecs de la Bactriane, les guerriers qui, en général, étaient d'origine hellénique, parlaient grec entre eux. Il en était de même de la plupart des fonctionnaires publics, et

---

[1] En grec Αὐτοκράτωρ.

[2] Voyez les *Tableaux historiques de l'Asie*, par Klaproth, p. 70, et le mémoire de M. Pauthier intitulé *De l'authenticité de l'inscription de Singanfou*, p. 32.

de ceux des indigènes qui vivaient dans la région officielle. Parmi les indigènes, les enfants des princes et des personnes riches étaient initiés par des hommes venus de Grèce à la langue et à la littérature helléniques. L'attrait des indigènes pour la langue et les mœurs grecques était tel que les princes avaient parmi leurs concubines des femmes originaires de la Grèce, et élevées dans toute la civilisation de l'époque. L'auteur du Périple de la mer Érythrée dit positivement que le gouvernement romain faisait élever de belles jeunes filles qu'il envoyait ensuite aux princes de l'Orient pour se les attacher [1]; le fait est confirmé par ce qui se passe dans certaines pièces du théâtre indou [2]. Aussi, sous les rois grecs de la Bactriane, les actes publics étaient rédigés en grec, les monnaies portaient des légendes grecques, ou du moins, lorsqu'on fit usage du langage indigène, le grec ne fut pas oublié. Il en fut de même sous les rois indo-scythes.

A ces diverses circonstances se joignait l'influence que durent exercer les compagnies de marchands romains établies dans les principales places de commerce de l'Inde. Qu'on y joigne les milliers d'occidentaux qui ne cessaient pas d'aller et de venir, et le mouvement que l'activité du commerce devait imprimer au pays tout entier. Il ne faut pas oublier

---

[1] Voyez le *Périple*, p. 293. L'esclave qui s'empara du cœur de Phraate, dont il a été parlé à la page 100, était une de ces jeunes filles.

[2] Albrecht Weber, *Indische Skizzen*, p. 84.

l'influence exercée par les sciences de l'Occident,
par les traités d'Euclide et de Ptolémée dans les
mathématiques et l'astronomie, par les traités d'Hip-
pocrate et de Galien dans la médecine, etc. Les
Brahmanistes eux-mêmes, qui plus tard croyaient se
souiller par le moindre contact avec les choses de
l'étranger, puisèrent à ces sources immortelles. En
vain ils ont cherché à dissimuler leurs emprunts, en
présentant les passages grecs sous une forme diffé-
rente. J'ai fait toucher du doigt ces emprunts dans
mon Mémoire sur l'Inde[1].

L'influence conquise en Asie par la langue et la
littérature helléniques n'a pas échappé aux écrivains
grecs et romains. Philostrate, dans sa Vie d'Apollonius de Tyane, a représenté la langue grecque
comme étant, au milieu du 1er siècle de notre ère,
parlée à la cour des princes du nord de l'Inde, et
comme étant familière à toutes les personnes let-
trées du pays. Comme on pourrait récuser ce témoignage, je vais en produire d'autres. Le philosophe
Sénèque, qui écrivait au temps d'Apollonius de
Tyane, s'exprime ainsi à propos des changements
auxquels sont sujettes toutes les choses de ce bas
monde : « Que veulent dire ces villes grecques placées au milieu de pays barbares, et cette langue de
Macédoine parlée entre l'Inde et la Perse? La Scythie et les contrées les plus sauvages nous montrent
des cités achéennes; l'Asie est pleine d'Athéniens[2]. »

---

[1] P. 333 et suiv.

[2] *Traité de la consolation*, adressé à Helvia, chap. VI.

De son côté Plutarque, dans son livre de la fortune d'Alexandre, après avoir dit que le nombre des colonies fondées par ce héros en Orient, s'élevait à soixante et dix, ajoute que la Bactriane et le Caucase indien avaient adopté les dieux de la Grèce, et que l'Asie était devenue tributaire des mœurs et des usages helléniques : «Grâce à Alexandre, dit encore Plutarque, l'Asie peut lire Homère dans le texte original; les fils des Perses, des Susiens et des Gédrosiens peuvent réciter les tragédies de Sophocle et d'Euripide [1]. »

Les conventions qui se faisaient de gouvernement à gouvernement étaient mises par écrit, et chaque partie en conservait un double. Parlons uniquement de ce qui avait lieu chez les Romains. On connaît l'esprit de centralisation qui s'établit sous Auguste, et qui alla toujours en se fortifiant [2]. Pour l'acte le plus minime, chaque municipe était obligé d'en référer au pouvoir central. Toute décision était mise par écrit, et on déposait la minute dans les archives [3]. De quel secours n'auraient pas été ces archives pour une étude plus complète des choses de l'empire! Chacun connaît les services rendus à notre histoire nationale par les recueils de chartes et diplômes, les

---

[1] *Traité de la fortune d'Alexandre,* dans les Œuvres mêlées de Plutarque, édition Didot, t. I, p. 403.

[2] Voyez les Lettres de Pline le Jeune à Trajan.

[3] On trouvera quelques détails sur les archives romaines dans un rapport que M. Félix Ravaisson a adressé récemment à M. le ministre d'État, au sujet de la Bibliothèque et des Archives impériales. Paris, 1862, in-8°, p. 10 et suiv.

registres des parlements, etc. Mais en plusieurs occasions, notamment dans les temps de guerre civile, il y eut des incendies effroyables à Rome, et ces incendies furent funestes aux dépôts publics. Plus tard les barbares arrivèrent le fer et la torche à la main, et se firent un jeu de livrer aux flammes et aux intempéries de l'air les documents les plus propres à nous éclairer. Il est vrai que déjà une partie des archives impériales avaient été transférées à Constantinople, lorsque cette ville devint le siége de l'empire. C'est sans doute à cette classe de documents qu'ont été empruntés certains textes insérés par l'empereur Constantin Porphyrogénète, au xe siècle, dans ses *Excerpta ex legationibus*[1].

Le commerce romain dans les mers orientales fut longtemps très-actif, et à une époque où les Européens n'avaient pas encore appris à faire le tour de l'Afrique, ce commerce animait des contrées, telles que les côtes du nord-est de l'Afrique, qui plus tard furent délaissées. Strabon dit que, de son temps, des flottes considérables mettaient chaque année à la voile des ports égyptiens de la mer Rouge, nonseulement pour l'Arabie et les mers de l'Inde, mais encore pour l'Éthiopie[2]. On a vu que la reine Candace entretenait une flotte sur la mer Rouge.

Les côtes de l'Arabie, surtout du côté du midi et de l'est, faisaient un riche commerce. Ce furent

---

[1] Édition de Bonn, in-8°, année 1829; voyez, par exemple, aux pages 11 et suiv.

[2] Strabon, livre XVII, chap. 1, S 13.

surtout les richesses amassées par les Sabéens, et le grand rôle que leur marine jouait dans les mers orientales, qui leur attirèrent une invasion de la part d'Auguste. Le gouvernement romain s'était ménagé quelques points de relâche sur les côtes de la mer Rouge, et de plus il entretenait des agents dans les pays qui avaient conservé leur autonomie[1].

Jusque vers l'an 220 de notre ère, les rois de la Mésène et de la Kharacène furent les maîtres du commerce du golfe Persique, et lorsque ce petit état eut été absorbé par la Perse, les Romains, en temps de paix avec la Perse, continuèrent à y aller trafiquer.

Enfin venaient la vallée de l'Indus et la côte occidentale de la presqu'île de l'Inde.

La politique du gouvernement romain, à partir du moment où Auguste renonça à ses idées de monarchie universelle, était de respecter l'autorité de chaque prince en particulier, et d'entretenir avec lui les rapports les plus amicaux. C'était le meilleur moyen de faire prospérer le commerce. Les empereurs envoyaient de temps en temps des présents aux princes de l'Orient, et ces présents étaient accommodés aux goûts personnels de chacun. C'étaient des vases d'or et d'argent élégamment ciselés, de riches étoffes, des vins fins, de belles esclaves. Quelquefois même, quand il s'agissait de donner des marques d'une amitié plus intime, ils envoyaient

---

[1] Voyez le mémoire de Letronne, t. IX du *Recueil de l'Académie des Inscriptions,* p. 173 et suiv.

leur statue. A leur tour, les princes de l'Orient envoyaient à Rome les objets les plus précieux de leur pays, ou bien des objets de curiosité[1].

Les produits de l'Asie qui étaient recherchés des Romains sont à peu près les mêmes que ceux que nous recherchons aujourd'hui. La soie, qui alors venait seulement de la Chine, avait tourné la tête aux dames romaines. Comme c'était surtout par l'Inde que Rome recevait, outre la soie, les produits de l'Inde et de la Malaisie, je vais parler d'abord du commerce de l'Inde.

On trouve dans le Digeste, recueil de jurisprudence compilé sous le règne de Justinien, un fragment du jurisconsulte Ælius Marcianus, qui nous fait connaître, pour la première moitié du IIIe siècle de notre ère, les principaux articles du commerce de Rome avec l'Orient: malheureusement les produits ne sont pas classés d'après leur provenance; de plus il y a plusieurs dénominations qui pourraient fournir matière à difficulté[2]. J'aime mieux m'en référer au Périple de la mer Érythrée, qui fut rédigé quelques années seulement plus tard, et dont l'auteur était allé lui-même sur les lieux; ajoutez à cela que le Périple indique à la fois les articles d'importation et d'exportation.

[1] Ces faits sont empruntés au *Périple de la mer Érythrée.*

[2] Voyez le *Digeste,* liv. XXXIX, titre IV, loi XVI, § 7. Sur la personne d'Ælius Marcianus, voyez les *Pandectes* de Pothier, édit. in-fol. Paris, 1818, t. I, p. 31. Quant au passage du *Digeste* indiqué ici, on peut consulter l'édition accompagnée des notes d'Antoine Schulting, professeur à Leyde; Leyde, 1828, in-8°, t. VI, p. 197.

A l'époque du Périple, l'Éthiopie et le Zanguebar, grâce aux nombreux éléphants qui y vivent dans les bois, fournissaient à l'Europe de l'ivoire en abondance : on en exportait aussi des écailles de tortue, des parfums et quelques esclaves. La mode en était venue à Rome d'avoir chez soi pour esclaves des personnes de couleur. Tibulle, parlant de sa maîtresse appelée Némésis, s'exprime ainsi : « Mais, hélas! ce sont les riches, je le vois, qui plaisent à la beauté. Eh bien! que la rapine m'enrichisse, puisque Vénus aime l'opulence; que ma Némésis nage désormais dans le luxe, et s'avance par la ville, étalant mes largesses aux regards éblouis. Qu'elle attache à ses pas ces noirs esclaves que l'Inde a brûlés, et que le soleil, dans sa course plus voisine, a flétris de ses feux [1]. »

L'Arabie fournissait son encens, sa gomme, ses myrrhes, son aloès, etc.

La vallée du Tigre et de l'Euphrate était le grand marché des perles du Bahrein.

Les Romains achetaient dans la vallée de l'Indus les toiles et les cotonnades qui s'y vendent encore.

---

[1]
> Heu! heu! divitibus video gaudere puellas!
> Jam veniant prædæ, si Venus optat opes ;
> Ut mea luxuria Nemesis fluat, utque per urbem
> Incedat donis conspicienda meis.
> Illi sint comites fusci, quos India torret,
> Solis et admotis inficit ignis equis.
>
> (Livre II des Élégies de Tibulle, n° 3.)

Ce goût existait à Rome, dès le temps de Térence. (Voy. l'*Eunuque* de Térence, acte Ier, scène II, vers 85.) Quant à l'idée qu'on se faisait de la chaleur du climat de l'Inde, voyez ci-devant, p. 92 et 158.

Les places de commerce de la côte occidentale
de l'Inde, outre le girofle et les autres produits de
la Malaisie, ainsi que la soie de Chine, fournissaient
le poivre, l'ivoire provenant des éléphants du pays,
l'indigo, l'acier, les mousselines, l'ébène[1], les perles
du cap Comorin, et le bois de teck, qui, pour les
côtes du golfe Persique, où le bois manque généralement, servait de bois de charpente[2].

Enfin la côte du Coromandel fournissait ses toiles
de coton.

A leur tour les navires romains apportaient du
vin, des étoffes fabriquées en Égypte, du corail,
article recherché dans toutes les contrées de l'Orient,
de l'étain, du plomb et du bronze[3]. Comme les objets
importés par les Romains n'auraient pas suffi pour
compenser ce qu'ils achetaient, l'appoint se faisait
avec du numéraire[4].

Une place particulière doit être accordée à la soie,
à cause de l'immense consommation qui s'en faisait

[1] Pline le Naturaliste, liv. XII, chap. VIII, et Solin, chap. LIII.

[2] Comparez le texte grec, p. 285, et mon édition de la Relation
des voyages des Arabes et des Persans dans l'Inde et la Chine, discours préliminaire, p. 35 et 92. M. le docteur Sprenger, qui a
longtemps résidé dans l'Inde, ayant visité, il y a quelques années,
les ruines du palais des Cosroès à Ctésiphon, reconnut que les boi-
series du palais étaient en bois de teck.

[3] L'empereur Julien cite la figue de Damas comme étant recher-
chée dans toutes les contrées de l'univers. (Voyez ses Lettres, n° 24,
lettre à Sarapion.)

[4] Le Périple de la mer Érythrée a déjà été analysé par Heeren,
mais à un point de vue un peu différent. (Voyez son ouvrage intitulé
De la politique et du commerce des peuples de l'antiquité, t. III de la
trad. fr. p. 387 et suiv.)

chez les Romains. Bien que d'origine chinoise, c'est en grande partie par l'Inde, surtout en temps de guerre, qu'elle arrivait dans l'empire.

Beaucoup de savants ont cru que le fil produit par le ver à soie a été connu de bonne heure dans l'Asie occidentale et même en Europe. Ils citent à l'appui certaines expressions du texte hébreu de la Bible; mais ces expressions n'ont rien de déterminé par elles-mêmes. Le fait est que le mûrier a existé de tout temps en Europe et en Asie; on y a même connu l'insecte qui produit la soie; mais, d'une part, les chenilles qui ont la faculté de produire un fil susceptible d'entrer dans un tissu, sont de diverses sortes; de l'autre, quand on a sous la main le mûrier et la chenille qui produit la soie, toutes les conditions ne sont pas remplies : il faut que l'insecte soit soumis à une éducation particulière; c'est l'objet de nos magnaneries. De plus, quand l'insecte a terminé sa tâche, il faut qu'on le fasse mourir; on a même à dévider avec précaution le fil roulé autour du cocon. Si le fil est cardé et filé, la soie perd ses principaux avantages[1].

Il résulte des recherches qui ont été faites que le mérite d'avoir reconnu les différentes opérations par lesquelles le ver à soie et le cocon qu'il produit ont besoin de passer, appartient aux Chinois. Une fois ce

[1] Les faits que je viens d'indiquer ont été exposés et discutés dans un ouvrage paru récemment sous le titre de *Histoire de la soie*, Paris, 1862, in-8° (première partie, contenant les temps antérieurs au viie siècle de notre ère). L'auteur est M. Ernest Pariset, fabricant de soieries à Lyon.

fait admis, on s'explique parfaitement pourquoi, jusqu'à Justinien, c'est-à-dire pendant six siècles, l'empire romain et les contrées voisines restèrent tributaires de la Chine, pour un objet de consommation qui les ruinait; on s'explique aussi pourquoi les Chinois, qui n'avaient pas encore la ressource de vendre du thé et de la porcelaine, faisaient de la production exclusive de la soie une affaire d'État. Défense était faite aux gardes des frontières de laisser sortir personne avec de la graine de mûrier et des œufs de ver à soie [1].

Une chose digne de remarque, c'est que, malgré les observations des économistes et malgré les mesures restrictives du gouvernement, l'usage de la soie alla toujours croissant dans les provinces de l'empire, et qu'à une époque où les richesses de l'empire avaient sensiblement diminué, l'abus ne cessa pas de s'étendre. Ammien Marcellin, qui écrivait dans la dernière moitié du IVe siècle, constate ce fait. En vain les évêques et les autres chefs du clergé adressèrent du haut de la chaire des remontrances à leurs ouailles; toutes les représentations furent inutiles.

Avant la découverte de la mousson et avant les grands progrès faits par la navigation dans les mers orientales, en remontant à la plus haute antiquité,

---

[1] On connaît les moyens employés pour procurer des vers à soie à l'empereur Justinien. Quant à l'introduction du ver à soie dans le royaume de Khoten, voyez les deux témoignages chinois déjà cités, p. 49.

c'est-à-dire jusqu'à Cyrus et Sémiramis, non-seulement la masse des marchandises qui partaient de
l'Inde d'une part, et de l'Europe de l'autre, était
beaucoup moindre, mais une partie des marchandises prenait la voie du Nord. Souvent les produits
de l'Asie qui étaient destinés à l'Occident, remon-
taient péniblement l'Indus ou le Gange, franchis-
saient à dos de bêtes de somme l'Hindoukousch,
étaient embarqués sur l'Oxus, traversaient la mer
Caspienne, entraient dans les eaux du Kour, étaient
transportés par terre dans le Phase, et de là pénétraient dans la mer Noire. Cet état de choses existait encore au temps des campagnes de Pompée
contre Mithridate, c'est-à-dire dans les dernières
années qui précédèrent l'usage de la mousson. Voici
un passage de l'Esprit des lois de Montesquieu qui a
trait à la question : « Ératosthène et Aristobule tenaient de Patrocle (amiral de Séleucus Nicator) que
les marchandises des Indes passaient par l'Oxus dans
la mer du Pont. Varron dit que l'on apprit du
temps de Pompée, dans la guerre contre Mithridate,
que l'on allait en sept jours de l'Inde dans le pays
des Bactriens et au fleuve Icarius, qui se jette dans
l'Oxus; que par là les marchandises de l'Inde pouvaient traverser la mer Caspienne, entrer de là dans
l'embouchure du Cyrus; que de ce fleuve il ne fallait qu'un trajet par terre de cinq jours pour aller
au Phase, qui conduisait dans le Pont-Euxin [1]. » La

____

[1] *Esprit des lois,* liv. XXI, ch. VI. Voy. aussi Pline, liv. VI, ch. XIX,
ainsi que l'ouvrage de Heeren, intitulé *De la politique et du com-*

découverte de la mousson et les progrès faits par la
navigation firent presque entièrement renoncer à
cette voie pleine de difficultés. Mais à la fin du
IX° siècle, lorsque les communications entre l'empire
des khalifes et le Céleste Empire furent interrom-
pues, ou du moins rendues très-difficiles, et que les
mers orientales devinrent moins accessibles aux
peuples de l'Occident, le commerce essaya de la
même voie [1].

Avant d'aller plus loin, j'ai à répondre à une objection qui probablement me sera faite. A l'origine
des choses, lorsque l'homme n'avait qu'une idée
vague de tout autre pays que celui qui l'avait vu
naître, on appliqua au hasard la dénomination *Inde*.
Chez les Grecs, ce nom servait à désigner, outre
l'Inde véritable, les contrées situées à l'orient de
celle qu'ils habitaient, l'Éthiopie, l'Arabie, etc. Avec
le temps, la science·fit justice d'une erreur aussi
grossière; mais de nouvelles circonstances amenèrent
une confusion analogue. Au IV° siècle de notre ère
et dans les siècles suivants, le mot *Inde* servit quelquefois à désigner l'Éthiopie. On sait que lorsque
Christophe Colomb aborda sur la côte occidentale
de l'Amérique, il crut fouler la côte orientale de
l'Asie. Ce fut même cette opinion préconçue qui
lui avait donné une audace sans laquelle peut-être

merce des peuples de l'antiquité, t. II de la traduction française,
p. 349.

[1] Voyez mon *Introduction à la Géographie d'Aboulféda*, p. 57 et
suiv.

il eût abandonné son entreprise. Or, au bout de quelque temps, le sucre, le café et le coton, venus jusque-là de l'Asie, furent naturalisés dans le Nouveau Monde, et les Européens, s'habituant à aller chercher les denrées coloniales en Amérique, furent amenés à mettre en usage les dénominations *Indes orientales* et *Indes occidentales*. Un fait analogue eut lieu au IVe siècle. On a vu que certains articles de commerce, tels que l'ivoire, étaient communs à l'Éthiopie et à l'Inde. Ajoutez à cette circonstance qu'avec le temps, ainsi qu'on le verra dans le paragraphe suivant, les Romains, au lieu de continuer à s'approvisionner dans l'Inde même, trouvèrent plus commode d'aller acheter les produits de l'Inde dans les ports de l'Abyssinie; il arriva de là que le nom de l'Inde se confondit avec celui de l'Éthiopie, et que, pour distinguer une Inde de l'autre, on mit en avant une Inde citérieure, qui était l'Éthiopie, et une Inde ultérieure, pour laquelle il fallait traverser la mer Érythrée. Il y eut en même temps une Inde intérieure (l'Éthiopie) et une Inde extérieure (la véritable Inde). Quelquefois même les écrivains du temps désignèrent l'Éthiopie par le mot *Inde* tout court, ce qui, lorsque le contexte ne fournissait aucun détail particulier, pouvait devenir un véritable embarras. Comme cette confusion donnait lieu à de fréquentes erreurs, l'illustre Letronne prit la peine de soumettre la question à un examen approfondi, et, grâce à lui, toute incertitude cessa[1].

[1] Le résultat des recherches de Letronne se trouve dans le *Re-*

Mais la question était complexe, et elle avait besoin d'être prise à son origine même. Qu'entendirent Homère et les écrivains grecs des temps primitifs par la dénomination *Inde*? De plus, le mot *Inde* n'avait pas cessé d'être employé comme dénomination géographique dans les siècles qui précédèrent notre ère et dans les siècles qui la suivirent. Fallait-il penser avec Letronne et d'autres savants éminents que l'application du mot *Inde* à l'Éthiopie avait eu lieu de tout temps? Les poésies d'Horace et de Virgile ont été citées en témoignage, et l'opinion de Letronne est depuis longtemps enseignée par la plupart des commentateurs, et professée dans les colléges. Je ne pouvais donc me dispenser d'entrer dans quelques explications.

Letronne est revenu trois fois à la charge sur la question : la première fois dans les deux mémoires déjà cités du Recueil des mémoires de l'Académie des Inscriptions; la deuxième fois dans le Journal des savants, année 1842[1], et la troisième fois dans le tome second de son Recueil des inscriptions grecques et latines de l'Égypte[2]. Il existe deux dissertations spéciales sur le même sujet, composées, il y a cent ans, par le célèbre historien Gibbon[3]. Après ces deux autorités, il serait inutile d'en citer d'au-

cueil de l'Académie des Inscriptions, t. IX, p. 158 et suiv. et t. X, p. 235 et suiv.

[1] P. 665 et suiv.

[2] P. 34 et suiv. Ce volume porte la date de 1848.

[3] *The miscellaneous Works of Edward Gibbon,* Londres, 1814, t. IV, p. 441 et 446.

tres [1]. Ce qu'il y a de certain, c'est que le résultat de tant d'efforts présente quelque chose de triste. Jusqu'à présent, en ce qui concerne Virgile et Horace, il était à peu près impossible de connaître sur ce point la véritable pensée des deux poëtes et des autres poëtes contemporains. On ignorait, d'une part, que pour les contemporains d'Auguste, il s'agissait de soumettre l'univers entier aux lois de Rome; de l'autre, on prenait Kanichka, roi de la Bactriane et de la vallée de l'Indus, pour un chef nègre de l'intérieur de l'Afrique. Voici le raisonnement que Gibbon a fait au sujet des vers du deuxième livre des Géorgiques, où il est parlé d'un prince indien qui régnait dans l'Asie orientale [2] : « Le Soudan et l'Éthiopie touchent à l'Égypte, l'Égypte touche à l'Arabie, et l'Arabie appartient à l'Asie. Donc Virgile a pu employer le mot *Asie* pour désigner l'Afrique. » Mais ce n'est pas tout. D'une part, on a entassé presque au hasard des témoignages qui ne disent rien, ou qui disent le contraire de ce qu'on leur fait dire; de l'autre, on a passé sous silence des témoignages qui ne pouvaient pas laisser matière à doute.

J'ai parlé, dans mon Mémoire sur la Mésène, de deux inscriptions grecques qui existent en Égypte, dans l'île de Philé, et qui portent une date correspondant à l'année 72 avant J. C. Dans ces inscrip-

---

[1] Voyez cependant Schwanbeck, *Megasthenis indica,* Bonn, 1846, in-8°, au commencement.

[2] Ci-devant, p. 141.

tions il est fait mention d'un gouverneur de la haute
Égypte qui étendait sa juridiction sur la mer Érythrée et la mer Indienne. La mer Érythrée comprenant les côtes de la mer Rouge, et par conséquent
les côtes de l'Éthiopie, la mer Indienne ne peut être
que la mer de l'Inde. Cette interprétation est d'autant plus certaine, que d'autres inscriptions grecques de l'Égypte établissent une distinction entre
l'Éthiopie et l'Inde[1]; mais Letronne a voulu à toute
force que le mot *Inde* désignât l'Éthiopie. Il en a usé
de même pour le passage où Plutarque dit que
Cléopâtre, craignant pour la vie du fils qu'elle
avait eu de Jules César, *l'envoya dans l'Inde par
l'Éthiopie*[2]. Enfin le roi juif Agrippa, au moment où
les Juifs menaçaient de se révolter contre l'autorité
de Rome, leur ayant rappelé, pour les effrayer,
que la puissance des Romains ne connaissait plus
de limites, et qu'entre autres conquêtes ils possé-
daient l'Égypte, qui *touche à l'Éthiopie d'un côté*, et
de l'autre à l'Arabie Heureuse et à l'Inde (par ses
flottes), Letronne supprime ce qui est dit de l'Éthiopie et de l'Arabie Heureuse en particulier, et, ne tenant compte que du mot *Inde*, déclare qu'en effet
l'Égypte étant contiguë à l'Éthiopie, ce qui est dit de
l'Inde ne peut se rapporter qu'à l'Éthiopie[3].

[1] *Corpus inscriptionum græcarum,* par Boeckh et Franz, t. III,
p. 5o9.

[2] Ἐξέπεμψε... εἰς τὴν Ἰνδικὴν διὰ Αἰθιοπίας.

[3] On peut voir le récit de Josèphe, *De bello Judaico*, liv. II,
ch. XVI. Voici le passage de Josèphe : Καὶ τί δεῖ πόῤῥωθεν ὑμῖν ὑπο-
δεικνύειν τὴν Ῥωμαίων δύναμιν, παρὸν ἐξ Αἰγύπ<del></del>ου τῆς γειτνιώσης,

La question dont il s'agit mériterait de faire l'objet d'un mémoire à part. Il se peut, à la rigueur, que quelque écrivain des environs de notre ère ait employé une expression pour une autre. D'ailleurs, ne pouvant ici parler que de ce qui concerne les poésies de Virgile et d'Horace, que j'ai invoqués en témoignage, je dois me borner à quelques courtes observations :

1° Virgile et Horace étaient des hommes à la fois sérieux et instruits, et ils savaient ce qu'ils disaient. J'ai exposé pour la première fois les idées qu'ils professaient en géographie, et s'ils ont sacrifié aux théories admises de leur temps, du moins ils ont parlé en connaissance de cause. 2° Quelquefois, dans les mêmes passages, Horace et Virgile ont mis en opposition les produits des divers pays, et ils ont comparé ceux de l'Inde et de l'Éthiopie. J'ai rapporté un passage du deuxième livre des Géorgiques qui est aussi net que possible[1]. Voici un autre passage du premier livre : « Ne vois-tu pas que le Tmole nous envoie les parfums du safran; l'Inde son ivoire; la molle nation des Sabéens, son encens; les Chalybes aux bras nus, leur fer, etc.[2]? » Que peut faire

ἥτις ἐκτεινομένη μέχρις Αἰθιόπων καὶ τῆς Εὐδαίμονος Ἀραβίας, ὅμορός τε οὖσα τῆς Ἰνδικῆς, πεντήκοντα πρὸς ταῖς ἐπ1ακοσίαις ἔχουσα μυριάδας ἀνθρώπων, etc. c'est-à-dire : « Sed quid opus est exemplis « longius petitis romanam explicare potentiam, cum eam possitis « ex vicina Ægypto perspectam habere : quæ ad Æthiopas usque « porrecta et Arabiam Felicem, atque Indiæ finitima, quinquaginta « et septingentas hominum myriadas alens, » etc.

[1] Ci-devant, p. 141.

[2]   Nonne vides croceos ut Tmolus odores,

de plus un écrivain qui se respecte, que d'appeler les choses par leur véritable nom? Il en est de même pour Properce. Quand Properce, au moment du départ d'Auguste dans la direction de l'Euphrate, lui dit qu'il ferait bien de profiter de l'occasion pour subjuguer l'*Inde opulente*, peut-on supposer qu'il avait en vue les populations sauvages de l'intérieur de l'Afrique? Qu'est-ce qu'Auguste serait allé faire dans le Soudan? 3° Horace et Virgile, en parlant de l'ivoire qui se consommait dans l'empire, disent *l'ivoire indien*[1]. A ce propos on a fait observer que les forêts de l'Éthiopie étaient peuplées d'éléphants, et qu'il se faisait un grand commerce d'ivoire dans les ports de l'Abyssinie. Le fait est vrai; mais l'Inde et les contrées voisines renferment aussi des éléphants. Pourquoi les navires romains qui, chaque année, se rendaient sur les côtes de l'Inde n'auraient-ils pas compris l'ivoire indigène dans leur cargaison? D'ailleurs ce n'est pas ici une simple supposition. Strabon dit positivement que les Romains faisaient venir à la fois de l'ivoire de l'Inde et de l'Éthiopie[2]. On lit la même chose dans le Périple de la mer Érythrée[3]. Que faut-il de plus?

India mittit ebur, molles sua thura Sabæi,
Et Chalybes nudi ferrum, etc.

(Vers 56 et suiv.)

[1] *Ebur indicum*. Pour Horace, voyez le premier livre des *Odes*, n° 31.

[2] Strabon, liv. I, ch. II, et liv. II, ch. I. C'est ce que dit aussi une inscription grecque rapportée dans le *Corpus* de Boeckh, t. III, p. 509.

[3] Ci-devant, p. 191.

A la vérité, il existe, dans le quatrième livre des Géorgiques, un passage qui, dans l'état où il nous est parvenu, présente quelque chose d'étrange, et qui a de tout temps préoccupé les commentateurs. C'est le passage qui précède l'épisode d'Aristée, et où Virgile a indiqué un prétendu moyen de rendre la vie aux abeilles mortes; on ferait plus d'un gros volume avec tout ce qui a été écrit sur ce passage. Le voici : « Tel est le moyen employé là où les heureuses populations du territoire d'Alexandrie habitent les plaines que le Nil débordé a couvertes de ses eaux stagnantes, et parcourent leurs champs sur des barques peintes, et là où un fleuve, qui vient de chez les Indiens basanés, longe le pays des Parthes armés du carquois et se jette dans la mer par sept bouches[1]. »

Il ne s'agit pas ici de discuter sur l'efficacité du moyen proposé par le poëte. On sait que les anciens croyaient à la génération spontanée, et Virgile n'a fait que suivre l'opinion professée de son temps. Contentons-nous de demander si réellement les populations qui habitent la partie inférieure de la vallée de l'Indus ont jamais employé le moyen indiqué par Virgile. Le fait est qu'aucun auteur n'en a fait mention. Mais tous les écrivains anciens et modernes qui

---

[1]
Nam qua Pellæi gens fortunata Canopi
Adcolit effuso stagnantem flumine Nilum,
Et circumpictis vehitur sua rura faselis;
Quaque pharetratæ vicinia Persidis urget,
Et diversa ruens, septem discurrit in ora,
Usque coloratis amnis devexus ab Indis;
Omnis in hac certam regio jacit arte salutem.
(Vers 287 et suiv.)

ont connu les lieux, Strabon, Pline et Arrien dans
l'antiquité, Pottinger, Burnes, etc. dans les temps
modernes, ont signalé une parité parfaite entre le
delta égyptien et le delta formé par l'Indus à son embouchure. Virgile a donc pu procéder par analogie.
Ajoutez à cette considération que, par une ressemblance de plus, Ptolémée et l'auteur du Périple de
la mer Érythrée attribuent sept bouches à l'Indus,
tel qu'il était de leur temps, c'est-à-dire le même
nombre qu'on attribuait au Nil d'Égypte.

Aussi la question de l'éducation des abeilles par
les Indiens n'est pas la véritable difficulté. Il y en a
une autre beaucoup plus grave. Les manuscrits des
Géorgiques ne s'accordent pas sur l'ordre à donner
aux vers dont il s'agit. Il est même arrivé que, dans
les éditions imprimées, on a inséré un vers de plus
entre le quatrième et le cinquième, et de ce vers il
résulterait que l'Indus est le même fleuve que le Nil;
qu'après avoir arrosé l'Inde occidentale, il passe en
Éthiopie, et fait profiter l'Égypte de son limon[1].
On conçoit qu'une pareille assertion ait bouleversé
toutes les idées. Il ne s'agit pas ici d'exposer les opinions singulières qui se sont fait jour chez les anciens à diverses époques. J'ai montré dans le paragraphe précédent quelles étaient les doctrines
géographiques qui dominaient à Rome au temps de
Virgile. On ne peut donc pas soupçonner Virgile
d'avoir professé une opinion aussi bizarre. A l'époque

[1] Voici ce vers :
Et viridem Ægyptum nigra fecundat arena.

même où les théories géographiques des Romains n'étaient pas connues d'une manière précise, quelques savants avaient reconnu la vérité. Au xviie siècle, un jésuite espagnol, le père Lacerda, émit l'opinion que le vers en question était interpolé, ou bien que, si le vers appartenait réellement à Virgile, c'est un vers qu'il avait placé en marge de son manuscrit, pour l'employer dans une révision subséquente des Géorgiques. Cette opinion a été adoptée par l'illustre Heyne, et je m'y range tout à fait.

Maintenant que nous en avons fini avec l'Inde, passons en Chine. Les Romains n'eurent jamais de relations régulières et suivies avec le Céleste Empire. Les difficultés étaient presque les mêmes par mer et par terre. Dans les premiers siècles de notre ère, lorsque l'empire était dans tout son éclat, les navires romains, faute de connaître la boussole et faute d'une bonne carte, n'osèrent pas s'engager au delà du cap Comorin. C'étaient les Malais et les Chinois qui apportaient les produits de l'Asie orientale à Ceylan et dans les ports de la côte occidentale de l'Inde. Plus tard, lorsque la navigation eut fait de nouveaux progrès, l'empire se trouva à son déclin, et les Persans seuls profitèrent de ces avantages.

Les livres latins, grecs et chinois, considérés isolément, ne sont pas suffisants pour donner une idée nette de la question. Combinés ensemble, ils peuvent satisfaire à ce que réclame la science. Du moins c'est mon opinion, et je vais essayer de montrer le parti qu'on en peut tirer.

Le seul exemple que l'on ait d'un voyage fait par
mer en Chine, par un Romain, est celui de l'ambassadeur que l'empereur Marc-Aurèle envoya au
Fils du Ciel, vers l'an 166 de J. C. Les annales chinoises font une mention expresse de cette ambassade, et il y est dit qu'elle eut lieu par mer. On
trouvera leur récit dans le paragraphe suivant. On
n'avait jusqu'ici remarqué chez les écrivains grecs
et romains aucune mention d'un événement d'une
aussi grande importance. Mais je crois avoir reconnu
un témoignage provenant de l'ambassadeur lui-
même, et qui se trouve dans un lieu où certes on
ne l'aurait pas cherché, dans la Description de la
Grèce, par Pausanias. Pausanias, à la fin de ses deux
livres sur l'Élide, à propos d'une espèce de lin produit par le Péloponèse, passe tout à coup au ver à
soie, et en donne une description plus exacte et
plus complète qu'on ne l'avait fait jusque-là et qu'on
ne le fit plus tard, jusqu'au moment où la soie fut
naturalisée en Europe et dans l'Asie occidentale. On
sait que les anciens avaient l'idée la plus fausse de
la manière de faire la soie. Virgile, ainsi qu'on l'a
vu, croyait que la soie poussait avec la feuille des
arbres; d'autres faisaient naître la soie avec l'écorce.
Pausanias est le premier qui a décrit le véritable
ver à soie, qui a parlé de la manière de l'élever, et
enfin du parti qu'on tirait du cocon[1]. Or, Pausanias
écrivait à Rome précisément dans les années où

[1] Ce passage a été examiné au point de vue technique, par
M. Ernest Pariset, dans son *Histoire de la soie*, p. 205. Jusqu'à

l'ambassadeur de Marc-Aurèle dut être de retour. Comment expliquer la description de Pausanias, si on ne suppose des rapports directs ou indirects entre lui et l'ambassadeur? Qu'en eût-il coûté à Pausanias de dire qu'il tenait ces détails du personnage lui-même qui avait représenté Marc-Aurèle dans le Céleste Empire? Son récit aurait attiré davantage l'attention.

Une remarque essentielle à faire, c'est que le personnage d'après lequel parle Pausanias, était arrivé en Chine par mer, qu'il s'était arrêté sur la côte du sud-est, qu'il n'avait pas visité lui-même les ateliers où l'on élevait les vers à soie, ateliers qui étaient alors concentrés au nord-est, dans la province de Chantoung, non loin de la ville actuelle de Péking. Sur quel point de la côte s'était arrêté l'ambassadeur? ce ne put être que Canton ou quelque port du voisinage. Je n'hésite pas à me prononcer pour Canton. Cette ville, par son admirable position, a dû être de tout temps une place considérable. A l'exemple de plus d'un savant, je l'identifie avec la ville de Cattigara, à laquelle Ptolémée donne le titre de *port de la Chine* [1], par excellence. En effet, voici ce que Pausanias dit, après la description qu'il a faite du ver à soie : « La Série (pays des Sères) est une île (ou presqu'île) située dans le fond de la mer Érythrée; d'autres disent que c'est une autre mer que la

---

M. Pariset, certaines expressions du texte grec n'avaient pas été bien comprises.

[1] Ὅρμος Σινῶν. Livre VII, ch. iii, n° 3.

mer Érythrée; un fleuve nommé *Ser*[1], embrasse la
Série comme le Nil embrasse le Delta (et lui a donné
son nom). Les Sères et ceux qui habitent Abasa et Sa-
caea, îles voisines, sont Éthiopiens d'origine; suivant
d'autres, c'est un mélange de Scythes et d'Indiens. »

Ce passage exige plusieurs explications qui vien-
dront plus tard. En ce qui concerne l'opinion d'après
laquelle le voyageur qui parle était venu par la voie
de mer, cette opinion acquerra plus d'autorité par
le contraste avec ce qui va être exposé d'après des
voyageurs arrivés par terre. Mais d'abord j'ai à rapporter ce que Pline le Naturaliste a dit au sujet des
relations par mer qui avaient lieu de son temps entre
l'île de Ceylan et le pays des Sères : « Les ambassadeurs envoyés par le roi de la Taprobane à Rome,
et dont le chef se nommait *Rachias*, racontaient que
de leur pays on voyait les Sères, au delà des monts
Émodiens, et qu'on les connaissait même par le commerce; le père de Rachias était allé dans leur pays,
et les Sères venaient au-devant des Taprobaniens
qui arrivaient; les Sères dépassaient la taille ordinaire; ils avaient les cheveux rouges, les yeux bleus,
la voix rude, mais pas de langage pour communiquer
leurs pensées. Du reste, les renseignements donnés
par les ambassadeurs étaient semblables à ceux de
nos négociants, à savoir que les marchandises étaient
déposées sur la rive du fleuve du côté des Sères,
qui les emportaient en laissant le prix, si elles leur
convenaient[2]. »

---

[1] Le fleuve Jaune, ci-devant, p. 46. — [2] Pline, liv. VI, ch. xxiv.

J'ai dit que, pour aller en Chine, la voie par mer était hérissée de dangers. Par terre, les difficultés étaient presque aussi grandes. Quand la soie était arrivée, par les mains des indigènes, des frontières du Céleste Empire sur les bords de l'Oxus, on avait la ressource de lui faire franchir l'Hindoukousch, de l'embarquer sur l'Indus et de l'amener jusqu'à la mer. Mais cette voie était aussi sujette à bien des accidents. Que faire? Traverser le Caucase et tourner la mer Caspienne du côté du nord, c'était s'exposer aux plus graves dangers ; traverser la Perse en temps de guerre avec les Parthes, c'était impossible. Que ne peut l'amour du gain? A mesure que le commerce de la soie prit de l'extension, la voie de mer étant insuffisante, on profita des moments où les deux empires avaient mis bas les armes, ou bien où l'Hyrcanie et les provinces septentrionales de la Perse étaient en état de rébellion, pour longer la côte méridionale de la mer Caspienne et les rives de l'Oxus.

Ptolémée nous a conservé l'itinéraire que les caravanes romaines suivaient, en temps de paix, pour se rendre par terre en Chine. Les marchands se réunissaient à Hiérapolis, sur les bords de l'Euphrate, et se dirigeaient vers la Bactriane, en passant au midi de la mer Caspienne. Les villes qu'ils visitaient de préférence étaient des places de commerce, à savoir : Édesse, Ecbatane, Ragès ou Hécatompyle, ancienne capitale des Parthes ; le territoire des Hyrcaniens et Antioche de la Margiane. Ils s'arrêtaient à Bactra pour y combiner la suite de leur

voyage avec les caravanes qui venaient de l'Inde;
puis ils se rendaient sur les bords du Iaxarte, dans
le lieu nommé la *tour de pierre*[1]. Là avait lieu un
second repos. On profitait de ce repos pour convenir des arrangements à prendre avec les populations à moitié sauvages au milieu desquelles on
avait à passer, et qu'il fallait faire entrer en partage
des profits. Après cela on se remettait en marche
vers la Chine. Ptolémée cite pour garant de son
récit le géographe Marin, de Tyr, et Marin nommait
un riche marchand appelé Maès Titianus, dont les
agents avaient plusieurs fois fait le voyage[2].

Le récit de Ptolémée se rapporte au premier
siècle de notre ère, et l'on voit que dès cette époque
les marchands romains communiquaient par terre
avec le Céleste Empire. Il est seulement à regretter
que Ptolémée ne nous ait rien appris de précis sur
les parties de la Tartarie que les caravanes avaient
à traverser, et qu'en général le peu qu'il dit sur la
position de la Chine par rapport au reste du monde
soit très-confus. En ce qui concerne la Tartarie,
Pomponius Mela, qui florissait vers l'an 43 de notre
ère, Pline le Naturaliste, qui écrivait quelques
années après, et Ammien Marcellin, qui vivait dans

---

[1] Λίθινος πύργος. C'est la ville que les Turks nomment Tasch-
kend, dénomination, qui dans leur langue, signifie aussi *tour de
pierre*. Comparez mon *Mémoire sur l'Inde*, p. 164; mon édition de la
Relation des voyages des Arabes et des Persans, discours préliminaire,
pag. 158, et le *Magasin asiatique*, de Klaproth, t. I, p. 89.

[2] *Géographie de Ptolémée*, liv. I, ch. xi et xii. Voy. aussi l'ouvrage
de Heeren déjà cité, t. III, pag. 474 et 475.

la dernière moitié du iv⁰ siècle, sont plus explicites. Comme ils parlent d'après les voyageurs de terre, on verra une grande différence entre leur récit et celui de Pausanias.

Pomponius Mela, dans son chapitre de l'Océan oriental et de l'Inde, s'exprime ainsi : « Au delà de la mer Caspienne, la route incline vers la mer orientale et vers une contrée de la terre qui regarde l'Orient; cette contrée s'étend depuis le promontoire scythique jusqu'au cap Colis; et d'abord elle est privée de routes; en second lieu, la barbarie de ses habitants fait qu'elle est inculte. Ceux-ci sont les Scythes anthropophages et les Saces, séparés par une contrée inhabitable, parce qu'elle est remplie d'animaux nuisibles. Plus loin, les bêtes féroces infestent encore de vastes régions jusqu'au mont Tabis, qui s'élève à une grande hauteur au-dessus du niveau de la mer, et à une grande distance du Taurus[1]. L'intervalle qui sépare ces deux montagnes est habité par les Sères, nation pleine de justice et très-remarquable par la manière dont elle fait le commerce; chacun apporte ses marchandises dans un lieu solitaire, et laisse, en se retirant, à l'acheteur le soin de consommer le marché[2]. »

Pline le Naturaliste, qui évidemment puisa à la même source que Pomponius Mela, dit, de son côté : « De la mer Caspienne et de l'Océan scythique, notre itinéraire s'infléchit vers la mer d'Orient,

[1] Voyez la carte du monde connu des anciens.
[2] Pomponius Mela, liv. III, ch. vii.

direction que prend la ligne du littoral. La première
partie, qui commence au promontoire scythique,
est inhabitable à cause des neiges; la suivante est
inculte à cause de la férocité des peuples; là sont les
Scythes, qui se nourrissent de chair humaine; aussi
alentour sont de vastes solitudes où errent une multitude de bêtes féroces qui assiégent les hommes,
non moins farouches qu'elles; puis de nouveau des
Scythes; ensuite, de nouveau, des déserts peuplés
de bêtes, jusqu'à la montagne qui s'avance sur la
mer, et qu'on nomme Tabis. Ce n'est guère avant la
moitié de la longueur de cette côte, qui regarde le
Levant d'été, que la contrée est habitée.

« Les premiers hommes qu'on y connaisse sont
les Sères, célèbres par la laine de leurs forêts; ils
détachent le duvet blanc des feuilles, en l'arrosant
d'eau; puis nos femmes exécutent le double travail
de dévider et de tisser. C'est avec des manœuvres
si compliquées, c'est dans des contrées si lointaines
qu'on obtient ce qui permettra à la matrone de se
montrer en public avec une étoffe transparente.
Les Sères sont civilisés; mais, très-semblables aux
sauvages mêmes, ils fuient la société des autres
hommes. Ils attendent que le commerce vienne les
trouver [1]. »

Quel tableau effrayant des contrées de la Tartarie! Les écrivains chinois en disent autant. Mais
de même qu'à partir des environs de notre ère, des
Chinois se hasardèrent dans des pays aussi peu ac-

[1] Livre VI, ch. xx.

cessibles, des Romains eurent le même courage. Le
récit de Ptolémée le prouve sans réplique. Il est
confirmé par l'auteur du Périple, qui dit : « Il n'est
pas facile de pénétrer dans le pays des Thynes. Bien
peu de ceux qui y vont en reviennent[1], » ce qui
prouve qu'il en revenait quelques-uns. En ce qui
concerne la transparence de la soie chinoise, la
même remarque a été faite huit cent cinquante ans
plus tard, par l'auteur arabe Abou-Zeid[2]. Voici maintenant ce que dit Ammien Marcellin : ·

« A l'est et par delà les deux Scythies, une enceinte circulaire de hautes murailles enferme la Sérique, immense contrée d'une fertilité admirable,
qui touche à la Scythie par l'occident, par le nord-
est à des déserts glacés, et s'étend au midi jusqu'à
l'Inde et jusqu'au Gange. Deux fleuves, l'Oecharde
et le Bautis (le fleuve Bleu et le fleuve Jaune) rou-
lent sur la pente rapide de ces plateaux, et ensuite,
d'un cours ralenti, traversent une vaste étendue de
terres. L'aspect du sol y est très-varié ; ici de niveau,
là soumis à une dépression légère ; aussi grains,
fruits, bétail, tout y abonde. Des peuples divers
couvrent cette terre si féconde. Les Alitrophages,
les Annibes, les Sizyges et les Chardes font face à
l'aquilon et aux frimas du nord. Les Rabannes, les
Asmires et les Essedons, le plus illustre d'entre ces
peuples, regardent le soleil levant. A l'occident

[1] Pag. 304 du Périple.
[2] Voyez mon édition de la *Relation des voyages des Arabes et des
Persans*, t. I, p. 76.

sont les Athagores et les Aspacares. Vers le sud les
Bètes habitent de hautes montagnes. Les villes y
sont peu nombreuses, mais grandes, riches et peuplées. Les Sères, de toutes les races d'hommes la
plus paisible, sont absolument étrangers à la guerre
et à l'usage des armes. Le repos est ce qu'ils aiment
par-dessus tout; aussi sont-ils des voisins très-com-
modes. Chez eux le ciel est pur, le climat doux et
sain, l'haleine des vents constamment tempérée. Le
pays est boisé, mais sans épaisses forêts. On y recueille sur les arbres, en humectant leurs feuilles à
plusieurs reprises, une espèce de duvet d'une mol-
lesse et d'une ténuité extrême, que l'on file ensuite
et qui devient la soie, ce tissu réservé autrefois aux
classes élevées et que tout le monde porte aujour-
d'hui. Les Sères ont si peu de besoins, la tranquillité leur est si chère, qu'ils évitent tout contact
avec les autres peuples. Des marchands étrangers
passent-ils le fleuve pour demander du fil de soie
ou quelque autre produit du sol, pas un mot ne
s'échange, le prix se fait à première vue. Les habitants sont si simples dans leurs goûts, qu'en livrant
leurs produits ils n'appellent en retour aucun produit étranger[1]. »

[1] Ammien Marcellin, liv. XXIII, vers la fin. On trouvera quelques autres détails sur les Sères dans la *Préparation évangélique*
d'Eusèbe, liv. VI, chap. x, et dans une description du monde publiée originairement par Godefroy, et qui a été insérée par M. Charles
Muller dans le deuxième volume de son édition des *Geographi græci
minores*, p. 514.

Il serait intéressant de connaître l'endroit précis
par lequel les caravanes romaines entraient dans le
Céleste Empire. Les annales chinoises parlent de
diverses routes, à la vérité toutes pénibles et dan-
gereuses, qui conduisaient des bords de l'Oxus en
Chine; il y est parlé, pour les premiers siècles de
notre ère, et pour la frontière occidentale, de deux
endroits qui servaient d'entrée, et auxquels les Chinois donnaient le titre de kouan ou barrière; l'un,
situé au nord-ouest, et vers lequel, dans mon opinion, se dirigeaient les caravanes romaines, s'appelait Yu-men-kouan ou barrière de la porte de Jade; _
l'autre, situé à l'ouest, était nommé Yang-kouan, ou
barrière de Yang [1].

Yu-men-kouan était une espèce de fort construit
au midi de la grande muraille, à quelque distance
à l'ouest du fleuve Jaune, sur la route qui mène à
Liang-tcheou et de là dans la ville de Singanfou,
à plusieurs époques la capitale de la Chine, et répondant probablement à la ville nommée par les
écrivains romains Sera-Metropolis, ou, par l'auteur
du Périple de la mer Érythrée, Thinæ [2]. Yu-men-
kouan est l'endroit par lequel Hiouen-Thsang passa
pour se rendre de Singanfou, autrement appelée
Khomdan, sur les bords de l'Oxus et de l'Indus.
Hiouen-Thsang dit que sa situation était sur les bords

[1] Abel Rémusat, *Mémoire sur l'extension de l'empire chinois du
côté de l'occident* (t. VIII du Recueil de l'Académie des Inscriptions,
pag. 114 et 115). Sur les routes de la Tartarie en général, voyez mon
Introduction à la Géographie d'Aboulféda, p. 373 et suiv.

[2] Page 303 du texte imprimé.

d'une rivière nommée Hou-lou, laquelle était fort large en cet endroit, et d'un cours si impétueux qu'il était impossible de la passer en bateau. Au delà du fort, du côté de la Tartarie, on avait élevé cinq tours à signaux, gardées par des soldats et des hommes chargés d'observer la route. Les tours étaient séparées entre elles par une distance de cent lis ou environ dix lieues; dans l'intervalle il n'y avait ni eaux ni herbages. Plus loin était un désert [1]. A l'égard de la barrière de Yang, sur laquelle aucun sinologue ne s'est expliqué, l'idée vient naturellement que c'est celle qui conduisait à la fois de la ville de Singanfou au Tibet et à l'Inde, route dont l'auteur du Périple a fait mention, ainsi qu'à Khoten et dans les autres provinces centrales de la Tartarie [2].

Tels sont les témoignages que j'ai pu recueillir chez les Grecs et les Latins. Avant d'aller plus loin, il convient que je soumette ces passages à un nouvel examen, et qu'en les rapprochant les uns des autres j'essaye d'en tirer des lumières nouvelles.

J'ai dit que le témoignage rapporté par Pausanias était le fruit d'un voyage fait par mer, et les témoignages latins le fruit de voyages faits par terre, à travers la Tartarie. Le contraste est si frappant que je crois inutile d'insister.

L'ambassadeur de Marc-Aurèle ne s'avança pas au delà de la ville de Canton ou d'un port du

[1] *Histoire de la vie de Hiouen-Thsang*, p. 15 et suiv.

[2] Voyez les cartes du monde connu des anciens, et du Périple de la mer Érythrée, annexées à ce mémoire.

voisinage, et le gouvernement ne le laissa pas pénétrer dans les provinces du nord-est, là où se fabri-
quait la soie. Il en était de même, au temps de Pline,
pour les négociants de l'île de Ceylan qui se rendaient à Canton. On sait que jusqu'à ces dernières
années les Européens n'avaient la faculté de com-
mercer que dans la place de Canton. Lorsque les
missionnaires catholiques, dont le savoir était d'un
secours si utile à l'empire, et les agents diplomatiques obtenaient la faculté de se rendre à Péking,
au lieu de s'y rendre par mer, ce qui eût été une
chose très-facile, ils étaient obligés de faire plus de
quatre cents lieues dans l'intérieur des terres, tantôt
à travers des montagnes escarpées, tantôt dans des
barques où on laissait à peine entrer l'air[1]. De leur
côté, les marchands venus par terre étaient arrêtés
à l'entrée même de l'empire. Le fleuve dont parle
Ammien Marcellin ne peut être que le Hou-lou, et
les marchandises étrangères étaient déposées sur la
rive occidentale, sur le sol tartare; non-seulement les
marchands ne pénétraient pas jusqu'à Singanfou,
mais encore on ne les laissait pas venir jusqu'à
Liang-Tcheou, ville située sur le fleuve Jaune, ville
alors importante et qui l'est encore aujourd'hui.

Le gouvernement chinois voulait que la soie du
pays s'écoulât au dehors; il voulait aussi profiter de
certains objets venant de l'étranger; mais il ne per-
mettait à aucun prix que les étrangers pénétrassent

---

[1] Voyez mon *Introduction à la Géographie d'Aboulféda*, p. 394.

dans l'intérieur de l'empire. Pour empêcher les communications, il s'opposait à toute espèce de contact
entre les sujets étrangers et les indigènes. Hiouen-
Thsang parle du régime qui existait de son temps
comme d'une situation accidentelle ; mais les témoignages romains sont tellement exprès, qu'il n'est pas
possible de s'y méprendre. Pourquoi cette politique
ombrageuse? Il s'agissait pour la Chine de conserver
le monopole de la soie, et à cette occasion je ferai
de nouveau remarquer qu'il fallait que l'industrie de
la soie, au premier siècle de notre ère, n'eût pas encore pénétré dans le royaume de Khoten ; autrement,
à quoi auraient servi des mesures si sévères? C'est
d'ailleurs ce que prouve l'ignorance des Romains au
sujet d'une industrie si précieuse. Voilà encore une
preuve que les mots *Sérique* et *Sine* désignaient réellement la Chine. Mais probablement cette sévérité
avait un autre motif. On verra bientôt que, dès le
principe, la grandeur romaine imposa au Fils du
Ciel. L'empire romain fut regardé comme le premier des empires du monde, et, par la plus flatteuse
des distinctions, le gouvernement chinois ne le
rangea pas au nombre de ses pays tributaires. Mais
le gouvernement eut nécessairement connaissance
des prétentions que les Romains nourrirent pendant
longtemps à la monarchie universelle, et il fut bien
aise de les tenir à distance. Ce fut probablement
alors que commença cette politique presque sauvage
qui n'est tombée que dans ces dernières années, devant les canons français et anglais. Qui se serait at-

tendu à trouver jusqu'en Chine les effets de la grande popularité des poésies d'Horace et de Virgile ?

Suivant le récit de Pausanias, récit reproduit en d'autres termes par Ammien Marcellin, une partie des habitants de la Chine se regardaient comme étant d'une origine scythe ou turque. Les écrivains arabes qui visitèrent la Chine au ixe siècle disent la même chose. Cette opinion se retrouve aussi chez Hérodote [1]. Comme elle sort du cadre de ce mémoire, je ne m'y arrête pas.

J'ai maintenant à faire connaître ce que les écrivains chinois ont dit de l'empire romain. Ici je ne parlerai pas de ce qui se rapporte à l'empire byzantin. Cette partie des récits chinois est renvoyée à un mémoire subséquent.

Le tableau que les annales chinoises ont fait de l'empire est des plus avantageux; voulant faire honneur à une monarchie qui était alors la première du monde, les Chinois lui donnèrent le nom de Thsin, qui avait servi à désigner leur propre empire. Ils firent même précéder *thsin* de *ta*, qui, en chinois, signifie *grand*, et l'empire romain fut nommé *Ta-thsin* ou le grand Thsin. Quelques-uns prétendirent même que les Chinois et les Romains avaient une origine commune.

On cite souvent les annales chinoises; mais ce

______

[1] Comparez Heeren, ouvrage cité, t. II, p. 320, 352 et suiv. Voy. aussi mon édition de la *Relation des voyages arabes en Chine,* discours préliminaire, p. 144, 147 et suiv. ainsi que les *Mémoires relatifs à l'Asie,* de Klaproth, t. III, p. 266.

serait une erreur de croire que les Chinois possèdent un corps d'annales qui, commençant avec leur
empire, se prolonge jusqu'à notre temps. Peut-être
il a existé pour toutes les époques des chroniques
particulières; mais, à en juger par les livres qui sont
parvenus jusqu'à nous, je ne crains pas d'affirmer
que pour les premiers siècles de notre ère, les
seuls dont j'ai à m'occuper ici, beaucoup d'événements manquent; que parmi les événements qui
sont mentionnés, beaucoup n'ont été mis par écrit
que longtemps après l'époque où ils avaient eu lieu;
enfin que beaucoup d'événements sont confondus
ensemble et présentés d'une manière qui les rend
méconnaissables [1]. D'ailleurs une grande partie des
témoignages chinois qui ont été traduits en langues
européennes n'ont pas été tirés des sources mêmes;
ils ont été empruntés à une compilation faite au
xiiie siècle, époque où les traditions étaient effacées
et où bien des faits ne pouvaient plus être véri-
fiés [2]

Cette observation s'applique à la description chinoise du Ta-thsin, dont je vais donner un extrait.
Il existe deux traductions françaises de cette description. L'une fut faite, vers l'an 1720, par le
jésuite Visdelou, et elle a été publiée à la suite de

---

[1] Deguignes a inséré dans le tome XXXVI du Recueil de l'ancienne Académie des Inscriptions un mémoire sur les historiens
chinois que j'ai ici en vue. (Voy. aux p. 215 et suiv. voy. aussi le t. II
des *Nouveaux Mélanges asiatiques*, d'Abel Rémusat, p. 132 et suiv.)

[2] Voyez la Notice de Matouanlin, par Abel Rémusat, t. II des
Nouveaux Mélanges asiatiques, p. 166.

la *Bibliothèque orientale* de d'Herbelot [1]. L'autre appartient à M. Pauthier, et elle a paru dans la dissertation de ce savant sur l'inscription de Singanfou [2]. Déjà des extraits de celte description avaient été publiés par Abel Rémusat et Klaproth. Mais, outre que plusieurs passages n'ont aucune valeur, d'autres n'avaient pas encore subi une discussion rigoureuse. Je vais reproduire les passages de cette description qui se rapportent à mon sujet, et je ne citerai aucun fait que je ne l'aie soumis à un contrôle sévère. Pour cette révision, j'ai eu l'avantage de pouvoir recourir à des témoignages arabes, à des témoignages qui remontent à une époque où les mœurs chinoises n'avaient pas encore changé sensiblement.

Voici, en ce qui concerne l'empire romain, ce que les annales chinoises, au milieu de beaucoup de confusion, me paraissent renfermer de plus authentique et de plus intéressant. J'ai fait usage de la traduction de M. Pauthier, comme de celle qui est la plus satisfaisante :

« Le Ta-thsin est situé à l'occident de la mer. Il est nommé par quelques-uns *royaume de l'occident de la mer*. Les habitants sont d'une stature élevée, d'un caractère franc et droit; ils tiennent beaucoup des habitants du *royaume du milieu* (la Chine); c'est pourquoi on les a appelés Ta-thsin (ou les grands Chinois). Il y a même des auteurs qui disent qu'ils sont originaires du *royaume du milieu* (la Chine).

[1] Édition in-4° d'Amsterdam, t. IV, p. 390 et suiv.
[2] Pages 33 et suiv.

« Si le Ta-thsin éprouve des calamités, les populations élèvent inopinément au pouvoir des hommes sages et capables, et ils envoient en exil leur ancien roi déchu, sans que celui-ci ose prendre les armes [1]. Des magistrats, chefs de la justice, sont chargés de tenir registre des jugements rendus. L'écriture du Ta-thsin diffère beaucoup de celle à laquelle nous sommes accoutumés. On remarque dans ce pays de petits chars à couverture blanche qui appartiennent à l'administration de la guerre. Il y a aussi, pour le compte de l'État, des postes aux chevaux, instituées selon des règles déterminées, et dont quelques-unes ressemblent à celles de nos provinces centrales.

« Cette contrée produit en abondance de l'or, des pierres fines et autres objets rares et précieux, comme des perles brillantes et de grandes écailles de tortue. On y trouve aussi réunis tous les parfums que la science est parvenue à produire par la coction. Le jus des plantes exprimées sert à composer des breuvages employés en médecine. Il y a des pierres précieuses en forme de tablette qui brillent dans l'ombre, et des étoffes qui se nettoient au feu (l'amiante). En outre, on fabrique dans ce pays des étoffes brochées d'or, ainsi que des tissus de soie brodés de diverses couleurs.

---

[1] Ceci pourrait faire croire que l'auteur qui parle florissait vers le milieu du iiie siècle, à l'époque des trente tyrans. En effet, parmi les trente tyrans était Tetricus, qui se soumit à Aurélien, et qui vécut jusqu'à sa mort dans les meilleurs rapports avec le gouvernement. (Voy. sa notice, par Trebellius Pollio, dans l'*Historia Augusta*.)

« Les monnaies y sont faites d'or et d'argent; dix pièces d'argent équivalent à une pièce d'or.

« Les habitants du pays des A-si (Parthes) et de l'Inde entretiennent un grand commerce avec ce peuple, et ils en retirent le centuple. Les habitants des royaumes voisins qui se rendent dans le Ta-thsin échangent des marchandises contre de la monnaie d'or. La voie pour s'y rendre est la grande mer (la mer de l'Inde), dont l'eau n'est pas potable [1]. Les marchands et les voyageurs qui vont et viennent (d'un empire à l'autre) sont obligés de s'approvisionner d'avance pour trois années. C'est pourquoi ceux qui parviennent jusqu'à ce pays sont peu nombreux.

« Il y a dans ce pays des perles de couleur azurée, que l'on dit produites par la salive concentrée dans le bec des faisans dorés. Les habitants les estiment beaucoup. On y remarque aussi des hommes qui font le métier de jongleurs ou magiciens, qui peuvent appliquer sur leur front des cendres chaudes et des charbons ardents. Ils produisent à volonté dans leur main un fleuve ou un lac; ils soulèvent le pied et l'on en voit tomber des perles et des pierres précieuses; ils ouvrent la bouche et il en sort des rubans de flamme qui éblouissent les yeux et empêchent de voir.

« Il s'y trouve des étoffes d'un tissu parfaitement fin, que l'on dit fabriquées avec la laine des moutons d'eau ou de terrains marécageux; on les nomme

---

[1] L'auteur veut dire que cette mer n'était pas un lac d'eau douce.

(en Chine) *étoffes de l'occident maritime;* on y con-
fectionne aussi de gros tapis de feutre, dont on fait
des tentes et tout ce qui en dépend. Leur couleur
est belle et agréable. Il s'en fabrique de pareils dans
tous les royaumes situés à l'orient de la mer. »

Suit ici une longue description de la pêche du corail telle qu'elle se pratiquait dans l'empire romain,
et qui intéressait d'autant plus les Chinois que le
corail était porté en Chine en grande quantité; après
quoi le texte chinois reprend en ces termes : « Les
hommes du Ta-thsin sont sincères et droits; sur les
marchés ils n'ont pas deux prix. Les denrées ali-
mentaires y sont ordinairement à très-bon compte,
et ce royaume abonde en richesses de toutes sortes.
Ses rois ont de tout temps désiré faire parvenir des
envoyés et des négociants en Chine; mais les A-si
(Parthes), qui voulaient garder pour eux-mêmes tout
le commerce des étoffes de soie, interceptaient les
communications. »

Voilà un passage d'une grande importance. A la
vérité, il en est de ce témoignage comme de la lumière qui est dans le caillou; il faut faire sortir cette
lumière. C'est ce que je vais essayer de faire, mais
sans avoir la prétention d'épuiser la matière.

Il est dit par l'écrivain chinois que le voyage par
mer de la Chine en Égypte prenait trois années, et
que bien peu de personnes avaient le courage de
l'entreprendre. Ceci s'accorde presque mot pour
mot avec ce qui est dit par l'auteur du Périple.

La comparaison de ce qui est dit des productions

de l'empire romain avec le récit de l'auteur du Périple est une chose des plus intéressantes.

Étant obligé de me borner, je ne m'arrêterai que sur deux circonstances : l'une est relative à l'importance, que les écrivains chinois attachent aux substances précieuses ou singulières, et en général à ce qui, pour nous, n'est qu'un objet de curiosité ou d'étonnement ; l'autre concerne le système monétaire des Romains, et par opposition le système monétaire des Chinois.

Ce qui est dit de la monnaie d'or et d'argent du Ta-thsin est la preuve irréfragable qu'il s'agit bien ici de l'empire romain ; car, en Perse, sous la dynastie des Arsacides, on ne frappa que des monnaies d'argent, et si plus tard, sous les Sassanides, on frappa quelques pièces d'or, ces pièces ne furent pas destinées à entrer dans la circulation[1]. En ce qui concerne les Romains, Cosmas atteste que, dans la première moitié du vi⁰ siècle, leur monnaie circulait, par le moyen du commerce, dans tous les pays orientaux, et qu'elle pénétrait jusqu'aux extrémités de la terre ; il n'y avait pas de peuple qui ne l'admirât, et l'on n'en connaissait pas qui pût rivaliser avec elle[2].

---

[1] Voyez à ce sujet le mémoire de Jacquet, *Journal asiatique* du mois de septembre 1840, p. 218 et suiv. M. Stanislas Julien a donc eu tort lorsque, d'après quelques phrases confuses des annales chinoises, il a soutenu que le Ta-thsin ne pouvait être que la Perse. (Voyez les notes qu'il a fournies à M. Ernest Renan, pour la première édition de son *Histoire des Langues sémitiques*, p. 268 et suiv.)

[2] Recueil de Montfaucon, intitulé *Bibliotheca patrum*, t. II, p. 148 et 338.

La monnaie romaine devait d'autant plus frapper les Chinois qu'ils n'ont jamais eu de monnaie d'or et d'argent. Chez eux la monnaie est en cuivre; l'or et l'argent sont considérés comme marchandise, et servent seulement à faire des bijoux, des vases, etc. quand on a un payement à faire, on donne du cuivre; et si la somme est considérable, on s'acquitte avec du papier-monnaie. Ce papier est marqué du timbre officiel, et son usage remonte à une haute antiquité[1].

A présent les Chinois ont pris goût pour la monnaie d'or et d'argent; ils vont jusqu'à fabriquer de faux dollars[2]. Mais voici une suite de témoignages qui montreront qu'il n'en a pas toujours été ainsi dans le Céleste Empire.

Le marchand arabe Soleyman, qui visita la Chine vers le milieu du ixe siècle, à une époque où le commerce arabe était plus florissant que n'avait été celui des Romains, dit que de son temps les échanges se faisaient avec des pièces de cuivre, et que les indigènes ne connaissaient pas d'autre monnaie. « Ce n'est pas, ajoute-t-il, que les grands ne possèdent de l'or, de l'argent, des perles, de la soie travaillée et non travaillée; bien au contraire, tout cela abonde chez eux; mais ces objets sont considérés comme marchandise. C'est le cuivre qui sert de monnaie[3]. »

---

[1] Klaproth, *Mémoires relatifs à l'Asie*, t. I, p. 375 et suiv.

[2] Davis, *Description de la Chine*, t. II de la traduction française, p. 304 et suiv.

[3] *Relation des voyages des Arabes et des Persans*, t. I, p. 33.

Suivant un autre écrivain arabe, qui rédigea, quelques années après, une relation sur la Chine, les Chinois justifiaient l'emploi exclusif du cuivre comme monnaie par cette considération que les Arabes, en apportant avec eux, à l'exemple des anciens Romains, du numéraire en or et en argent, s'exposaient à une ruine totale. « Si, disaient-ils, un voleur parvient à s'introduire dans la maison d'un Arabe, il a la chance d'emporter sur son dos jusqu'à dix mille pièces d'or ou d'argent. Qu'il s'introduise dans la maison d'un Chinois, le dommage ne pourra pas être considérable[1]. »

A l'époque où le célèbre Marco-Polo se trouvait en Chine, c'est-à-dire vers l'an 1280, l'empereur de la Chine fit une nouvelle émission de papier-monnaie, en vue de réunir dans sa main l'or, l'argent, et tout ce qu'il y avait de plus précieux dans l'empire. Voici en quels termes le célèbre voyageur décrit une mesure qui, partout ailleurs, aurait presque provoqué une révolution, mais qui, à ce qu'il paraît, ne rencontra en Chine aucune résistance : « En cette ville de Cambalou (Péking) est la secque (Hôtel des monnaies) du grand sire; et quand les chartes (billets) sont faits, il en fait faire tous les payements et les fait répandre dans toutes les provinces, et nul ne l'ose refuser, à peine de perdre la vie... Plusieurs fois l'an, va commandement par la ville que tous ceux qui ont pierres et perles, or et

---

[1] *Relation des voyages des Arabes et des Persans,* t. I, p. 72.

argent, le doivent porter à la secque, et ils le font
en si grande quantité que c'est sans nombre, et tous
sont payés de chartes; et, en cette manière, le
grand sire a tout l'or et l'argent, les perles et les
pierres précieuses de toutes ses terres [1]. »

Enfin, voici ce que raconte le voyageur arabe
Ibn-Batoutah, qui se trouvait en Chine vers l'an
1340 de notre ère : « Les habitants de la Chine n'emploient dans leurs transactions commerciales ni
pièces d'or ni pièces d'argent. Ils vendent et ils achè-
tent au moyen de morceaux de papier, dont chacun
est aussi large que la paume de la main et porte
la marque du souverain. Si un individu se présente
au marché avec une pièce d'argent ou bien avec une
pièce d'or, on ne fait pas attention à lui et on ne
prend pas la pièce, à moins qu'elle n'ait été conver-
tie en billet. Toutes les monnaies d'or et d'argent
qui arrivent dans le pays sont fondues en lingots.
L'habitude de ce peuple est que tout négociant
fonde en lingots l'or et l'argent qu'il possède, chacun
de ces lingots pesant un quintal plus ou moins, et
qu'il les place au-dessus de la porte de sa maison.
Celui qui a cinq lingots met à son doigt une bague,
celui qui en a dix met deux bagues, et ainsi de suite.
Les Chinois sont en général aisés et même opulents;
mais ils ne soignent ni leur nourriture ni leurs vêtements. On peut voir tel de leurs principaux négociants, si riche que l'on ne pourrait énumérer ses

---

[1] Édition de la Société de géographie, p. 107 et suiv.

biens, marcher vêtu d'une grossière tunique de coton [1]. »

Avec de tels usages, on est autorisé à penser que
le numéraire romain avec lequel se soldait la soie
chinoise, n'était pas aussi considérable qu'on serait
d'abord tenté de le croire. La fantaisie entrait pour
beaucoup dans ce que les marchands chinois se faisaient donner en échange. Ainsi, il est probable
que le corail, les écailles de tortue, etc. qui, suivant l'auteur du Périple, étaient importés des provinces romaines dans l'Inde, étaient transportés de
là dans le Céleste Empire. Ce qu'il y a de certain,
c'est que dans tous les livres chinois où il est traité
de pays étrangers, les objets qui pour nous sont des
choses de fantaisie y occupent la plus grande place.
Ce qui exista pour le commerce romain exista plus
tard pour le commerce arabe. Voici ce que dit le
marchand Soleyman déjà cité : « On importe en
Chine de l'ivoire, de l'encens, des lingots de cuivre,
des carapaces de tortues de mer, enfin le rhinocéros,
avec la corne duquel les Chinois font des ceintures.
Dans cette corne est une figure dont la forme est
semblable à celle de l'homme; la corne est noire
d'un bout à l'autre, mais la figure placée au milieu
est blanche. Quelquefois c'est une figure de paon,
de poisson, ou toute autre figure. Les habitants de

---

[1] *Voyages d'Ibn-Batoutah,* texte arabe et traduction française,
par MM. Defrémery et Sanguinetti, t. IV, p. 258 et suiv. Pour les
temps antérieurs, voyez la *Description de la Chine,* par Davis, à
l'endroit cité.

la Chine font avec cette corne des ceintures dont le
prix s'élève jusqu'à deux ou trois mille dinars (qua-
rante ou soixante mille francs) et au delà, suivant la
beauté de la figure dont on y trouve l'image [1]. »

Ces usages singuliers expliquent divers détails
relatifs aux présents qui furent envoyés à Auguste
par les princes de l'Orient, et ils serviront à nous
fixer sur certains faits rapportés dans le paragraphe
suivant.

Pour le moment je me bornerai à apprécier ces
usages au point de vue des économistes. Un fait est
certain, c'est que tous les ans il sortait de l'empire
romain des sommes énormes pour solder l'excédant
des marchandises qui y étaient apportées de l'Asie;
en d'autres termes, le commerce de l'Inde et de la
Chine fut pour beaucoup dans l'appauvrissement qui
se fit sentir peu à peu dans les diverses provinces
de l'empire. Pline, qui avait vu le danger, porte la
somme qui sortait tous les ans pour aller dans l'Inde,
à cinquante millions de sesterces (ou plus de cent
millions de francs), et en réunissant tout le numéraire romain qui, chaque année, se dispersait dans
l'Inde, la Chine, l'Arabie et les autres contrées de
l'Orient, à cent millions de sesterces (ou plus de

---

[1] *Relation des voyages des Arabes et des Persans,* t. I, p. 29, 33
et 36, avec les observations de M. le docteur Roulin, t. II, p. 63
et suiv. et les *Prairies d'or* de Massoudy, édit. de la Société asiatique,
t. I, p. 386. (Voyez de plus le *Supplément à la Bibliothèque orientale* de
d'Herbelot, par le P. Visdelou, p. 398.) Davis, dans sa *Description
de la Chine,* t. I, p. 302, parle de la corne de rhinocéros comme
étant maintenant, en Chine, appliquée à un autre usage.

deux cents millions de francs)[1]. Montesquieu a fait, au sujet du commerce des Romains dans l'Inde, ces réflexions, qui s'appliquent, sous beaucoup de rapports, au commerce qu'ils faisaient en Chine : « Tous les peuples qui ont négocié aux Indes y ont porté des métaux et en ont rapporté des marchandises; c'est la nature même qui produit cet effet. Les Indiens ont leurs arts qui sont adaptés à leur manière de vivre. Notre luxe ne saurait être le leur, ni nos besoins être leurs besoins. Leur climat ne leur demande ni ne leur permet presque rien de ce qui vient chez nous. Ils vont en grande partie nus; les vêtements qu'ils ont, le pays les leur fournit convenables; et leur religion, qui a sur eux tant d'empire, leur donne de la répugnance pour les choses qui nous servent de nourriture. Ils n'ont donc besoin que de nos métaux, qui sont les signes des valeurs, et pour lesquels ils donnent des marchandises que leur frugalité et la nature de leur pays leur procurent en grande abondance [2]. »

Je ne pousserai pas plus loin ces considérations, qui étaient nécessaires ici, et qui, en général, ne se trouvaient nulle part, et je vais terminer ce paragraphe par quelques nouvelles observations sur les idées que les anciens ont professées successivement sur la manière dont le monde se terminait du côté de l'Orient. La question n'est rien moins qu'oiseuse. On sait qu'elle a donné lieu aux recherches les plus

---

[1] Pline, liv. VI, ch. xxvi, et liv. XII, ch. xli.
[2] *Esprit des lois*, liv. XXI, au commencement.

approfondies de la part des d'Anville, des Gosselin
et des Mannert[1]. De plus elle se confond avec l'objet
spécial de ce mémoire, qui consiste à faire connaître jusqu'où s'étendit l'influence sinon commer-
ciale et politique, du moins morale du nom romain.
Nos atlas de géographie ancienne renferment tous
une carte particulière intitulée *le monde connu des
anciens;* mais jusqu'ici il a été impossible aux savants
de s'accorder sur les limites à assigner à ces connaissances. J'espère que ce que j'ai dit dans le paragraphe
précédent, joint à ce qui se trouve dans celui-ci, suffira pour résoudre la difficulté, du moins dans ce
qu'elle présente de général, et en tant qu'elle est du
ressort du présent mémoire.

On a vu en quoi consistait le système d'Ératosthène. L'Europe, l'Afrique et l'Asie formaient un
continent entouré par la mer. Cratès, outre ce continent, supposa l'existence d'autres continents; mais
l'ancien ne subit pas de modifications, ou du moins
les changements se bornèrent à quelques correc-

---

[1] M. Vivien de Saint-Martin, dans son troisième mémoire sur la
géographie grecque et latine de l'Inde, a consacré un paragraphe
particulier à la Sérique des anciens. (Voyez le tome VI du Recueil des
savants étrangers, publié par l'Académie des Inscriptions, p. 258
et suiv.) Si on prend la peine de comparer le mémoire de M. Vivien
de Saint-Martin et les deux autres mémoires du même savant sur
la géographie de l'Inde avec ce que j'ai dit, soit ici, soit dans mes
deux mémoires sur la Mésène et la Kharacène et sur le Périple de
la mer Érythrée, on verra combien il restait encore à faire. La
même remarque peut être faite au sujet des éclaircissements que
feu Huot, le continuateur de Malte-Brun, a placés à la suite de sa
traduction française du traité de Pomponius Mela.

tions de détail, amenées successivement par les conquêtes et les explorations scientifiques des Romains.

Le système d'Ératosthène avait le défaut de raccourcir l'Asie du côté de l'orient et de placer la Chine sous le même méridien que l'Inde. Les navigations chinoises apprirent aux Romains que, pour se rendre de l'Inde en Chine, il fallait faire un grand détour à l'est. Voilà comment les Romains connurent l'existence de la presqu'île de Malaka. Vers l'an 100 de notre ère, un géographe grec, tirant parti de cette nouvelle notion, publia un traité où l'Asie était prolongée à l'est : c'est Marin de Tyr. Le traité de Marin de Tyr ne nous est point parvenu; mais, environ soixante ans après, l'idée fut reprise par Ptolémée, et telle est en grande partie l'origine d'un système qui ne tarda pas à exercer une grande influence en géographie.

Ptolémée a décrit la presqu'île de Malaka ; mais Ptolémée était imbu d'une opinion émise près de trois cents ans auparavant par Hipparque, opinion d'après laquelle l'Afrique, à partir de la côte du Zanguebar, au lieu de tourner au sud-ouest, tournait à l'est et allait rejoindre le territoire asiatique, de manière à ne faire qu'un grand lac de la mer Érythrée. Ptolémée, arrivé au golfe de Siam, au lieu de prolonger la côte au nord, dans la direction de la Chine, la détourna au sud et la prolongea du côté de l'Afrique. De cette méprise il résulta de graves inconvénients. Les caravanes romaines arrivaient dans le pays des Sères par le nord-ouest, à travers l'Oxus,

le Iaxarte et la Tartarie; au point de vue de Ptolémée, les navires des Sines, qui arrivaient périodi-
quement à l'île de Ceylan, appartenaient nécessairement à une contrée située au sud de la Sérique, sur
la côte de la mer, et en deçà des limites orientales
du monde. Les Sères et les Sines étaient donc deux
nations différentes et placées à une grande distance
l'une de l'autre. Il y a plus : les Sères se trouvant dans
l'intérieur du continent asiatique, et les Sines occu-
pant la côte intérieure du bassin de la mer Érythrée,
les deux peuples étaient, du moins par mer, sans
communication l'un avec l'autre[1]. Pour renverser la
théorie de Ptolémée, il m'a suffi de montrer que les
dénominations *Sères* et *Sines*, au lieu d'avoir existé
de tout temps, n'ont été employées que successivement, et que c'est Ptolémée qui a le premier mis
en usage la dénomination *Sines*, sans s'apercevoir
que les Sines et les Sères étaient un seul et même
peuple. Il m'a aussi suffi de rapporter à des voyages
de terre les récits de Pomponius Mela, de Pline le
Naturaliste et d'Ammien Marcellin, et à un voyage
de mer le récit de Pausanias, pour montrer le peu
de différence entre les deux ordres de récit et pour
prouver qu'ils s'appliquaient à un seul et même pays.
Enfin l'existence d'un système géographique particulier aux Romains, système que j'ai recréé de toutes
pièces, va me donner les moyens de résoudre la question dans son ensemble.

[1] Voyez la carte du système de Ptolémée, qui accompagne ce
mémoire.

A peine quelques années s'écoulèrent depuis la publication du traité de Ptolémée, que ce système reçut le démenti le plus complet. L'ambassade adressée par Marc-Aurèle au Fils du Ciel se rendit en Chine par mer. Donc on pouvait se rendre par mer dans la Sérique; donc la fermeture de la mer Érythrée était une idée sans fondement. Voilà sans doute pourquoi les Romains ne voulurent jamais adopter le système de Ptolémée.

Ce démenti ne fut pas le seul. On sait que Ptolémée n'attribue aucune saillie à la presqu'île de l'Inde, et que, pour lui, la côte asiatique, à partir du golfe Persique, ne cesse pas de se prolonger en ligne droite du côté de l'est. Cette erreur et les deux autres ne tardèrent pas à être relevées par un homme qui avait parcouru les mers orientales : c'est l'auteur du Périple de la mer Érythrée, dont j'ai placé l'époque au milieu du IIIe siècle. Cet auteur a fait des emprunts à Ptolémée, notamment pour la prolongation du continent asiatique du côté de l'est; mais pour le reste, il se sépare nettement de lui. Déjà, dans mon Mémoire sur le Périple, je me suis expliqué sur la prétendue communication du continent africain avec le continent asiatique, et sur la fausse direction donnée à la côte asiatique. Voici, d'après un nouvel examen du texte, ce que j'ai à dire sur la position à donner aux Sines ou Thines et aux Sères.

L'auteur a emprunté à Ptolémée la dénomination *Thines*, qu'il identifie avec les Sères. Arrivé vers la fin de sa relation, il dit que la mer Érythrée se terminait au pays des Thines, et que ce pays se trouvait *en dehors* de cette mer[1]. D'après lui, on arrivait dans le pays des Thines par mer, comme jadis on arrivait par mer de l'île de Ceylan dans le pays des Sères. De plus, ainsi que le pays des Sères, le pays des Thines communiquait par terre avec l'Inde, l'Asie occidentale et l'Europe. La capitale du pays des Thines était située dans l'intérieur des terres; c'était une ville très-grande et très-commerçante, et il en partait deux routes qui conduisaient, l'une, à travers la Tartarie, dans la Bactriane, l'autre, en traversant le Tibet, dans la ville de Palibothra, sur les bords du Gange. Est-il possible de voir une rectification plus marquée des idées émises par Ptolémée? et n'est-ce pas la preuve définitive de l'époque que j'ai assignée à la rédaction du Périple[2]?

On demandera peut-être comment, malgré tous ces faits, le système de Ptolémée finit par triompher[3].

---

[1] Ἔξωθεν εἰς Θινός τινα τόπον ἀποληγούσης τῆς θαλάσσης. Voyez ci-devant, p. 186.

[2] Il en est de même pour la côte orientale de l'Afrique, depuis l'isthme de Suez jusqu'au Zanguebar. Le récit du Périple est une rectification presque continuelle de celui de Ptolémée. C'est ce qui a été constaté par M. Vivien de Saint-Martin, dans l'ouvrage qu'il vient de publier, sous le titre de *Le nord de l'Afrique et sa géographie au temps des Grecs et des Romains.* Voyez aux pages 282 et suivantes, et 474 et suivantes. Cependant M. Vivien se prononce très-vivement pour l'antériorité de Ptolémée (p. 197); il affirme même, il ne dit pas d'après quelles preuves, que Ptolémée a eu le Périple dans les mains. Autant vaudrait soutenir ouvertement que Ptolémée a presque tout brouillé à plaisir.

[3] Le traité de Ptolémée a eu les honneurs d'une traduction arabe. (Voyez mon *Introduction à la Géographie d'Aboulféda,* p. XLIII.)

Hélas! il en est pour la science comme pour tout le reste : la justice n'est pas de ce monde. La composition de l'*Almageste*, cet ouvrage qui jouit du plus grand crédit à sa naissance et pendant tout le moyen âge, avait jeté sur Ptolémée un renom extraordinaire; ajoutez à cela que son traité géographique était en certaines parties un progrès réel. L'appareil scientifique dont il est étayé augmentait encore sa réputation. Le Périple, au contraire, est un traité pratique, rédigé sans prétention. Au bout de quelques années, par suite de la décadence de l'empire, les navires romains cessèrent de fréquenter les mers orientales, et il devint un simple livre de curiosité. Comment juger dès lors entre le Périple et le traité de Ptolémée? Voilà comment les manuscrits du traité de Ptolémée se multiplièrent, et comment il ne nous est parvenu pour le Périple qu'une seule copie qui se conserve dans la bibliothèque de Heidelberg.

Là s'arrêtent les observations que j'avais à faire dans ce mémoire sur les divers systèmes de géographie imaginés chez les Grecs et les Romains; elles touchent aux fondements mêmes de la science, et me semblent renfermer la solution du vaste problème qui avait fait jusqu'ici le désespoir de tous les géographes sans exception.

Maintenant je vais reprendre le fil des événements, depuis la mort d'Auguste jusqu'à l'extinction de l'empire d'Occident.

§ III.

RELATIONS DE L'EMPIRE ROMAIN AVEC L'ASIE ORIENTALE,
DEPUIS LA MORT D'AUGUSTE JUSQU'AU RÈGNE DE JUS-
TINIEN. — TRAJAN, AURÉLIEN ET ZÉNOBIE. — LE GRAND
CONSTANTIN. — LE GRAND THÉODOSE, ETC.

La politique inaugurée par Auguste fut suivie par
ses successeurs, et le commerce avec l'Inde gagna encore en activité. On a vu que Pline se plaignait des
sommes énormes qu'un commerce qui consistait surtout en objets de luxe ou de fantaisie, coûtait de son
temps à l'empire.

On sait que les navires romains ne s'avançaient
pas jusqu'à l'île de Ceylan. Cette île était au pouvoir d'un prince bouddhiste. Par sa position au
milieu des mers orientales, il semble qu'elle aurait
dû être le centre du commerce de l'Orient et de
l'Occident. Pline nous apprend que, sous le règne
de Claude, un affranchi au service d'un personnage
qui remplissait pour les Romains le rôle de fermier
des droits du gouvernement, dans un port de la
mer Rouge, fut emporté par les vents jusque sur
les côtes de l'île. Comme il avait de la peine à se
faire entendre, il consacra les six premiers mois à
étudier la langue du pays. Ensuite on le conduisit
au roi, et le prince lui adressa des questions sur
l'empire romain dont la réputation remplissait alors
l'univers. A la suite des réponses de l'affranchi, le

roi envoya un député à l'empereur, sans doute pour l'engager à établir un comptoir dans l'île. Pline ne manque pas de parler des navires chinois qui dès lors fréquentaient ces parages [1].

Sous le règne de Néron, pendant que Corbulon se trouvait en Arménie, chargé de régler un différend entre le gouvernement romain et le roi des Parthes, les Hyrcaniens, qui avaient levé l'étendard de l'indépendance, se mirent en rapport avec le général romain. La distance n'était pas grande entre les frontières romaines et l'Hyrcanie; mais lorsque les députés voulurent retourner dans leur pays, sachant qu'ils étaient observés par les Parthes, ils craignirent de suivre la route ordinaire. Alors, d'après ce que nous apprend Tacite, Corbulon fit conduire les députés dans un port de la mer Rouge [2]. Là, sans doute, ils s'embarquèrent pour les bouches de l'Indus, d'où remontant ce fleuve, ils traversèrent la Bactriane.

A cette époque les communications de l'empire romain avec l'Inde étaient devenues très-faciles. Sénèque, qui écrivait dans le moment même, et qui était en position de connaître l'état des choses, dit qu'un voyage des côtes de l'Espagne dans l'Inde, quand le vent était favorable, était une affaire de quelques jours [3]. En effet le départ d'Égypte et l'ar-

---

[1] Liv. VI, ch. xxiv. Voyez à ce sujet, ci-devant, p. 187, et les remarques de M. Emerson-Tennent (*Ceylan, an Account of the island physical, historical and topographical,* t. I, p. 532).

[2] *Annales,* liv. XIV, ch. xxv.

[3] Voyez les *Questions naturelles* de Sénèque, au commencement.

rivée dans l'Inde pouvaient se faire à peu près à jour fixe. Pour le trajet de l'Espagne en Égypte, tout dépendait de la direction du vent.

Dion Chrysostome, qui, après la mort de Néron, se trouvait à Alexandrie au moment où Vespasien venait d'être proclamé empereur, dit, en parlant du mouvement commercial qui régnait dans cette ville, y avoir vu des marchands bactriens, scythes, persans et indiens [1]. Puisqu'il y avait des marchands bactriens à Alexandrie, il devait y avoir des marchands romains dans la Bactriane.

En ce qui concerne les étrangers qui accouraient à Rome de toutes les parties du monde, on trouve dans l'opuscule intitulé *Des spectacles* et attribué à Martial, ce morceau adressé à Domitien: «Ô César, «quelle est la nation assez lointaine, assez barbare, «qui n'ait à Rome pour l'admirer un représentant? Le «montagnard du Rhodope et de l'Hémus, cher à «Orphée, est ici; on y voit le Sarmate qui s'abreuve «de sang de cheval, l'Éthiopien qui boit les eaux «du Nil à sa source, et l'homme dont les flots de «la mer la plus reculée battent les rivages. L'Arabe «nomade et l'Arabe sabéen y accourent; le Cilicien «s'y arrose des parfums de son pays. Le Sicambre «aux cheveux tressés et bouclés s'y rencontre avec «l'habitant des régions tropicales aux cheveux «crépus. Mille langues différentes s'y parlent; mais

---

[1] *OEuvres de Dion Chrysostome,* édition de Reiske, t. I, p. 672 (Discours, XXXII).

« tous ces peuples n'en ont qu'une pour vous nom-
« mer, ô César, le père de la patrie [1]. »

L'ordre des dates nous amène à parler d'un grand
mouvement qui s'opéra alors dans la politique chinoise, mouvement dont le bruit retentit dans toutes
les provinces de l'empire romain.

On se rappelle que, dans le cours du siècle qui
précéda immédiatement notre ère, le gouvernement chinois, à l'occasion de l'émigration des Yue-
tchi sur les bords de l'Oxus, avait fait marcher une
armée à travers la Tartarie, et que son autorité s'é-
tablit d'une manière plus ou moins directe jusqu'au
Iaxarte et jusqu'aux environs de la mer Caspienne.
A la suite de troubles intérieurs, le nom chinois
perdit de son prestige, et presque toutes les tribus
tartares recouvrèrent leur indépendance. Mais, vers
l'an 80 de l'ère chrétienne, l'ordre s'étant rétabli dans
le Céleste Empire, le mouvement chinois reprit avec

[1]   Quæ tam seposita est, quæ gens tam barbara, Cæsar,
     Ex qua spectator non sit in urbe tua?
  Venit ab Orpheo cultor Rhodopeius Hæmo,
     Venit et epoto Sarmata pastus equo ;
  Et qui prima bibit deprensi flumina Nili,
     Et quem supremæ Tethyos unda ferit.
  Festinavit Arabs, festinavere Sabæi,
     Et Cilices nimbis hic maduere suis ;
  Crinibus in nodum tortis venere Sicambri,
     Atque aliter tortis crinibus Æthiopes. .
  Vox diversa sonat : populorum est vox tamen una,
     Quum verus patriæ diceris esse pater.
Quant aux parfums de la Cilicie, dont, à ce qu'il paraît, il se faisait
une grande consommation à Rome, il en est parlé dans les *Silves* de
Stace et ailleurs. (Voyez le Mémoire de Pastoret sur le commerce des
Romains, t. III du *Recueil de l'Académie des Inscriptions,* p. 371, et
t. V, p. 127.)

une nouvelle activité, et les Chinois ne songèrent à
rien moins qu'à étendre leur domination jusqu'aux
frontières romaines.

Voici ce que Klaproth dit dans ses Tableaux historiques de l'Asie[1] : « L'an 80 de J. C. Pan-tchao,
un des plus grands capitaines que la Chine ait produits, se porta vers l'occident, et reprit le royaume
de Kachgar, qui s'était détaché de l'alliance chinoise. Après ce premier succès, il se renforça de
vingt mille hommes pour aller attaquer le royaume
de Khouei-thsu[2]. Cette guerre ne fut pas aussi facile à terminer que les précédentes. Depuis que
Pan-tchao avait pénétré dans les pays occidentaux,
il n'était encore parvenu à rendre tributaires de la
Chine que huit de ces royaumes. C'est pourquoi il
résolut, l'an 94, de déployer une plus grande force
militaire. Il assembla les troupes de ces huit royaumes, et, avec leur secours, il passa les montagnes
neigeuses de Tsoung-ling pour attaquer le roi des
Yue-tchi (le roi de la Bactriane, allié des Romains),
qu'il fit mourir. Celui de Khouei-thsu, s'il n'éprouva
pas le même sort, fut du moins forcé comme les
autres de faire sa soumission.

La défaite totale des Hioung-noù du nord (de
la Tartarie), effectuée par le général chinois Tou-
hian, et la soumission entière de ce que nous appe-
lons la petite Boukharie, permirent à Pan-tchao de
pousser ses conquêtes jusqu'à la mer Caspienne. Il

[1] Page 66.
[2] Province de Bischbalik.

soumit plus de cinquante royaumes, dont il envoya les héritiers présomptifs à la cour de l'Empereur, pour y rester en otage et demeurer garants de la fidélité de leurs compatriotes. L'an 102 de J. C., il nourrissait même le projet d'entamer l'empire romain; mais le général à qui il avait confié cette expédition se laissa décourager par les Persans, qui lui représentèrent son entreprise comme très-longue et périlleuse, et il revint sur ses pas. »

Précisons ce qui, dans ces mouvements prodigieux, intéressait réellement Rome. Abel Rémusat, dans son mémoire sur l'extension de l'empire chinois du côté de l'occident[1], a parlé des conquêtes de Pan-tchao et de ses projets gigantesques. Mais il ne paraît pas croire qu'en ce qui concerne les Romains, il s'agît d'autre chose que de l'établissement de rapports diplomatiques. Voici ce que dit Abel Rémusat : « En moins de trois ans Pan-tchao se rendit maître de toute la Tartarie. Il reçut même la soumission des Tadjiks (Persans), des A-Si (Parthes) et de tous les peuples qui habitent jusqu'aux bords de la mer[2]. La neuvième année, Pan-tchao envoya le général Kan-ying visiter la mer d'occident, et son voyage procura à la Chine une foule de connaissances qu'on n'avait pas eues sous les précédentes

---

[1] Tome VIII du *Recueil de l'Académie des Inscriptions*, p. 122 et suiv. Voyez aussi les *Nouveaux Mélanges asiatiques* d'Abel Rémusat, t. I, p. 216.

[2] Dans la chancellerie chinoise, ceci signifie simplement que les gouvernements de ces contrées avaient ouvert des rapports diplomatiques avec le général chinois.

dynasties. On recueillit alors des détails exacts sur les mœurs, les productions, les traditions, les richesses d'un grand nombre de contrées. L'intention de Pan-tchao était que Kan-ying pénétrât dans le grand Thsin (l'empire romain); mais quand ce général fut arrivé sur les bords de la mer occidentale, les Tadjiks, chez lesquels il se trouvait, lui représentèrent que la navigation qu'il allait entreprendre était fort périlleuse : suivant les récits qu'ils lui firent, il fallait, par un bon vent, deux mois pour traverser la mer : pour le retour, si l'on n'était pas favorisé des vents, il fallait mettre deux ans ; de sorte que les navigateurs qui voulaient aller dans le grand Thsin avaient coutume de prendre des provisions pour trois ans. »

Les objections qu'on fit à Kan-ying avaient peut-être été exagérées, afin de le détourner de ce voyage ; peut-être elles furent inventées par lui afin de justifier sa désobéissance. Quoi qu'il en soit, il serait intéressant de déterminer quelle est la mer occidentale dont les annales chinoises font mention. Abel Rémusat ne s'explique pas là-dessus. M. Pauthier croit qu'il s'agit d'un port du golfe Persique[1]. Pour moi, je prends l'expression *mer occidentale* dans le même sens que beaucoup d'écrivains chinois, c'est-à-dire dans le sens de mer de l'Inde, parce qu'en effet l'Inde et à plus forte raison les contrées situées à l'ouest se trouvaient à l'occident de la Chine proprement dite. D'après cela, Kan-

____
[1] Mémoire de M. Pauthier sur l'inscription de Singanfou, p. 38.

ying, après avoir déposé les armes, aurait descendu l'Indus et serait arrivé dans un port situé près de l'embouchure du fleuve. Si l'on admet cette conjecture, le navire de Kan-ying aurait mis deux mois pour atteindre les côtes de l'Égypte, et il lui aurait fallu deux ans pour rentrer en Chine et permettre au général de présenter un rapport officiel à son gouvernement.

Quelques lecteurs s'étonneront peut-être de l'importance que j'attache ici au récit chinois. Quelle ne sera pas leur surprise, quand ils sauront ce que n'ont su ni Klaproth, ni Abel Rémusat, d'abord que l'invasion de la Bactriane par les Chinois n'était nullement un objet indifférent pour les Romains, et de plus que les conquêtes des Chinois étaient le sujet de tous les entretiens, et que les dames elles-mêmes prenaient part à la conversation? En effet Juvénal, qui se trouvait alors à Rome, met en scène, dans la sixième de ses satires, une femme qui allait partout, qui se mêlait de tout, et qui l'œil en feu, les idées exaltées, se jetait à la tête des soldats, disant qu'elle leur apportait des nouvelles de Chine[1]. Juvénal parle aussi d'une femme qui, au lieu de s'occuper des soins de son ménage,

---

[1]   Sed cantet potius quam totam pervolet urbem
Audax, et cœtus possit quam ferre virorum;
Cumque paludatis ducibus, præsente marito,
Ipsa loqui recta facie strictisque mamillis;
Hæc eadem novit quid toto fiat in orbe,
Quid Seres, quid Thraces agant, etc.
(Vers 399 et suiv.)

passait son temps à la lecture des journaux[1]; or sans doute les journaux tenaient le public au courant des nouvelles de la Chine, aussi bien que de celles des autres pays.

Abel Rémusat dit, à la même occasion, que l'Inde entra en rapport avec le Céleste Empire. L'Inde était dès lors remplie d'objets de curiosité et de marchandises venues de l'empire romain. Les auteurs chinois mettent ces raretés et les productions du sol de l'Inde au nombre des principaux objets du commerce qui se faisait alors dans les contrées de l'Asie orientale[2]. La remarque d'Abel Rémusat s'accorde avec ce qui a été dit dans le paragraphe précédent.

Les événements que je viens de rapporter coïncident avec les règnes de Domitien, de Nerva et de Trajan. En ce qui concerne Domitien, les récits du temps ne tarissent pas sur la cruauté et la lâcheté de ce prince. S'il se fit décerner plusieurs fois les honneurs du triomphe, ce fut moins pour avoir vaincu les ennemis de l'empire que pour avoir acheté leur tranquillité. Néanmoins, les idées de monarchie universelle étaient alors à Rome aussi vivantes qu'au temps d'Auguste. Il nous reste à ce sujet deux témoignages contemporains. A propos du dix-septième consulat de Domitien, le poëte

---

[1]   .... Longi relegit transversa diurni.
(Ibid. vers 484.)

[2] Mémoire d'Abel Rémusat, à l'endroit cité. Outre les communications par mer de l'Inde avec la Chine, il y avait une route par terre. (Voyez la carte du Périple de la mer Érythrée.)

Stace lui adresse des félicitations dans lesquelles on remarque ces mots placés dans la bouche du dieu Janus : « Tu remporteras mille trophées : permets-nous seulement de te décerner les triomphes. Reste à soumettre la Bactriane, reste Babylone, qui n'est pas encore tributaire. Le laurier de l'Inde n'est pas encore sur le sein du dieu du Capitole; les Arabes, les Sères ne demandent pas encore grâce [1]. »

D'un autre côté Silius Italicus, homme consulaire, dans son poëme des guerres puniques, après avoir célébré les hauts faits de l'empereur Vespasien et de son fils aîné Titus, fait ainsi parler Jupiter à Domitien : « Et toi Germanicus (c'est-à-dire vainqueur de la Germanie), redouté du blond Batave dès ton adolescence, tu surpasseras les exploits de tes prédécesseurs. Que les flammes du Capitole (au milieu desquelles tu as failli périr) ne t'épouvantent pas. Tu échapperas à ce détestable incendie pour le bonheur de l'humanité; car une longue carrière te reste à parcourir près de nous. La jeunesse guerrière du Gange mettra à tes pieds ses arcs détendus. Les Bactriens te présenteront leurs carquois vides. Vainqueur à la fois des peuples de l'Ourse et des peuples de l'Orient, tu entreras triomphant dans Rome, en effaçant le souvenir des exploits de Bac-

---

[1] Mille tropæa feres; tantum permitte triumphos.
Restat Bactra novis, restat Babylona tributis
Frenari : nondum in gremio Jovis Indica laurus,
Nondum Arabes, Seresque rogant.
(Liv. IV des *Silves*, n° 1. Voyez aussi au livre III, n° 2.)

chus. En effet tu auras dominé les Sarmates, et tu auras rétabli la tranquillité sur les rives du Danube, indigné de livrer passage aux aigles romaines[1]. »

Jusqu'ici ces divers témoignages avaient été négligés, comme ne répondant à rien. Maintenant que le lecteur est instruit des idées de monarchie universelle qui n'avaient pas cessé de circuler à Rome depuis la bataille d'Actium, il peut reconnaître ici l'état de l'opinion publique, vers la fin du premier siècle de notre ère. Un seul point laisse de l'incertitude : la mésintelligence avait-elle éclaté entre le gouvernement romain et le roi de la Bactriane, ou bien la Bactriane avait-elle été momentanément envahie par les Chinois, et s'agissait-il de leur arracher cette conquête? Les documents historiques qui nous sont parvenus ne nous permettent pas de rien affirmer.

Nous allons maintenant nous occuper de Trajan. Montesquieu, ayant à parler du grand Alexandre, s'arrête un moment pour demander la permission d'en parler tout à son aise[2]. Il serait bien à désirer

---

[1]
At tu transcendes, Germanice, facta tuorum,
Jam puer auricomo præformidate Batavo.
Nec te terruerint Tarpeii culminis ignes;
Sacrilegas inter flammas servabere terris;
Nam te longa manent nostri consortia mundi.
Huic laxos arcus olim Gangetica pubes
Submittet, vacuasque ostendent Bactra pharetras.
Hic et ab Arctoo currus aget axe per urbem;
Ducet et Eoos, Baccho cedente, triumphos.
Idem indignantem transmittere Dardana signa,
Sarmaticis victor compescet sedibus Istrum.
                    (*Punica*, liv. III, vers la fin.)

[2] *Esprit des lois*, liv. X, chap. XIII.

qu'on pût parler à son aise de Trajan. Les grandes
actions par lesquelles il signala son règne et la
douceur de son caractère charmèrent et éblouirent
ses contemporains. L'histoire écrite, les médailles,
les monuments de divers genres, tout semblait
conspirer à perpétuer son souvenir. Malheureusement les ouvrages où il était parlé de lui ne nous
sont point parvenus ou ne nous sont parvenus que
par fragments. La fin de son règne manque presque
complétement. Serait-ce que les vieux Romains, dou-
loureusement affectés de sa fin lamentable, déchi-
rèrent les dernières pages de son histoire, afin de
l'ensevelir dans l'oubli?

La poésie elle-même, qui jusqu'ici nous a fourni
bien des traits importants, reste muette. Les seuls
vers que j'ai rencontrés sont les vers suivants, composés par Martial, dans les derniers temps de sa vie,
vers où il fait allusion aux grandes espérances qu'a-
vaient fait concevoir les premières années du règne
de Trajan : « Déesse des nations et du monde, Rome
que rien n'égale et qui n'a pas sa seconde, heureuse
de l'avénement de Trajan et calculant qu'à cause de
ses grandes actions, chacune des années de son règne
équivalait à un siècle, admirant dans cet illustre
chef la réunion de la jeunesse, du courage et des
talents militaires, s'est écriée, toute fière d'obéir à
un tel chef : « Venez, princes des Parthes, princes
« des Sères, Thraces, Sarmates, Gètes et Bretons, et
« je vous montrerai un César[1]. »

[1]   Terrarum dea gentiumque Roma,

Trajan était le fils d'un tribun de légion qui se signala à la prise de Jérusalem sous Titus. Il naquit en Espagne dans la Bétique, et dans son enfance il dut entendre plus d'une fois la voix tonnante de l'océan Atlantique. Amené à nourrir son esprit des poésies d'Horace et de Virgile, il dut se demander plus d'une fois comment, malgré les espérances données, les aigles romaines ne s'étaient pas encore avancées jusqu'à l'autre extrémité du monde. Quoi qu'il en soit, ayant embrassé la carrière de son père, il se fit remarquer de bonne heure sur les bords de l'Euphrate et sur les bords du Rhin. Dans tous les emplois qui lui furent confiés, il se montra supérieur à la tâche qui lui était imposée. Il commandait les légions de Germanie, lorsque l'empereur Nerva le choisit pour son collègue et son successeur. Trajan était trop modeste pour avoir sollicité cet honneur, ni même pour l'avoir espéré. Mais il était toujours parti de l'idée qu'honneur oblige, et du moment qu'il fut empereur, il crut que le moment était venu de donner au nom romain tout l'éclat dont il était susceptible.

Les premières années de son règne furent em-

> Cui par est nihil, et nihil secundum,
> Trajani modo læta quum futuros
> Tot per sæcula computaret annos,
> Et fortem, juvenemque, martiumque
> In tanto duce militem videret,
> Dixit præside gloriosa tali :
> Parthorum proceres, ducesque Serum,
> Thraces, Sauromatæ, Getæ, Britanni,
> Possum ostendere Cæsarem ; venite.
>
> (*Épigrammes*, liv. XII, n° 8.)

ployées à abattre le roi des Daces, qui, sans égard pour la majesté de l'empire, avait la prétention de traiter d'égal à égal avec lui. Quand la guerre fut finie, il séjourna quelque temps à Rome, pour imprimer une vigueur nouvelle à la marche de l'administration. Quelques députés indiens se trouvaient alors à Rome. Des jeux publics ayant été donnés pour célébrer son triomphe sur les Daces, les députés indiens assistèrent aux jeux, assis avec les sénateurs [1].

Enfin, un ordre parfait régnant dans l'empire et les préparatifs étant terminés, il pensa que le moment était venu de faire des vers d'Horace et de Virgile une vérité. Modeste comme il était, il était loin de se mettre au-dessus du grand Alexandre; mais il était persuadé qu'un empereur romain pouvait élever ses prétentions au-dessus de celles d'un roi de Macédoine. On était alors vers l'an 112 de notre ère. Il se mit en route pour l'Orient, accompagné de troupes jusque-là invincibles, de généraux intrépides et d'ingénieurs consommés. Il ne lui manquait qu'une bonne carte géographique, une carte comme on en fait aujourd'hui.

Le grand obstacle pour pénétrer dans l'Inde, c'est l'obstacle qui avait arrêté Auguste, la présence des Parthes. Cosroès, qui régnait alors, était un prince faible qui s'humilia devant lui. Plus hardi qu'Auguste, Trajan commença par se faire remettre la Mésopotamie et quelques provinces situées au

---

[1] Dion-Cassius, liv. LXVIII, n° 15.

delà du Tigre. On put croire un moment que, conformément au rêve de Virgile, l'Euphrate allait couler
tout entier sous l'autorité romaine. Non content de
cela, Trajan aurait voulu se jeter tête baissée sur l'armée parthe, et courir sans s'arrêter dans la direction
de l'Indus. Mais, à mesure qu'il considérait les choses
de plus près, ses regards rencontraient cette cavalerie parthe, la lance à la main et le carquois sur
l'épaule [1], qui avait fait fuir Crassus et Marc-Antoine,
et pour laquelle la fuite elle-même était souvent le
signal de la victoire. Trajan n'osa point s'aventurer
dans une aussi vaste contrée, avant de s'y être ménagé des auxiliaires. Il changea de plan, et se dirigea
vers la Mésène et la Kharacène. A son approche de
Spasiné-Kharax, le prince qui régnait alors et qui se
nommait Attambilus, vint à sa rencontre et lui fit
hommage de ses États. Trajan se fit conduire dans
Spasiné-Kharax, dont il examina les fortifications ; il
visita également les bords du Tigre, dont la marée
et les grandes eaux changent souvent l'aspect. Sans
doute en souvenir du nom d'Alexandre, il visita
l'endroit où sa flotte, conduite par Néarque, dé-
barqua en revenant de l'Inde. Telle était son ardeur
qu'un jour il ne prit pas garde à la marée, et qu'il
faillit être submergé avec toute sa suite. En même
temps, il appelait auprès de lui les pilotes du golfe
Persique et les hommes qui avaient visité les côtes
de la presqu'île de l'Inde, se faisant rendre un compte
minutieux des diverses principautés entre lesquelles

---

[1] *Géorgiques*, liv. IV, vers 290.

la presqu'île était partagée et des forces respectives de chaque souverain. Non content de cela, il s'embarqua sur un navire et se fit conduire jusque dans la mer de l'Inde, image en petit de l'infini[1].

Que voulait au juste Trajan? Les témoignages nous manquent. Il est dit seulement que la présence du royaume des Parthes offusquait sa vue et que la réputation laissée par Alexandre l'empêchait de dormir; à l'exemple d'Alexandre, il aurait voulu faire la conquête de l'Inde. Raisonnons en conséquence.

Trajan n'avait pas à se préoccuper des principautés situées dans le Guzarate et le Malabar. Ces principautés n'avaient de l'intérêt pour les Romains que par leurs produits, et sous ce rapport les Romains avaient obtenu tout ce qu'ils pouvaient désirer. La grande affaire, une fois l'empire parthe renversé, était de suivre la route tracée par Bacchus et Alexandre, et de subjuguer toute la vallée du Gange. Il dut alors se présenter une difficulté. Il était impossible de rien faire sans le concours du roi de la Bactriane, jusque-là le fidèle défenseur de la politique romaine. Mais, d'une part, le roi de la Bactriane était en guerre avec les Chinois; de l'autre voudrait-il aider à des conquêtes dans lesquelles ses propres États seraient absorbés? Il se présente une autre question. Une flotte romaine croi-

---

[1] Comparez Dion-Cassius, liv. LXVIII, n°s 17 et suiv. Eutrope, liv. VIII, chap. iii, et Sextus Rufus, chap. xx.

sait en ce moment dans la mer des Indes[1]. Trajan ne s'était-il pas réservé la faculté d'embarquer ses vétérans sur la flotte, et de faire occuper par eux les passages qui communiquent de la Perse avec la vallée de l'Indus?

Voici encore une question : Trajan atteignait en ce moment sa soixantième année; parvenu à une époque où les difficultés pour arriver jusqu'au Céleste Empire étaient mieux connues qu'au temps d'Horace et de Virgile, avait-il la pensée, une fois l'Inde conquise, de s'attaquer, malgré son âge, à la Chine? Les historiens ne disent rien là-dessus; mais il y a lieu de croire que si Trajan ne se posa pas la question, le public se l'était posée pour lui. On a vu par un vers de Juvénal à quel point l'attention publique était excitée à Rome au sujet des Chinois.

On aperçoit clairement la pensée de Trajan dans son ensemble; mais vouloir préciser les détails, ce serait de la témérité. Voici quel fut le résultat de tant de génie, de tant de puissance et de si grands efforts. Quand Trajan revint de son excursion maritime, il apprit que les Parthes avaient relevé la tête, et que les Arabes nomades, excités par l'espoir d'une récompense, attaquaient les postes romains isolés. Trajan redoubla d'activité pour conjurer le danger; mais sur ces entrefaites il tomba malade et il ne tarda pas à mourir.

[1] Eutrope et Sextus Rufus, aux endroits cités. Eutrope s'exprime ainsi : *In mari rubro classem instituit, ut per eam Indiæ fines vastaret·*

Adrien, qui lui succéda, se hâta de traiter avec les Parthes, et pour montrer qu'il se séparait de la politique de Trajan, il rendit aux Parthes les conquêtes faites en Mésopotamie et au delà du Tigre. Il renonça aussi au territoire situé au delà du Danube, qui avait été cédé à Trajan. Ainsi le dieu Terme, qui pendant huit cent cinquante ans avait plus ou moins avancé, et qui n'avait jamais reculé, fit un pas en arrière. Si Virgile et Horace avaient vécu jusqu'au règne de Trajan, ils se seraient réjouis du début de la campagne. Mais quelle douleur après un tel dénoûment! Plus d'un Romain blâma Adrien de la politique qu'il avait inaugurée; on peut dire à la justification d'Adrien que le règne de Trajan coïncide avec l'époque où les connaissances des Romains s'étendirent dans l'Asie orientale, et qu'on apprit que la Chine était beaucoup moins accessible qu'on ne l'avait cru jusque-là. C'est l'époque où Marin de Tyr, prédécesseur de Ptolémée, prolongeait l'Asie à l'orient d'une manière presque indéfinie. Dans tous les cas, le coup était porté, et on ne vit plus d'empereur romain aspirer à la conquête du monde[1].

---

[1] On fera bien de relire le chapitre xv de l'ouvrage de Montesquieu intitulé *Considérations sur les causes de la grandeur des Romains et de leur décadence.* Du reste, Montesquieu n'a connu ni pour Trajan, ni pour Auguste, l'idée générale qui fait l'âme de ce mémoire. Les faits particuliers eux-mêmes lui sont restés inconnus. On en peut dire autant de Fréret, qui composa un mémoire particulier sur la question de l'expédition de Trajan dans l'Inde. (Voy. t. XXI de l'*Ancien recueil de l'Académie des Inscriptions,* p. 55 et suiv.)

J'ai dit qu'on ne peut pas savoir quel rôle joua en ce moment le roi de la Bactriane. Était-il absorbé par une guerre avec les Chinois ? Était-il mécontent de la politique de Trajan ? Peut-être aussi il ne tarda pas à avoir à résister aux efforts des Parthes. Adrien, pendant son règne, reçut plusieurs ambassades de la Bactriane ; mais Spartien, qui nous apprend ce fait, s'exprime d'une manière qui peut se plier à toutes les interprétations. Voici ce qu'il dit : « Les rois de la Bactriane envoyèrent des députés à Adrien, en le suppliant de leur accorder son amitié[1]. »

La politique d'Adrien fut adoptée par son successeur Antonin, et pendant tout ce règne l'empire jouit de la paix la plus profonde. Suivant Aurelius Victor, telle était la réputation de justice d'Antonin, que les Indiens, les Bactriens et les Hyrcaniens envoyèrent solliciter son amitié[2].

C'est le moment où les relations commerciales des Romains eurent le plus d'activité. Il faut probablement rattacher à la même époque la carte antique vulgairement appelée *Carte de Peutinger*, et qui est conservée à la Bibliothèque impériale de Vienne. Cette carte, dont les itinéraires conduisent jusqu'à la ville de Palibothra, sur les bords du Gange, et jusqu'aux extrémités du monde habité, donne une haute idée des relations internationales

---

[1] « Reges Bactrianorum legatos ad eum amicitiæ petendæ causa « supplices miserunt. » (*Vie d'Adrien*, chap. xx, dans l'*Historia Augusta.*)

[2] *Epitome*, à l'article d'Antonin.

dans cette période. Elle fut retouchée à diverses époques; mais le fond resta le même, et en général les changements portèrent sur des points saillants faciles à reconnaître. C'est ainsi que le nom de Byzance a fait place à celui de Constantinople. Or, d'une part on retrouve ici le nom de Spasiné-Kharax, sans qu'il soit accompagné d'aucun nom de ville fondée par les Persans, lorsqu'ils firent la conquête de la Mésène, ce qui prouve que la carte est antérieure à l'an 225 de notre ère; de l'autre on y remarque la ville de Voloségia, qui ne fut fondée que vers l'an 60 de notre ère, et qui n'était pas assez importante pour qu'on eût ajouté son nom après coup[1]. Malheureusement l'exemplaire de Vienne n'est pas complet; il y a même lieu de croire qu'avec le temps des fragments se sont déplacés[2].

Sous le règne de Marc-Aurèle, la guerre recommença entre l'empire romain et les Parthes, et la route qui menait par terre à la Chine fut interceptée. Comme l'usage de la soie était devenu un besoin pour les classes riches, Marc-Aurèle envoya par mer une ambassade dans le Céleste Empire, pour essayer d'une nouvelle voie. Sans doute l'ambassadeur, arrivé sur la côte du Malabar, monta sur un navire chinois. Voici ce qu'on lit dans les an-

---

[1] Voyez le Mémoire sur la Mésène et la Kharacène.

[2] J'ai déjà cité l'édition de la Carte de Peutinger, par Mannert, Vienne, 1824. Quant aux itinéraires qui portent le nom d'Antonin, ils paraissent appartenir à une autre époque. (Voyez le mémoire de M. d'Avezac, inséré dans le t. II du *Recueil des Savants étrangers*, p. 303 et suiv. 361 et suiv.)

nales chinoises : « De tout temps, les rois du grand Thsin (Rome) avaient eu le désir d'entrer en relation avec le Fils du Ciel; mais les A-Si (Parthes), qui avaient intérêt à vendre eux-mêmes les soies travaillées aux habitants du grand Thsin, mettaient leur politique à cacher la route et à empêcher la communication directe entre les deux empires. Cette communication ne commença que sous l'empereur Houan-ti (vers l'an 166 de J. C.), lorsque le roi du grand Thsin, nommé An-Thun, envoya une ambassade au Fils du Ciel [1]. »

Il est dit de plus, dans les annales chinoises, que l'ambassadeur arriva par la frontière extérieure du Jy-nan (le Tonkin), ce qui prouve que l'ambassadeur avait pris la voie de la mer, et qu'il offrit en présent des dents d'éléphant, des cornes de rhinocéros et des écailles de tortue [2]. Cette dernière circonstance a fait naître des doutes chez quelques savants, même parmi les sinologues [3]. Mais si l'on se rappelle ce qui a été dit ci-dessus [4], on sera convaincu que, bien loin d'être une objection, cette circonstance est une preuve de plus, et que Marc-

[1] Mémoire d'Abel Rémusat, dans le *Recueil de l'Académie des Inscriptions*, t. VIII, p. 124.

[2] Klaproth, *Tableaux historiques de l'Asie*, p. 69; Pauthier, *Mémoire sur l'inscription de Singanfou*, p. 42.

[3] Voyez le Mémoire de Letronne, dans le t. X du *Recueil de l'Académie des Inscriptions*, p. 227; les *Tableaux historiques* de Klaproth, à l'endroit cité, et les remarques du P. Visdelou, *Bibliothèque orientale* de d'Herbelot, t. IV, p. 391.

[4] Page 208.

Aurèle, en envoyant ces objets au Fils du Ciel, n'avait fait que se conformer au goût du pays.

Voici une autre preuve de la réalité de l'ambassade de Marc-Aurèle, preuve à laquelle personne n'avait songé. Par suite du mystère que les Chinois faisaient des procédés employés pour produire la soie, les Romains avaient à cet égard les idées les plus fausses. Virgile, dans le deuxième livre des Géorgiques, parle de la soie comme d'une laine qui poussait sur les feuilles des arbres. Il en est de même de Pline le Naturaliste[1]. D'autres écrivains croyaient que la soie faisait partie de l'écorce[2]. La première description à peu près exacte de la manière de produire la soie est celle qui a été donnée par Pausanias, et que nous avons déjà citée. Je ne puis rendre raison de cette circonstance qu'en supposant que Pausanias avait eu des rapports directs ou indirects avec l'ambassadeur. Il est vrai que le témoignage de Pausanias n'a pas fait un grand effet, puisque, deux cents ans après, Ammien Marcellin reproduit les vieux préjugés[3]. Mais il faut faire attention à ceci : En toute chose nous jugeons par comparaison, et nous n'émettons un jugement que lorsque, en examinant un objet quelconque, nous lui avons trouvé un terme de ressemblance. Jusque-là nous marchons pour ainsi dire au hasard[4]. Pour-

---

[1] Liv. VI, chap. xx.

[2] Voyez l'ouvrage de M. Ernest Pariset, p. 200 et suiv.

[3] Voyez ci-devant, p. 193.

[4] Des faits analogues ont eu lieu pour la géographie. (Voyez mon *Introduction à la Géographie d'Aboulféda.*)

quoi les savants modernes ont-ils relevé le témoignage de Pausanias? parce que, vérification faite, il s'est trouvé vrai. Et pourquoi avait-il passé inaperçu parmi ses contemporains? parce que ce moyen de vérification leur manqua.

A son tour Marc-Aurèle reçut une ambassade indienne, qui paraît avoir eu dans le temps un grand retentissement. Porphyre, qui nous apprend ce fait[1], dit qu'au nombre des députés était un philosophe appelé *Dandamis*, dont le nom se retrouve ailleurs[2]. Il cite pour garant un personnage nommé *Bardesane*, de Babylone, lequel avait accompagné les ambassadeurs auprès de l'empereur. Ce Bardesane paraît être le fameux personnage de ce nom, qui était d'origine syrienne ou assyrienne, et qui joua un grand rôle parmi les hérésiarques du IIe siècle de notre ère. Eusèbe, dans sa Préparation évangélique[3], a cité quelques fragments d'un traité rédigé par un des disciples de Bardesane, et les mêmes fragments ont été publiés récemment dans la version syriaque, qui est l'originale[4]. Mais le même Eusèbe nous apprend[5] que Bardesane avait composé lui-même un traité sur le destin, qu'il adressa à Marc-Aurèle, et c'est ce traité que Porphyre a mis à contribution. On y trouve un portrait des Brah-

---

[1] *Traité de l'abstinence.*

[2] Palladius, *De gentibus Indiæ et Bragmanibus.* Londres, 1665.

[3] Liv. VI, chap. x.

[4] Cureton, *Spicilegium syriacum.* Londres, 1855. Voyez aussi Land, *Anecdota syriaca.* Leyde, 1862.

[5] *Histoire ecclésiastique*, liv. IV, chap. xxviii.

manistes et des Bouddhistes qui est frappant de vérité, et qui n'a pu provenir que des indigènes. Je
rattache à l'ambassade indienne adressée à Marc-Aurèle certaines analogies de croyance et de pratiques
religieuses entre le culte brahmaniste et le culte
chrétien, qu'on aperçoit à partir de cette époque.
On sait quelle est la grande dévotion des Indiens
de nos jours pour un personnage romanesque appelé Krichna. D'après le Mahabharata, le culte de
Krichna fut apporté dans l'Inde de la terre des Sages,
par un Brahmane qui avait fait un pèlerinage à travers la mer occidentale. Depuis longtemps les savants ont été frappés des analogies qui existent entre
le culte de Krichna et les dogmes du christianisme.
Ce récit serait une explication de ces analogies. En
même temps la légende expliquerait l'introduction
en Occident de certaines croyances d'origine indienne
qui se manifestent à cette époque parmi les sectes
gnostiques, notamment à Alexandrie, rendez-vous
des novateurs de tous les pays[1].

L'an 225 vit la chute des rois parthes qui depuis
près de cinq cents ans étaient maîtres de la Perse,
et l'élévation d'une autre dynastie, la dynastie des
Sassanides. Quelle joie pour les contemporains
d'Auguste, s'ils avaient assisté à ce spectacle tragique! Malheureusement pour les Romains, cette
révolution eut pour eux des conséquences fatales.
Ces conséquences tiennent précisément à ce qui fait

[1] Albrecht Weber, *Indische Skizzen.* Berlin, 1857, p. 28, et
p. 36 et 49 de la traduction de M. Sadoux.

l'objet de ce mémoire. Le chef des Sassanides était Ardeschir, autrement appelé Artaxerxès, et il se prétendait issu des Cyrus et des Darius. Voulant relever la dynastie nouvelle aux yeux des peuples, il fit entre autres conquêtes celle du royaume de la Mésène et de la Kharacène. Ce royaume, dont la politique était naturellement de rester neutre entre les Persans et les Romains, était faible par lui-même; mais il comprenait dans ses limites les côtes occidentales et orientales du golfe Persique, c'est-à-dire précisément les lieux où se trouvaient les ports et les points de relâche pour les navires; voilà pourquoi les rois parthes n'eurent jamais de marine. A peine Ardeschir fut-il maître de la Mésène et de la Kharacène, qu'il augmenta les anciennes places maritimes et en créa de nouvelles. Ensuite lui et ses successeurs, non contents de faire occuper toute la côte orientale du golfe Persique, envahirent toute la côte occidentale, puis la côte méridionale de l'Arabie, puis enfin la côte orientale de la mer Rouge. Les Persans, joints aux Arabes que le gouvernement mêlait habilement parmi eux, formèrent peu à peu une marine respectable. Les navires persans se montrèrent successivement dans toutes les mers orientales, d'abord comme faisant concurrence aux navires romains et éthiopiens, ensuite comme puissance prépondérante. L'influence que les Persans acquirent sur mer fut une des principales causes de la décadence et enfin de la chute totale du nom romain dans les mers orientales.

Le manque de témoignages nous conduit maintenant au milieu du iii° siècle, époque où j'ai placé la rédaction du Périple de la mer Érythrée. J'ai attribué cette rédaction à un personnage du nom de Firmus, qui faisait alors un immense commerce dans les mers orientales. Ayant à sa disposition une flotte de navires, il exploitait à la fois les côtes de la mer Rouge, du golfe Persique et de la presqu'île de l'Inde. Le papyrus d'Égypte, qui servait alors de papier à écrire, était un des principaux objets de son commerce. Il en avait amassé de telles quantités qu'il se vantait de pouvoir, avec ce seul article, lever une armée[1]. Il essaya plus tard de se faire empereur, et nous reparlerons de lui alors.

Pour le moment il s'agit d'expliquer la révolution qui s'était opérée dans la vallée de l'Indus aux dépens du roi de la Bactriane, et qui, à ce qu'il paraît, n'apporta pas d'altération dans le commerce romain, puisque le personnage mis en scène dans le Périple de la mer Érythrée, remonta l'Indus absolument comme il l'eût fait auparavant.

On a vu, dans le mémoire sur le Périple, que les princes survivants de la famille des rois parthes et toutes les personnes qui s'étaient attachées à leur fortune prirent la route de l'Inde, et s'emparèrent de la partie inférieure du fleuve qui la sépare de la Perse. Quelle fut au juste l'étendue du pays que les réfugiés occupèrent, et combien d'années dura leur domination? C'est ce que le Périple ne dit pas.

---

[1] Vopiscus, notice des quatre tyrans, dans l'*Historia Augusta.*

D'un autre côté les annales chinoises, qui sont
quelquefois une si utile ressource, sont très-con-
cises pour cette époque. La Chine était alors en
proie à des troubles intérieurs, et les esprits étaient
trop préoccupés pour faire attention à ce qui se
passait au dehors. Ajoutez à cela que les écrivains
chinois ne paraissent pas avoir connu les dénominations de *royaume de la Bactriane* et d'*Indo-Scythie*.
Ils n'ont pas non plus eu connaissance de l'établissement des Parthes dans la vallée de l'Indus. Voici
comment je propose de concilier leurs témoignages,
qui, dans l'état imparfait où ils nous sont parvenus,
semblent manquer de logique [1].

Le roi qui commandait aux Yue-tchi est nommé
par les Chinois Ki-to-lo, et il résidait dans la vallée
de l'Indus. A l'approche des réfugiés parthes, il
établit son fils avec des forces suffisantes dans la
ville de Pouroucha-poura, qui répond à peu près
à la ville actuelle de Peichaver. Pour lui, il se retira
dans la Bactriane où se trouvait le gros de la nation. Au bout de quelque temps, il repassa l'Hindoukousch et rentra dans la vallée de l'Indus. D'après
cela la domination des chefs parthes n'aurait pas été
de longue durée.

Il serait à désirer qu'on pût restituer le mot

___

[1] Pour les témoignages chinois, je renvoie aux *Nouveaux mélanges asiatiques* d'Abel Rémusat, t. I, p. 220 et 224, et aux extraits
fournis par M. Stanislas Julien à M. Vivien de Saint-Martin (*Les
Huns blancs ou Ephtalites,* p. 43 et suiv. du tirage à part). Aucun
de ces trois savants ne s'est aperçu de ce qu'il y avait de contradic-
toire dans les termes.

Ki-to-lo, qui probablement, en passant en chinois, a été altéré. L'auteur chinois dit que les Yue-tchi, bien que continuant la vie nomade, étaient civilisés et faisaient usage de monnaies. J'espère qu'à l'aide des médailles on parviendra à restituer au mot Ki-to-lo sa véritable forme, et qu'une fois ce pas fait, il y aura moyen de dresser la liste des rois scythes de la Bactriane, dont les noms nous sont inconnus.

D'après la grande extension que le royaume de la Larice prit, au rapport de l'auteur du Périple, à cette époque, royaume auquel on donnait le nom de royaume de Barygaze [1], il y a lieu de croire que la monarchie des Indo-Scythes avait perdu son ascendant, ou du moins que l'affaiblissement des rois indo-scythes permit aux indigènes de relever la tête. Mais au temps de Cosmas, les rois d'origine scythe qui dominaient sur la vallée de l'Indus, avaient reconquis leur ancienne suprématie.

Je suis le premier à reconnaître combien les faits que j'ai eu jusqu'ici à exposer sont rares, et à quel point ces mêmes faits sont dénués des circonstances qui en auraient accru l'intérêt; mais il reste l'idée qui a inspiré ce mémoire, cette idée qu'à une époque où le vieux monde, privé des moyens de communication qui existent maintenant, semblait se composer de parties entièrement étrangères les unes aux autres, le bien et le mal qui atteignaient l'une d'elles réagissaient sur toutes les autres. Nous voilà

[1] Voyez mon Mémoire sur le Périple de la mer Érythrée.

arrivés à une situation qui est l'opposé de celle qui s'établit après la bataille d'Actium, lorsque la Chine et l'empire romain prirent chacun de leur côté une assiette régulière. L'empire chinois se trouvait affaibli, et avait perdu toute action sur les populations de la Tartarie; l'empire romain compta jusqu'à trente tyrans et sembla sur le point de se dissoudre. Eh bien! que le lecteur veuille bien y faire attention : alors, comme aujourd'hui, et d'un bout du monde à l'autre, tout ce qu'un peuple ressentait, les autres le ressentaient plus ou moins. C'est un spectacle qui se présente pour la première fois dans l'histoire, un spectacle dont l'idée n'était pas venue du temps des Sémiramis, des Sésostris et d'Alexandre, et qui mérite toute l'attention du philosophe et de l'historien.

En l'année 260, l'empereur Valérien, dans sa guerre contre Sapor, roi de Perse, fut attiré par trahison dans une conférence, retenu prisonnier et soumis aux traitements les plus indignes. Sapor n'eut pas honte d'adresser aux princes ses alliés et à ses vassaux, qui l'avaient aidé dans cette guerre, une lettre en style pompeux, dans le genre des lettres que les princes orientaux ont coutume encore à présent d'écrire après une grande victoire. Parmi les personnages qui reçurent cette lettre, étaient les deux princes vassaux de la Perse, les rois de l'Arménie et du pays des Cadusiens, sur la côte sud-ouest de la mer Caspienne, et un troisième appelé Belsolus, lequel probablement régnait sur le pays des Ibériens, sur le versant méridional du Caucase; les habitants de ces contrées étaient en rapport de commerce avec les populations riveraines de la mer Noire, qui dépendaient de l'empire romain, et intéressés par conséquent au rétablissement de la paix. Le régent du royaume d'Arménie, nommé Artavasde[1], fit à Sapor la réponse suivante: « Je prends part à votre gloire; mais j'appréhende que vous n'ayez moins vaincu les Romains qu'attisé le feu de la guerre. Valérien sera réclamé par son fils, par son petit-fils, par les généraux romains, par toute la Gaule, par toute l'Afrique, par toute l'Espagne, par toute l'Italie, par toutes les nations de l'Orient qui sont dans l'alliance des Romains ou sous leur domination. Vous n'avez fait prisonnier qu'un vieillard, et vous avez soulevé tous les peuples de la terre contre vous, peut-être aussi contre nous qui vous avons envoyé du secours, qui sommes vos voisins, qui souffrons toujours de vos querelles avec la république romaine[2]. » D'un autre côté les princes alliés des Romains, notamment le roi de la Bactriane, celui de l'Albanie (Géorgie) et celui de la Chersonèse Taurique, qui n'avaient reçu de lettre d'aucun genre, firent dire aux généraux romains de tenir bon, promettant de faire tout ce qui dépendrait d'eux pour la cause commune[3].

[1] *Mémoires sur l'Arménie,* par Saint-Martin, t. I, p. 412.

[2] Trebellius Pollion, dans l'*Historia Augusta,* article *Valérien.*

[3] Voici le passage entier de Trebellius Pollion : «Captus igitur (Valerianus) in ditionem Saporis pervenit; quem quum gloriosæ victoriæ successu minus honorifice quam deceret, superbo et elato

Ni le fils, ni le petit-fils de Valérien ne prirent
les armes pour arracher l'infortuné monarque des
mains de ses ennemis. Gallien, fils de Valérien, était
un homme sans caractère, uniquement occupé de

animo detineret, atque cum Romanorum rege, ut vili et abjecto
mancipio loqueretur, literas ab amicis regibus, qui et ei contra Valerianum faverant, plerasque missas accepit, quarum seriem Julius
refert :

« Sapori rex (regi) regum Belsolus :

«Si scirem posse aliquando Romanos penitus vinci, gauderem
« tibi de victoria quam præfers. Sed quia vel fato vel virtute gens illa
« plurimum potest, vide ne quod senem imperatorem cepisti, et id
« quidem fraude, male tibi cedat posterisque tuis. Cogita quantas
« gentes Romani ex hostibus suas fecerint, a quibus sæpe victi sunt.
« Audivimus certe quod Galli eos vicerint, et ingentem illam civita-
« tem incenderint. Certe Galli Romanis serviunt. Quid Afri? eos
« nonne vicerunt? Certe serviunt Romanis. De longioribus exemplis
« et fortasse ignotioribus nihil dico. Mithridates Ponticus totam Asiam
« tenuit. Certe victus est; certe Asia Romanorum est. Si meum con-
« silium requiris, utere occasione pacis, et Valerianum suis redde :
« ego gratulor felicitati tuæ, si tamen illa uti scias. »

« Balerus, rex Cadusiorum, sic scripsit :

« Remissa mihi auxilia integra et incolumia gratanter accepi. Sed
« captum Valerianum principem principum non satis gratulor; ma-
« gis gratularer si redderetur. Romani enim graviores tunc sunt
« quando vincuntur. Age igitur ut prudentem decet : nec fortuna te
« inflet quæ multos decepit. Valerianus et filium imperatorem habet
« et nepotem Cæsarem : et quid? habet et omnem orbem illum Ro-
« manum, qui contra te totus insurget. Redde igitur Valerianum, et
« fac cum Romanis pacem, nobis etiam ob gentes Ponticas profu-
« turam. »

« Artabasdes rex Armeniorum talem ad Saporem epistolam misit :

« In partem gloriæ venio. Sed vereor ne non tam viceris quam
« bella severis. Valerianum et filius repetet, et nepos, et duces Ro-
« mani, et omnis Gallia, et omnis Africa, et omnis Hispania, et
« omnis Italia, et omnes gentes quæ sunt in Illyrico atque in oriente
« et in Ponto, quæ cum Romanis consentiunt, aut Romanorum sunt.
« Unum ergo senem cepisti, et omnes gentes orbis terrarum infes-

ses plaisirs. Bientôt il se manifesta des rébellions de tous les côtés; quant aux provinces orientales, elles furent envahies par Sapor; aussi l'on put croire que c'en était fait du nom romain.

Il y avait alors en Orient, parmi les populations qu'on appelait du nom de barbares, un homme brave et intelligent, qui le premier prit la défense de l'empire. C'était Odénath, chef de la ville de Palmyre. Odénath marcha contre Sapor et l'obligea à rentrer dans ses États. Comme il mourut, il fut remplacé par sa femme, Zénobie, qui possédait toutes les qualités viriles. Zénobie prit le commandement de la Mésopotamie, et tint tête à tous ses ennemis. Malheureusement elle se lassa de combattre pour la cause d'un autre, et prit elle-même le diadème. Sa prétention était de fonder un empire d'Orient, qui aurait servi de séparation entre l'em-

«tissimas tibi fecisti : fortassis et nobis qui auxilia misimus, qui « vicini sumus, qui semper vobis inter vos pugnantibus laboramus. »

« Bactriani, et Albani (les Géorgiens) et Tauro-Scythæ (les habitants de la Chersonèse Taurique) Saporis litteras non receperunt, sed ad Romanos duces scripserunt, auxilia pollicentes ad Valerianum de captivitate liberandum. Sed Valeriano apud Persas consenescente, Odenatus Palmyrenus, collecto exercitu rem Romanam prope in pristinum statum reddidit. Cepit regis thesauros, cepit etiam quas thesauris cariores habent reges Parthici, concubinas. Quare magis reformidans Romanos duces, Sapor timore Balistæ atque Odenati, in regnum suum ocius se recepit. Atque hic interim finis belli fuit Persici.» Maintenant, si quelque lecteur est étonné d'apprendre que les princes barbares étrangers fussent si bien au courant des divers épisodes de l'histoire romaine, je le renverrai au deuxième paragraphe de ce mémoire, ci-devant, p. 183 et suiv. D'ailleurs ils avaient à leur service des secrétaires grecs et latins.

pire romain proprement dit et la Perse. Dans cette vue, elle fit occuper la Syrie et même l'Égypte.

Qu'on juge de la situation de l'empire. En Occident il y avait presque autant d'empereurs que de provinces. En Orient, notamment dans les contrées qui font l'objet spécial de ce mémoire, la situation était encore plus fâcheuse. Les compagnies de marchands romains établies dans l'Abyssinie, l'Arabie, l'Inde, la Bactriane, ne pouvaient plus communiquer avec la capitale. En l'absence de tout témoignage positif, on peut croire que les indigènes eux-mêmes étaient dans l'angoisse. Les affaires étaient suspendues, la misère générale. Quoi! devait-on se dire, la reine des cités, la cité qu'on nommait la *ville éternelle,* va disparaître à son tour!

Aux grands maux les grands remèdes. Les vieux Romains jetèrent les yeux sur un ancien soldat qui avait signalé la vigueur de son bras dans plus de cent combats. C'était Aurélien, homme violent, mais plein de patriotisme et d'un courage à toute épreuve. Aurélien sentit que le plus grand danger était dans l'audace de Zénobie. C'est par elle qu'il voulut commencer. Il rassembla les meilleures troupes, pourvut à la sûreté de Rome, puis se mit en marche vers l'Orient. Ce n'est pas ici le lieu de parler de la lutte gigantesque dont le monde fut alors témoin. Il suffit de rappeler que Zénobie fut vaincue et faite captive.

Mais alors Firmus, à qui j'ai attribué la rédaction du Périple de la mer Érythrée, Firmus qui, par suite de l'étendue de ses affaires, avait eu des rapports avec Zénobie, et qui vraisemblablement avait contribué à faire passer l'Égypte sous son autorité, eut l'audace de se faire proclamer empereur dans l'antique patrie des Pharaons. Manquant probablement de soldats, il traita avec les Arabes nomades, et avec des populations barbares qui, sous le nom de Blemyes, étaient établies au sud de l'Égypte [1].

Aurélien était alors occupé à restaurer l'autorité romaine dans les provinces orientales de l'empire. Il ne donna pas à Firmus le temps d'asseoir son pouvoir. Firmus fut vaincu et mis à mort. L'exaltation d'Aurélien était extrême. Ce qui l'indignait le plus, c'est qu'une femme eût osé se mesurer avec lui. De plus il ne pouvait se consoler d'avoir eu à combattre un marchand qui se vantait de boire un quartaut de vin à son repas. Dans la lettre qu'il écrivit au Sénat pour lui annoncer ses succès contre Zénobie et Firmus, il s'exprimait ainsi : «Aurélien Auguste au peuple romain qui l'aime, salut. Après avoir rendu la paix à tout l'univers, je vous dirai en peu de mots que nous avons défait, assiégé, mis à la torture et fait périr Firmus, ce brigand égyptien, dont les mouvements des barbares avaient exalté les espérances, et qui s'était entouré des derniers partisans d'une femme éhontée [2].

---

[1] Sur ces barbares, voyez deux mémoires de Letronne, dans le *Recueil de l'Académie des Inscriptions,* t. IX, p. 153 et suiv. t. X, p. 186 et suiv.

[2] Vopiscus, *Notice sur Firmus.* En preuve du luxe qui régnait

Cependant l'anxiété devait être extrême dans les régions orientales de l'Asie. Le nom de Firmus, qui était très-répandu dans ces contrées, avait dû ajouter à l'émotion. Tout à coup les communications avec Rome sont rétablies; on apprend la défaite de Zénobie et la mort de Firmus. La joie devient générale, et de toutes parts des députations se mettent en route pour aller féliciter le vainqueur.

Le triomphe d'Aurélien à Rome fut magnifique. Ce fut peut-être la plus belle fête qu'on eût jamais vue à Rome. En effet, dans les triomphes précédents, il s'était agi d'un pays plus ou moins grand ajouté aux provinces de l'empire. Ici il s'agissait de l'empire tout entier dont l'existence était menacée. Dans tous les cas ce fut la dernière grande fête de Rome païenne. Vopiscus, qui était contemporain, qui d'ailleurs, en sa qualité de parent de Dioclétien, avait eu accès dans les archives de la préfecture, parle avec quelques détails de ce triomphe. Il dépeint les députés des nations amies et les représentants des peuples vaincus comme marchant sur deux files, les uns tenant des présents à la main, les autres ayant les mains liées derrière le dos. Parmi les vaincus qui figurèrent dans la cérémonie, on remarquait Zénobie marchant, suivant l'usage, à pied. Quant aux députations des nations amies,

dans l'habitation de Firmus, Vopiscus dit que les murs étaient couverts de cubes de verre, fixés avec du bitume et d'autres mastics. (Voyez, à ce sujet, la notice que j'ai insérée dans les *Comptes rendus des séances de l'Académie des Inscriptions*, 13 juin 1862.)

Vopiscus nomme celles des Axumites, maîtres de la côte occidentale de la mer Rouge, des princes de l'Arabie Heureuse, des Indiens et des Bactriens. Il y avait aussi des députés des Arabes nomades et des Blemyes, qui sans doute avaient voulu faire oublier leur complicité avec Firmus. Il y en avait même qui venaient de la part du roi de Perse et de son vassal, le roi des Ibériens[1].

Vopiscus ne parle pas de députés chinois. C'est peut-être qu'ils n'arrivèrent pas à temps. Quoi qu'il en soit, Aurélien ayant été assassiné peu de temps après, Tacite, qui lui succéda, dit entre autres choses, dans l'éloge funèbre d'Aurélien qu'il lut devant le Sénat : «Les victoires d'Aurélien dans le monde entier ont fait recouvrer à l'empire son ancienne splendeur. Il nous a donné les Gaules; il a délivré l'Italie..... C'est lui qui a remis sous nos lois l'Orient courbé sous le joug honteux d'une femme.

---

[1] Vopiscus s'exprime ainsi (*Notice sur Aurélien*, chap. xxxiii) : « Præter captivos gentium barbararum, Blemyes, Axomitæ, Arabes « Eudæmones, Indi, Bactriani, Hiberi, Saraceni, Persæ, cum suis « quique muneribus : Gothi, Alani, Roxolani, Sarmatæ, Franci, « Suevi, Vandali, Germani, religatis manibus captivi præcesserunt. » La phrase aurait pu être mieux construite; mais le sens n'est pas douteux. Crevier, dans son Histoire des empereurs romains, l'a entendue comme moi. Quant à Tillemont, il ne s'est pas expliqué làdessus. A la même occasion, je ferai observer que les éditions imprimées mettent une virgule entre *Arabes* et *Eudæmones*. A mon avis, c'est une faute. Il s'agit là des habitants de l'Arabie Heureuse, *Arabi Felices*. Les Arabes nomades, les Arabes qui habitaient le nord de la presqu'île, sont désignés à part sous la dénomination *Saraceni*. Les uns et les autres étaient alors en rapport d'amitié avec les empereurs.

C'est lui qui a défait, battu, accablé les Perses encore enorgueillis de la mort de Valérien. On a vu les Arabes nomades, les Blemyes, les Axumites, les Bactriens, les Sères, les Arméniens, les peuples même de l'Inde le vénérer presque comme un dieu[1]. »

Que peuvent signifier ces mots : Aurélien vénéré par les Chinois presque comme un dieu? sinon que le bruit de ses exploits avait retenti jusque sur les bords du fleuve Bleu et du fleuve Jaune. Précisément les annales chinoises nous apprennent qu'à cette époque on se plaignait en Chine du tort que ces troubles intestins faisaient au commerce de la soie[2]. Aussi, d'après ces mêmes annales, le prince qui régnait à Rome, à une époque correspondant à l'année 284 de notre ère, prince qui ne peut être que Dioclétien, crut devoir envoyer une ambassade en Chine, afin d'aplanir les difficultés[3]. Ainsi le doute n'est pas permis. Le prestige du nom romain allait en s'affaiblissant. Néanmoins il était encore assez grand pour que tout événement qui ébranlait Rome, ébranlât le vieux monde tout entier.

[1] Vopiscus (*Notice sur Aurélien*, chap. XLI) : « Illum Saraceni, Ble-
« myes, Axomitæ, Bactriani, Seres, Hiberi, Albani, Armenii, populi
« etiam Indorum, veluti præsentem pene venerati sunt deum. » Sur
le mot *præsens*, voyez ci-devant, p. 101.

[2] Mémoire d'Abel Rémusat, dans le *Recueil de l'Académie*, t. VIII,
p. 127.

[3] Abel Rémusat, dans le *Recueil de l'Académie*, p. 111; Klaproth,
Tableaux historiques de l'Asie, p. 70; M. Pauthier, *Inscription de Singanfou*, p. 38 et 42.

On sait que Dioclétien, se reconnaissant impuissant à conjurer les dangers qui menaçaient l'empire de toutes parts, s'adjoignit pour collègue Maximien Hercule, et que les deux empereurs firent chacun choix d'un lieutenant, à savoir : Constance Chlore, père du grand Constantin, et Galère. Cette mesure eut d'abord un résultat utile, et l'empire recouvra un moment la tranquillité. Il existe un témoignage contemporain de l'espèce de trêve générale dont le monde jouit alors. Dioclétien, vers l'an 290, ayant eu une entrevue à Milan avec Maximien, un orateur gaulois, appelé Mamertin, dit en s'adressant aux deux empereurs : « Le Rhin et le Danube, le Nil et l'Euphrate associé au Tigre, les deux Océans oriental et occidental avec tout ce qui se trouve entre eux de terres et de côtes, sont pour vous un bien commun, qui est l'objet de votre sollicitude, et dont vous jouissez avec autant de satisfaction que nos deux yeux jouissent en commun de la lumière du jour[1]. »

Quelques années après, Eumène, professeur d'éloquence à Autun, disait à Constance Chlore, à propos des succès obtenus par les quatre princes : « C'est à présent qu'il y a du plaisir à contempler une mappemonde, maintenant que dans le monde entier il n'est pas de pays qui ne sympathise avec

[1] « Vobis Rhenus, et Ister, et Nilus, et cum gemino Tigris Eu-
« phrate, et uterque qua solem accipit et reddit, Oceanus, et quid-
« quid est inter ista terrarum et litorum, tam facili sunt æquanimitate
« communia, quantum sibi gaudent esse communem oculi diem. »
(*Panegyrici veteres,* édition de Nurenberg, 1779, t. I, p. 158.)

nous [1]. » Évidemment dans les deux passages il
s'agit de la paix momentanée qui régnait dans
l'univers, et des relations internationales qui avaient
lieu depuis l'océan Atlantique jusqu'à la mer de
Chine. Quant à la mappemonde dont parle Eumène, il ne peut être question que de la carte de
Peutinger, carte qui reproduit le système d'Ératosthène, et où l'Asie orientale occupe une place très-
petite.

Malheureusement ces deux témoignages n'indi-
quent aucun fait particulier. Il en existe un troisième qui donne lieu de croire que, sous Dioclétien,
le gouvernement eut un moment à se plaindre du
roi de l'Éthiopie et des rois de l'Inde. Eumène,
parlant de l'expédition que Dioclétien fit en Égypte
pour arracher cette contrée à un rebelle du nom
d'Achillée, et des combats sanglants qui furent
livrés à cette occasion, dit que la terreur inspirée
par Dioclétien se répandit jusqu'en Éthiopie et
dans l'Inde [2].

Les événements qui suivirent l'abdication de Dioclétien n'étaient pas de nature à favoriser les relations internationales. On sait que l'ordre ne se
rétablit dans l'empire que lorsque le grand Constantin, ayant abattu tous ses rivaux, rappela l'époque d'Auguste et de Trajan. Aussitôt les rois de

---

[1] « Nunc enim, nunc demum juvat orbem spectare depictum,
« cum in illo nihil videmus alienum. » (*Panegyrici veteres*, t. I, p. 254.)

[2] « Dent veniam tropæa Niliaca, sub quibus Æthiops et Indus
« intremuit. » (*Ibid.* p. 275.)

l'Inde, qui étaient intéressés à rendre au commerce
son ancienne activité, s'empressèrent, comme les
autres princes orientaux, d'envoyer des ambassadeurs à l'empereur. On sait que le siége de l'empire avait déjà été transféré à Constantinople.
Aussi, à partir de ce moment, les annales chinoises
donnent à l'empire romain le nom de *Fou-lin.*
C'est comme si elles avaient dit *empire de Constantinople.* En effet *Fou-lin* est le mot grec *polis* ou
ville terminant le nom de la nouvelle capitale et
mis à l'accusatif[1].

Eusèbe de Césarée, qui avait été admis dans l'in-
timité de Constantin, dit qu'il lui arriva plus d'une
fois, en entrant dans le palais, de rencontrer sur son
passage des députés des nations étrangères, chacun
avec son costume particulier. Les uns avaient un
aspect sauvage, et, en les voyant, on éprouvait de
la frayeur; d'autres avaient une apparence qui pré-
venait tout de suite en leur faveur. Ceux-ci étaient
noirs, ceux-là d'un blanc comme la couleur de la
neige, quelques-uns d'un teint basané. Ces députés
étaient tous accompagnés de présents accommodés
au goût de leur pays, et provenant en général du
pays même. C'étaient des couronnes d'or, des dia-
dèmes enrichis de pierreries, des étoffes précieuses,
de jeunes esclaves, des chevaux, des animaux rares,
des armures de toute espèce. Quelquefois ces députés, frappés de l'éclat qui brillait à la cour impériale,
et touchés de l'accueil bienveillant de l'empereur,

____
[1] Mémoire de M. Pauthier sur l'*Inscription de Singanfou*, p. 42.

oubliaient leur patrie pour s'attacher à sa personne.
On en vit parvenir à des dignités élevées[1].

Parmi ces députés, Eusèbe nomme ceux des
Blemyes, des Indiens et des Éthiopiens. On a vu, dans
le paragraphe précédent, qu'à cette époque le nom
d'Indien était donné à certains peuples riverains de
la mer Rouge, et qu'il y avait deux Indes, l'Inde
citérieure, qui désignait l'Éthiopie et les contrées
voisines, et l'Inde ultérieure, qui était l'Inde proprement dite. Il se pourrait donc que le mot *Indien*
employé par Eusèbe désignât des hommes venus
des côtes de la mer Rouge. Mais voici un autre passage d'Eusèbe, qui n'est pas susceptible de deux
interprétations : « Vers la même époque, dit-il, on
vit arriver des députés, envoyés par les Indiens qui
habitent auprès du soleil levant. Ils apportaient des
présents, tels que pierres précieuses, animaux propres à leur patrie, etc. De leur part, c'était une manière de rendre hommage à la puissance de l'empereur; une autre manière de la part de ces peuples
de reconnaître le prince pour leur seigneur et leur
maître, c'était de mettre chez eux le portrait du
prince et sa statue à la place d'honneur. Ainsi la
puissance de Constantin, qui avait été proclamée
pour la première fois en Bretagne, sur les bords de
l'océan Occidental, lorsqu'il fut salué empereur, recevait sa dernière consécration chez les Indiens, dans
les contrées où se lève l'aurore[2]. » N'était-ce pas la

[1] *Vita Constantini*, liv. IV, chap. vii.
[2] *Vita Constantini*, liv. IV, chap. l.

réalisation affaiblie du rêve qu'avait formé Trajan?

Il est vrai que ce passage renferme certaines expressions qui ne peuvent pas être prises à la lettre. Les députés indiens, particulièrement ceux qui aspiraient à quelque faveur, ont certainement dit des choses dont ils n'étaient pas chargés; mais est-ce une raison d'affirmer, comme l'ont fait quelques savants, que tout cela n'est qu'une fable[1]? On a contesté les portraits et les statues de l'empereur. C'était ne pas se rendre un compte exact de l'état des choses. Il y avait des compagnies de marchands romains dans les principales places de commerce de l'Inde. Il arrivait donc chaque année des portraits et des statues du souverain régnant, apportés par les bâtiments marchands. Il en venait même, d'après ce que nous apprend l'auteur du Périple, qui étaient envoyés par l'empereur aux princes auxquels il voulait donner une marque d'amitié[2]. D'ailleurs il devait y avoir sur les lieux des artistes occidentaux, qui exerçaient leur industrie. C'est ce qui s'est constamment pratiqué depuis le xvie siècle, dans l'Inde et en Perse, où cependant les Musulmans, par principe de religion, ont horreur de toute représentation d'être animé.

[1] Parmi ces savants est Letronne. (Voyez le *Recueil de l'Académie des Inscriptions*, t. X, p. 229.)

[2] Ci-devant, p. 188. L'auteur du Périple parle aussi des présents que l'empereur et les princes de l'Orient s'envoyaient réciproquement. On trouvera une énumération de présents du même genre dans le roman grec d'Héliodore intitulé *Théagène et Chariclée*, liv. X, chap. v.

On a soulevé une autre difficulté. Comment des indigènes se seraient-ils permis de donner la place d'honneur au portrait et au buste de l'empereur, ou même simplement de les admettre chez eux? Mais à l'heure qu'il est, le portrait et le buste de la reine Victoria ne se trouvent-ils pas dans beaucoup d'habitations indigènes, à Calcutta et ailleurs?

Il y a une considération qu'on ne doit pas perdre de vue : ainsi que j'ai déjà eu occasion de le faire remarquer, il ne faut pas juger de l'état des indigènes de la presqu'île de l'Inde, à cette époque, par ce qu'ils ont été au moyen âge sous la pression musulmane[1]; rapportons-nous-en plutôt à ce qu'ont dit les Brahmanistes contemporains. Le mélange de races et de croyances dans les provinces du nord-ouest avaient amené une espèce de fusion générale et une tolérance réciproque. Ainsi qu'il a déjà été remarqué, Plutarque dit positivement que la Bactriane et le Caucase indien avaient adopté les dieux de la Grèce, et que l'Asie était devenue tributaire des mœurs et des usages helléniques. Des plaintes analogues contre les populations de la vallée de l'Indus sont exprimées dans le grand poëme indien intitulé *Mahabharata*, qui fut composé dans les premiers siècles de notre ère. Ces populations, sous les dénominations *Aratta* et *Bahlika*, y sont représentées comme n'ayant pas de croyances et comme se livrant à la conduite la plus scandaleuse[2]. Le même effet se

---

[1] Cette question sera traitée dans un mémoire subséquent.

[2] *Radjatarangini,* ou Histoire du Kachemire, texte sanscrit et traduction de M. Troyer, t. I, p. 561 et suiv.

produisit sur la côte du Malabar, par suite des opérations du commerce. Aussi les personnes rigides,
celles qui ne voyaient de salut que dans la croyance
à Brahma, s'en allaient dans l'Inde centrale, sur
les bords du Gange, là où n'avait pas encore pénétré
l'influence étrangère. C'est la contrée appelée en
conséquence par les Brahmanistes du nom de *Ma-
dhyadesa*, ou pays du milieu, et de celui d'*Arya-
varta*, ou pays des gens vertueux. On a vu, dans mon
Mémoire sur le Périple, que les Brahmanes ne
considéraient pas comme appartenant à l'Inde les
régions situées au nord-ouest et à l'ouest, lesquelles
se trouvaient sous la domination étrangère, et qui,
en général, étaient occupées par des étrangers et
des hérétiques.

Aux yeux des Brahmanes, il existait contre les
indigènes du Malabar et les autres habitants de l'Inde
méridionale plusieurs causes de réprobation. Le
sanscrit, qui est la langue sacrée des Brahmanes,
est venu des régions situées au nord de l'Inde, et il
a été apporté par le peuple qui s'est donné le titre
d'*Arya*, ou hommes vertueux. Le mot *sanscrit* est
synonyme de langue parfaite; à son tour, l'écriture
employée par les Brahmanes porte le nom de *de-
vanagari*, ou langue des dieux. Or, les populations
aborigènes du Dekhan eurent de tout temps leur
langue et leur écriture à part, telles que le tamoul,
le telinga, etc. Une autre cause de la colère des
Brahmanes contre les habitants des contrées maritimes en général, c'est que beaucoup d'entre eux se
livraient à la navigation, et ne craignaient pas de

quitter, au moins pour quelque temps, le sol sanctifié
par Brahma, pour aller fouler un sol impur. On a vu
que les marins indiens prirent part à la bataille d'Actium. Aussi le Code de Manou, qui reçut sa dernière
forme à l'époque dont il s'agit dans ce mémoire, a
rangé les habitants du Dekhan dans la classe des
Soudras, la dernière des quatre castes, et il a déclaré
que tout homme qui se respecte ne pouvait pas demeurer dans un tel pays. Le Code de Manou, faisant
une énumération des populations du nord-ouest et
du midi de l'Inde qui avaient mérité l'excommunica-
tion, s'exprime ainsi : « Par l'omission des sacrements,
et par la non-fréquentation des Brahmanes, les races
suivantes de Kchatriyas sont descendues par degrés,
dans ce monde, au rang des Soudras : les Dravidas
(sur la côte du Coromandel), les Yavana (Grecs et
Romains), les Pahlava (Parthes), les Tchina (Chinois), etc. [1] » Or, comme on sait, les Soudras,
dans l'Inde, sont traités à peu près comme l'étaient
les lépreux chez nous au moyen âge, c'est-à-dire que,
si on les touche, on est frappé d'impureté, et qu'ils
doivent se tenir à part du reste des humains [2].

Un fait qui se passa alors vient à l'appui des considérations qui précèdent. Le philosophe Métrodore,
qui déjà avait visité l'Éthiopie, se rendit dans l'Inde
pour observer les mœurs des Brahmanes. On ne
distingue pas bien dans le texte s'il s'avança jus-

[1] *Code de Manou*, liv. X, n°ˢ 43 et 44.
[2] Heeren, *De la politique et du commerce des peuples de l'antiquité*,
t. III de la traduction française, p. 354.

qu'au cœur de l'Inde, dans la vallée du Gange.
Quoi qu'il en soit, Métrodore ayant enseigné aux
indigènes l'art de construire des moulins à eau et
des bains, ils en furent si reconnaissants, qu'ils lui
ouvrirent leurs sanctuaires et n'eurent rien de caché
pour lui[1].

Le christianisme se répandit de bonne heure dans
les régions orientales, comme il le fit dans les régions occidentales. L'exemple donné par Constantin
fut imité par le roi des Axumites, qui était alors
maître de toute l'Éthiopie. Le roi des Axumites avait
de nombreux navires, et ses sujets faisaient un commerce très-actif, non-seulement sur les côtes de
l'Arabie, mais encore dans les mers de l'Inde.

La communauté de religion et le besoin de tenir
tête aux rois de Perse, dont l'ascendant allait toujours
croissant, amenèrent le roi des Axumites et l'empereur de Constantinople à combiner leurs efforts.
L'Arabie comptait aussi un bon nombre de chrétiens : un historien ecclésiastique, Philostorge, fait
mention, sous le règne de l'empereur Constance,
fils du grand Constantin, d'une députation envoyée
par ce prince dans l'Inde, pour y aider à la propa-
gation du christianisme. Quelques savants avaient
conclu de là que, dès cette époque, le christianisme
avait fait de grands progrès dans l'Inde; mais Letronne a prouvé que par le mot *Indiens* il fallait
entendre ici certains peuples riverains de la mer
Rouge. On sait que malheureusement l'esprit de

___
[1] Cedrenus, édit. de Bonn, t. I, p. 516.

secte ne tarda pas à se répandre parmi des populations qui auraient eu tout à gagner à rester unies. Constance était un partisan ardent de l'arianisme. La députation dont il s'agit avait pour objet d'obtenir d'un roi de l'Arabie Heureuse la permission de bâtir quelques églises dans ses États[1].

Une véritable ambassade indienne fut envoyée à l'empereur Julien par le roi de Ceylan. On a vu que les Romains n'avaient jamais entretenu de comptoir dans cette île, qui paraît si bien placée pour devenir le centre du commerce des mers orientales. On a vu aussi que les rois bouddhistes de Ceylan saisissaient toutes les occasions d'attirer les navires dans leurs États. Julien l'Apostat ayant annoncé l'intention de régénérer l'empire, le roi de Ceylan crut l'occasion opportune pour appeler son attention.

Ammien Marcellin adopte, à cette occasion, un style emphatique, et s'exprime ainsi : « La renommée proclamait à l'étranger le courage de l'empereur, sa tempérance, ses talents militaires; de proche en proche son nom, éveillant l'idée de toutes les vertus, faisait le tour du monde. Un sentiment de crainte respectueuse se communiqua des peuples voisins aux nations les plus éloignées. De tous côtés et coup sur coup arrivèrent des ambassades. Il en vint, pour négocier la paix, de l'Arménie et des contrées situées

---

[1] Voyez la *Biographie universelle*, au mot *Théophile;* le mémoire de Letronne, t. X du *Recueil de l'Académie*, p. 218 et suiv. M. Caussin de Perceval, *Essai sur l'histoire des anciens Arabes*, t. I, p. 111 et 112.

au delà du Tigre; de l'Inde jusqu'à Dib et Serendib,
il partit, à l'envi, des députations chargées de présents[1]. » Le nom de Serendib répond évidemment
à l'île de Ceylan, dont le nom s'écrit, chez les indigènes, *Sinha-douipa* ou *Sinka-douipa*, ce qui signifie
île des lions. Cette île, grâce à son admirable situation, et grâce à l'esprit d'entreprise des princes qui
la gouvernaient, ne tarda pas à devenir le centre du
commerce des mers orientales. Quant au mot *dib*,
c'est probablement une île de la mer Rouge, appartenant à ce qu'on nommait alors l'*Inde citérieure*.

On le voit : ce n'est pas faute de bonne volonté
de la part des populations de l'Asie orientale, si
leurs relations avec les peuples de l'Occident subissaient des interruptions. Malheureusement l'empire
romain, qui allait toujours en s'affaiblissant, était
arrivé à l'état d'un navire battu par la tempête, qui
tantôt s'abaisse, tantôt se relève, mais qui, après
s'être relevé, s'abaisse de plus en plus. Ajoutez aux

[1] Voyez Ammien Marcellin, liv. XXII, chap. vii. Nous nous
plaignons, non sans raison, que les livres anciens qui traitent de
cette époque soient si défectueux. La portion des récits d'Ammien
Marcellin qui se rapporte à notre sujet est entre nos mains. De
quelle ressource aurait pu être cet ouvrage pour les questions dont
il s'agit ici! Ammien Marcellin avait servi à la fois dans les provinces
orientales et occidentales de l'empire; il avait accompagné l'empereur Julien dans son expédition contre la Perse. Personne n'était
mieux placé que lui pour recueillir des renseignements, non-seulement sur la Perse, mais encore sur les contrées voisines. Eh bien!
ainsi que d'autres l'ont déjà fait remarquer, le tableau qu'il fait de
l'Orient, vers les années 360 et suivantes de notre ère (liv. XXIII,
ch. vi), est imparfait. Il oublie des faits très-importants, et, dans
ceux qu'il rapporte, il manque plus d'une fois de critique.

révolutions politiques l'appauvrissement général, effet de l'exportation longtemps prolongée du numéraire; ajoutez l'invasion des barbares.

La dernière mention, du moins à ma connaissance, des relations de l'empire romain d'Occident avec l'Asie orientale, se rapporte au règne du grand Théodose, dans les dernières années du IVe siècle. Le poëte Claudien s'exprime ainsi dans le premier livre de son éloge de Stilicon : « Quels drapeaux réunirent jamais tant de nations différentes de langage et d'armure? Sur les pas de Théodose marchait l'Orient entier. Là paraissait l'habitant de Colchos à côté de l'Ibère; l'Arabe, coiffé du turban, près de l'Arménien à la magnifique chevelure. Là se dressaient les tentes peintes du Sace, les toiles colorées du Mède, les pavillons que l'Indien basané enrichit de diamants. Là s'élevaient les légions du Rhône et les belliqueux habitants des bords de l'Océan; et tant de nations qu'éclaire l'aurore ou le soleil couchant n'avaient qu'un chef, Stilicon [1] ! »

A la vérité, Claudien recherche l'emphase, et il faut beaucoup rabattre de ce qu'il dit; mais il existe

[1] . . . . nec tantis dissona linguis
Turba, nec armorum cultu diversior unquam
Confluxit populus : totam pater undique secum
Moverat Auroram; mixtis hic Colchus Iberis,
Hic mitra velatus Arabs, hic crine decoro
Armenius, hic picta Saces, fucataque Medus,
Hic gemmata niger tentoria fixerat Indus;
Hic Rhodani procera cohors, hic miles alumnus
Oceani : ductor Stilicho tot gentibus unus,
Quot vel progrediens, vel conspicit occiduus sol.

un autre témoignage contemporain qu'il est difficile
de récuser. C'est le discours qu'un orateur borde-
lais, nommé *Pacatus*, adressa, l'an 389, à Théodose, lorsque ce prince, ayant terrassé le tyran
Maxime, se rendit à Rome, pour y régler les affaires
de l'empire. Ce discours renferme le passage suivant:
«Votre nom, prince, ne fait pas seulement trembler les nations qui sont séparées de notre empire
par les forêts, les fleuves et les montagnes, mais
encore celles qui sont inaccessibles par l'effet, soit
de chaleurs continuelles, soit d'un froid permanent,
ou bien de mers infranchissables. Ni l'Indien n'est
protégé par l'Océan, ni l'habitant du Bosphore par
le froid, ni l'Arabe par un soleil ardent; et là où
à peine le nom romain était parvenu, vous faites
sentir votre autorité [1].» Ici encore il faut faire la
part de l'exagération; mais comment admettre que
le grand Théodose eût accepté un pareil langage,
s'il ne s'y était pas trouvé un fond de vérité? Je
ferai remarquer en passant que dans les deux passages le mot *Inde* ne peut s'appliquer qu'à la véritable Inde.

Hélas! en même temps que la consommation de
la soie allait toujours croissant dans les provinces de

[1] «Tua enim, imperator, auspicia non hæ tantum gentes tremunt,
«quas ab orbe nostro silvarum intervalla, vel flumina montesve
«distinguunt, sed quas æternis ardoribus inaccessas, aut continua
«hieme separatas, aut interfusis æquoribus abjunctas natura dister-
«minat. Non Oceano Indus, non frigore Bosporanus, non Arabs
«medio sole securus est; et, quo vix pervenerat nomen ante Roma-
«num, accedit imperium.» (*Panegyrici veteres*, t. II, p. 316.)

l'empire, les navires romains perdaient l'habitude
de sortir de l'enceinte de la mer Rouge. On com-
prend donc les doléances des princes de l'Inde, et
le désir qu'ils avaient tous de renouer les anciennes
relations. Chose singulière! les Romains, par une
politique insensée, aimèrent mieux acheter, en temps
de paix, la soie des Persans, et, en temps de guerre,
recourir à l'intermédiaire des Éthiopiens, qui main-
tenaient l'honneur de leur pavillon dans les mers
orientales. Une politique aussi étrange était l'ouvrage
des empereurs de Constantinople, qui, par là, trouvaient moyen d'accaparer la soie, et ensuite de la
faire travailler pour leur compte, à Tyr, à Sidon et
dans quelques autres villes. Un fonctionnaire spécial,
désigné par le titre de *Comte des commerces*[1], achetait
les soies au nom du gouvernement. En temps de
paix, les transactions avec la Perse se faisaient dans
la Mésopotamie, sur les frontières orientales de l'empire; les marchandises y arrivaient, soit par mer,
à travers la Mésène et la Kharacène, soit par terre,
à travers la Bactriane et la Médie. Ammien Marcellin dit que de son temps il se tenait chaque année, au commencement du mois de septembre,
dans la ville de Batanée, située non loin de la rive
orientale de l'Euphrate, une grande foire, dans
laquelle affluaient les marchandises de l'Inde et de
la Chine[2]. L'an 410, un rescrit des empereurs Honorius et Théodose le Jeune notifie au préfet du

___

[1] *Comes commerciorum.*
[2] Livre XIV, chap. III.

prétoire que les villes ouvertes pour les transactions avec les Persans étaient Nisibe, à l'orient, du côté du Tigre; Callinique, à l'occident, du côté de l'Euphrate, et Artaxata, en Arménie, du côté du nord [1].

A partir de ce moment, les témoignages relatifs au commerce romain avec l'Inde manquent, et s'il se présente de temps à autre quelques indications, ce sont des indications isolées. Ce qui résulte de la situation générale, c'est que les compagnies de marchands romains dans les principales places de commerce des mers orientales avaient cessé d'exister. Les historiens du temps n'ont pas fait mention de la formation de ces compagnies, non plus que de bien d'autres choses. Ils n'ont pas non plus parlé de leur dissolution. Sans doute il en était question dans les rescrits des empereurs, et en général dans les règlements administratifs. Mais on sait que l'empereur Justinien fit refondre successivement tout ce qui avait été rédigé sous ses prédécesseurs sur le droit en général et sur les différentes branches de l'administration. Ces compagnies ayant depuis longtemps cessé d'exister, les jurisconsultes employés par Jus-

---

[1] *Code civil de Justinien,* liv. IV, titre LXIII. Voici le texte : « Mer-
« catores tam imperio nostro quam Persarum regi subjectos, ultra
« ea loca, in quibus fœderis tempore, cum memorata natione nobis
« convenit, nundinas exercere minime oportet, ne alieni regni
« (quod non convenit) scrutentur arcana; nullus igitur posthac im-
« perio nostro subjectus, ultra Nisibim, Callinicum et Artaxatam
« emendi seu vendendi species causa, proficisci audeat : nec præter
« memoratas civitates cum Persa merces existimet commutandas, etc. »

tinien crurent inutile de s'y arrêter. Or qu'on juge
des conséquences de la dissolution de ces compagnies pour le commerce en général des mers orientales. Les compagnies n'existant plus, les marchands
romains, s'il s'en présentait, n'étaient plus que des
hommes isolés, ne sachant de qui se réclamer. Vainement, s'ils étaient lésés, essayaient-ils de recourir
aux autorités locales. La puissance romaine n'étant
plus qu'un souvenir, leurs réclamations étaient à
peu près comme non avenues.

Les principaux auteurs d'une situation si anor-
male étaient les Persans. On ne peut pas se faire
une idée de l'ardeur du gouvernement persan et de
son esprit de suite pour attirer à lui tout le mouvement commercial. Peu à peu les Persans se trouvèrent à peu près maîtres partout. Les empereurs
de Constantinople continuaient à occuper l'Égypte;
Alexandrie était toujours le rendez-vous des navires
venant d'Europe. Mais les navires romains avaient
presque perdu l'habitude de sortir du bassin de la
mer Rouge. Les Éthiopiens seuls maintinrent l'honneur de leur pavillon. On se fera une idée de l'extension qu'avait prise la navigation éthiopienne, par
cette circonstance qu'en l'an 523, sous le règne de
l'empereur Justin, le roi d'Éthiopie, ayant à faire une
expédition contre les habitants en partie juifs de
l'Arabie Heureuse, joignit, pour le transport des
troupes, à six cents navires romains et persans qu'il
nolisa, sept cents bâtiments légers, probablement
cousus en jonc et sans fer, qu'il avait fait construire

pour son compte[1]. Les Éthiopiens continuèrent à fréquenter la côte occidentale de l'Inde et l'île de Ceylan, et les Romains en furent réduits à se faire apporter les produits de l'Asie orientale par les vaisseaux éthiopiens. On peut très-bien appliquer au commerce de l'empire romain dans les mers orientales la comparaison par laquelle Montesquieu termine ses considérations sur les causes de la grandeur des Romains et de leur décadence, et où l'empire romain d'Occident est comparé au Rhin : ce fut un fleuve aux larges bords, et qui en certains endroits était d'un fond qu'on ne pouvait pas atteindre; mais à la longue, il en sortit de nombreux canaux et même des rivières, et à la fin, il ne lui resta pas même son nom.

L'empire d'Occident étant tombé, l'empire grec de Constantinople resta seul placé en face des nations de l'Asie orientale. Mais avant de parler des derniers efforts que l'empire grec fit pour ne pas laisser disparaître tout à fait le nom romain des mers de l'Orient, j'ai à dire quelques mots sur les derniers moments de l'empire d'Occident, sur les différentes manières dont la chute du colosse fut considérée dans les régions occidentales, et sur l'idée qu'on s'y faisait de la situation de l'empire grec par rapport aux nations de l'Asie orientale.

---

[1] Comparez Saint-Martin, édition de l'*Histoire du Bas-Empire* de Lebeau, t. VIII, p. 60, et M. Caussin de Perceval, *Essai sur l'histoire des anciens Arabes*, t. I, p. 131 et suiv. Voyez aussi mon mémoire sur la Mésène, t. XXIV du *Recueil des Mémoires de l'Académie des inscriptions*, p. 218 et suiv.

On sait que sous le règne du faible Honorius,
l'an 410, Rome fut prise et saccagée par les Goths,
et l'Italie livrée aux plus horribles dévastations. Le
même événement se répéta en 455, sous les coups
des Vandales, avec des circonstances encore plus
cruelles. Rome obéit encore quelques années, du
moins pour la forme, à des princes d'origine romaine; mais enfin les barbares, las de dissimuler,
se réservèrent toute l'autorité, et le nom romain
disparut presque tout à fait. Naturellement les habitants de l'Italie, de la Gaule, de l'Espagne et des
autres provinces de l'empire d'Occident, ceux du
moins qui avaient été initiés à la civilisation romaine, ne purent se dégager tout de suite des souvenirs d'une domination qui avait duré si longtemps,
et tournèrent leurs regards vers les empereurs de
Constantinople. Les princes eux-mêmes, bien que
d'origine barbare, n'osèrent pas secouer entièrement
une autorité consacrée par tant de siècles.

Dans le premier paragraphe, j'ai fait un exposé
des théories géographiques professées par les Romains
de l'Occident, les Romains de race latine. On se
rappelle que ces théories consistaient dans le système d'Ératosthène, compliqué de celui de Cratès.
Ces théories furent conservées pour ainsi dire reli-
gieusement parmi les païens, qui affectaient de ne
rien laisser perdre du passé. Pour les chrétiens,
dont la foi ne voulait pas admettre l'existence de
plus d'un monde, ils s'en tinrent au système d'Ératosthène. Tel fut le cas de Paul Orose, écrivain
espagnol de la première moitié du v⁰ siècle. On sait

que, vers l'an 416, Paul Orose, se trouvant en
Afrique auprès de saint Augustin, composa un ouvrage destiné à répondre aux plaintes des païens,
qui accusaient le christianisme d'être la cause de tous
les malheurs présents. C'est une espèce d'histoire
universelle précédée d'une courte description du
monde. Cette description commence ainsi : «Nos ancêtres attribuèrent au disque de la terre une forme
carrée, entourée de tout côté par l'Océan, et ils le
divisèrent en trois parties : l'Asie, l'Europe et l'Afrique; quelques-uns cependant ne comptaient que
deux parties : l'Asie et l'Afrique jointe à l'Europe.
L'Asie, entourée de trois côtés par l'Océan, se terminait, du côté de l'est, par une ligne en travers[1]. »
Paul Orose détermine ainsi les limites de l'Asie du
côté de l'est: « L'Asie, vue du côté de l'orient, présente, au centre, l'embouchure du Gange dans
l'océan Oriental; à gauche, le promontoire Caligardamna (qui forme la pointe sud-est de l'Inde), et
qui a, au sud, l'île Taprobane; c'est là que commence l'océan Indien; à droite sont les monts Imaus,
là où finit la chaîne du Caucase; puis vient, au nord,
l'embouchure du fleuve Octorogorra, auprès de
l'océan des Sères[2]. »

---

[1] « Majores nostri orbem totius terræ, oceani limbo circumseptum,
« triquadrum statuere; ejusque tres partes : Asiam, Europam et Afri-
« cam vocaverunt : quamvis aliqui duas, hoc est, Asiam, ac deinde
« Africam in Europam accipiendam putarint. Asia tribus partibus
« oceano circumcincta, per totam transversi plagam orientis exten-
« ditur. » (Édit. d'Havercamp, p. 10.)

[2] « Asia ad mediam frontem orientis habet in oceano Eoo ostia
« fluminis Gangis, a sinistra promontorium Caligardamna, cui subjacet

Du reste les chrétiens et les païens s'accordaient
en général à regarder le tableau de l'empire romain
tracé par Virgile, Horace, Properce et Tibulle,
comme une vérité, et rien n'aurait pu leur ôter
de l'esprit que, sous Auguste, Rome avait soumis
l'univers entier à ses lois. Plus l'ascendant du nom
romain avait baissé, plus on se rattachait au passé.
Je ne puis me dispenser de fournir la preuve de
ce que j'avance : un écrivain, du nom d'Æthicus,
qui a fleuri à peu près à la même époque que Paul
Orose, se prononce pour le système d'Ératosthène ;
de plus, à l'exemple d'autres écrivains de la même
époque, il présente le tableau que Virgile et Horace
ont fait de l'empire romain, sous Auguste, comme
un état réel. Voici de quelle manière commence le
traité d'Æthicus, intitulé *Cosmographie* : « Une lecture attentive des traités qui nous sont parvenus nous
apprend que le sénat et le peuple romain firent la
conquête du monde entier. Après avoir successivement occupé tous les pays situés sous la voûte du
ciel, ils reconnurent que la terre est environnée
de tous côtés par l'Océan ; ils ne voulurent pas que le
monde qu'ils avaient eu tant de peine à subjuguer
restât ignoré de leurs descendants. C'est pourquoi,
après l'avoir bien étudié dans le sens des quatre points
cardinaux, ils le divisèrent en trois parties, etc. [1] »

« ad Eurum insula Taprobane, e qua oceanus Indicus vocari incipit :
« a dextra habet Imai Montes, ubi Caucasus deficit, promontorium
« Samaram : cui ad Aquilonem subjacent ostia fluminis Octorogorræ,
« ex quo oceanus Sericus appellatur. » (Édit. d'Havercamp, p. 12.)

[1] « Lectionum pervigili cura comperimus, senatum populumque

Les chrétiens, frappés par-dessus tout de l'extrême corruption des mœurs et des croyances publiques, corruption qui ressort encore des récits de certains écrivains latins du temps, et qui était telle, qu'on s'étonne qu'une pareille société ait pu durer si longtemps, voyaient le doigt de Dieu dans les calamités qui affligeaient l'empire, et croyaient qu'avant tout il fallait procéder à une complète régénération. Les païens gémissaient aussi de la corruption générale; mais, façonnés de longue main aux idées romaines, et ne voyant que la grandeur des souvenirs de l'ancien empire, ils se rejetaient sur l'infirmité de la nature humaine, et ils ne croyaient pas qu'en somme une autre société fût devenue possible. Courbés sous l'ascendant du nom romain, ils considéraient les maux présents comme un moment d'épreuve, et de temps en temps ils regardaient en l'air, pour voir s'il n'apparaissait pas à l'extrémité de l'horizon quelque signe de salut. Dans leur opinion, il suffirait d'un retour de fortune pour que les aigles romaines reprissent leur vol vers l'orient et l'occident, le midi et le septentrion. Un exemple

« romanum, totius mundi dominos, domitores orbis et præsules, qui
« cum quidquid subjacet cœlo penetrarent triumphis, omnem terram
« oceani limbo circumdatam invenerunt, atque eam ne incognitam
« posteris reliquissent, subjugatum virtute sua orbem totum qua terra
« protenditur, proprio limite signaverunt, et ne divinam eorum mentem omnium rerum magistram aliquid præteriret, quam vicerant,
« quadripartito cœli cardine investigarunt, et intellectu æthereo totum quod ab oceano cingitur, tres partes esse dixerunt, etc. » (*Cosmographie d'Æthicus*, à la suite de Pomponius Mela, édit. d'Abraham Gronovius; Leyde, 1722, p. 705.

de ce que je dis se trouve dans un poëme en vers
élégiaques, composé par un païen, nommé *Rutilius
Numatianus*, dans la première moitié du ve siècle.
Rutilius était Gaulois de naissance. Il naquit suivant
les uns à Poitiers, et suivant d'autres à Toulouse.
Son père avait rempli à Rome des charges considérables; pour lui, il fut, sous Honorius, maître des
offices et préfet de Rome. Il écrivait, l'an 416, à la
même époque où Paul Orose composait, au point
de vue chrétien, son Essai d'histoire universelle, et
saint Augustin sa Cité de Dieu. En ce moment Rome
se trouvait encore sous le coup des ravages exercés
par les Goths, et l'Italie était un monceau de ruines.
Cependant Rome continuait à être le rendez-vous
des personnes qui cherchaient des souvenirs historiques, ou qui étaient attirées par les motifs de piété.
Rutilius lui-même, qui se trouvait à Rome depuis
quelque temps, n'aurait pas mieux demandé que d'y
prolonger son séjour; ce furent des nouvelles fâ-
cheuses, qu'il reçut de son pays, qui le rappelèrent
dans ses foyers.

On se trouvait alors en automne. Les hôtelleries
renversées par les Goths n'avaient pas été relevées;
les ponts étaient détruits, les rivières qui descendent
des Apennins étaient débordées, et les routes im-
praticables. Rutilius se décida à aller s'embarquer à
Ostie pour regagner la Gaule. Au moment de se
mettre en route, il ressentit ce que beaucoup d'étrangers éprouvent quand ils quittent la ville éternelle,
et ce que j'ai éprouvé moi-même, il y a quarante-

cinq ans. Il sortit de chez lui le cœur gros et les yeux
mouillés de larmes, et en cheminant il contemplait
une dernière fois avec amour les monuments qui se
multipliaient sur son passage, monuments qui existent encore en partie. Arrivé à la porte qui s'ouvre du
côté d'Ostie, il embrassa la porte à plusieurs reprises,
et il adressa à Rome un discours d'adieu, dont voici
un extrait : «Écoute-moi, reine du monde auquel
tu présides[1], et qui as ta place marquée parmi les
astres; écoute-moi, mère des hommes et des dieux [2],
toi qui nous rapproches du ciel par tes temples. Je
chante tes louanges, et je ne cesserai pas de les chanter tant qu'il me restera un souffle de vie. On ne
perd ton souvenir qu'avec l'existence. Tes bienfaits
se sont étendus aussi loin que les rayons du soleil,
jusqu'aux lieux où l'Océan termine la terre[3]. L'astre
qui embrasse tout dans son cours ne roule que

[1] L'auteur paraît avoir admis l'idée de plusieurs mondes, ayant
chacun son soleil et sa lune à part. Cette opinion fut professée,
au milieu du viiie siècle, par un prêtre de Bavière, dont il a été
parlé ci-devant, p. 73. Macrobe, qui florissait à la même époque
que Rutilius, qui, comme lui, professait le paganisme, et qui
croyait à l'existence de quatre continents, partait de l'idée qu'il n'y
avait qu'un soleil, et que le soleil fait une partie de sa route sur
terre, et l'autre dans l'eau. (Voyez le premier livre des *Saturnales,*
chap. xxiii. Voyez aussi le commentaire de Macrobe sur le Songe
de Scipion, liv. II, chap. x.) On connaît le mythe égyptien d'après
lequel, chaque soir, le soleil descend dans l'hémisphère inférieur
appelé du nom d'*Amenti,* pour en sortir ensuite plus lumineux que
jamais.

[2] Probablement le poëte fait ici allusion aux princes qui avaient
reçu les honneurs de l'apothéose.

[3] Voyez la carte du système géographique des Romains.

pour toi; il se lève dans ton empire, il se couche
dans tes domaines. Les sables brûlants de la Libye,
les climats glacés de l'Ourse, n'ont opposé à ta valeur
que de vains obstacles; elle a pénétré jusqu'aux
lieux où la nature elle-même cesse d'être animée.
Sous tes lois, toutes les nations de l'univers n'ont
eu qu'une même patrie; les barbares se sont félicités
d'avoir été soumis par tes armes. En accordant aux
vaincus les priviléges des vainqueurs, tu ne fis qu'une
seule ville de tout un monde. Vénus, mère d'Énée,
et Mars, père de Romulus, te donnèrent l'existence.
On les reconnaît l'un et l'autre au mélange de force
et de douceur qui a caractérisé tes actes. Les astres
n'éclairèrent jamais un si bel empire. En vit-on
jamais un semblable? Les monarchies des Assyriens,
des Mèdes, des Parthes et des Macédoniens se sont
fait place les unes aux autres. Ce n'est pas que tu aies
mis un plus grand nombre de guerriers en mouvement, et que tu aies déployé un courage plus ardent.
Ta grandeur fut l'ouvrage de la prudence et de la
sagesse..... Lève ta tête triomphante, ô Rome! En-
trelace de lauriers tes cheveux blanchis par une vieillesse encore verte; secoue fièrement les tours qui
forment ton diadème; que ton bouclier d'or continue
à répandre des feux étincelants[1]. Étouffe le souvenir de tes derniers malheurs; que le mépris de la

---

[1] Ce passage a été imité par Sidoine Apollinaire, dans des vers
rapportés plus loin. Il est lui-même l'imitation d'un passage de Claudien, poëme sur la guerre de Gildon, au commencement. Ordinairement Rome est représentée avec un casque surmonté de deux
ailes d'aigle.

douleur aide à fermer tes plaies. Tu as perdu des batailles; mais jamais le courage ni l'espoir ne t'ont manqué; que tes défaites mêmes tournent à ton avantage; c'est ainsi que les astres ne disparaissent à nos yeux que pour rentrer plus brillants dans la carrière, que la lune n'achève sa révolution que pour la recommencer avec un nouvel éclat. Puissent tes lois régir l'univers jusqu'aux âges les plus reculés. A toi seule le privilége d'être à l'abri des coups du sort. Onze cent soixante-neuf ans ont passé sur toi, sans que ta constitution soit ébranlée. Ton existence se maintiendra aussi longtemps que subsistera la terre, aussi longtemps que les astres se mouvront dans l'espace. Or sus! que cette nation sacrilége soit immolée à ta juste vengeance. Que les perfides Goths expient leur insolence par une prompte soumission. Que les provinces pacifiées acquittent l'ancien tribut; que le butin amassé par les barbares vienne enrichir le trésor impérial; que le Germain cultive pour toi ses plaines fécondes; que le Nil inonde en ta faveur les champs de l'Égypte, et que la terre entière apporte ses plus précieux dons à la mère nourricière des nations [1]. »

[1]
   Exaudi, regina tui pulcherrima mundi,
     Inter sidereos Roma recepta polos :
   Exaudi, genitrix hominum, genitrixque deorum,
     Non procul a cœlo per tua templa sumus.
   Te canimus, semperque, sinent dum fata, canemus :
     Sospes nemo potest immemor esse tui.
   Nam solis radiis æqualia munera tendis,
     Qua circumfusus fluctuat Oceanus.
   Volvitur ipse tibi, qui continet omnia, Phœbus,
     Eque tuis ortos in tua condit equos.

Mais c'en était fait de la grandeur et de la civilisation romaines, et pour que l'humanité reprît son assiette, il fallait que le passé entier disparût sous les coups de la barbarie. Néanmoins les écrivains

> Te non flammigeris Libye tardavit arenis,
> 　Non armata suo reppulit Ursa gelu.
> Quantum vitalis natura tetendit in axes,
> 　Tantum virtuti pervia terra tuæ.
> Fecisti patriam diversis gentibus unam;
> 　Profuit injustis, te dominante, capi :
> Dumque offers victis proprii consortia juris,
> 　Urbem fecisti quod prius orbis erat.
> Autorem generis Venerem Martemque fatemur,
> 　Æneadum matrem Romulidumque patrem.
> Mitigat armatas victrix clementia vires;
> 　Convenit in mores numen utrumque tuos. . . . . .
> Omnia perpetuos quæ servant sidera motus
> 　Nullum viderunt pulchrius imperium.
> Quid simile? Assyriis connectere contigit arva,
> 　Medi finitimos quum domuere suos :
> Magni Parthorum reges Macetumque tyranni,
> 　Mutua per varias jura dedere vices.
> Nec tibi nascenti plures animæque manusque,
> 　Sed plus consilii judiciique fuit.....
> Erige crinales lauros, seniumque sacrati
> 　Verticis in virides, Roma, refinge comas.
> Aurea turrigero radient diademata cono,
> 　Perpetuosque ignes aureus umbo vomat.
> Abscondat tristem deleta injuria casum :
> 　Contemptus solidet vulnera clausa dolor.
> Adversis solemne tuis sperare secunda :
> 　Exemplo cœli ditia damna subis.
> Astrorum flammæ renovant occasibus ortus;
> 　Lunam finire cernis ut incipiat......
> Porrige victuras romana in sæcula leges,
> 　Solaque fatales non vereare casus.
> Quamvis sedecies denis et mille peractis
> 　Annus præterea jam tibi nonus eat,
> Quæ restant nullis obnoxia tempora metis,
> 　Dum stabunt terræ, dum polus astra feret.
> Ergo, age, sacrilegæ tandem cadat hostia gentis;
> 　Submittant trepidi perfida colla Getæ.

latins du v⁰ et du vi⁰ siècle continuent à parler de
Rome et de ses traditions. Les noms des Scipion,
des Paul-Émile et des César se répètent sous leur
plume; mais leur langage n'est pas sérieux, et l'esprit se fatigue promptement de ces fades imitations.
L'an 458, Majorien, qui avait été élevé à l'empire
avec le bon plaisir des barbares devenus maîtres de
l'Italie, se trouvant à Lyon, un homme considérable
de cette ville, Sidoine Apollinaire, lui adressa un
discours où l'on remarquait le passage suivant :
« Rome, cette illustre guerrière, s'asseoit, le sein
découvert, et portant des tours sur sa tête; sa chevelure s'échappe de dessous son large casque et couvre
ses épaules... Dès que Rome s'est assise sur son
trône, tous les peuples de l'univers accourent en
foule; chaque province dépose à ses pieds le tribut
de ses produits. L'Indien apporte de l'ivoire, le
Chaldéen de l'amome, l'Assyrien des pierres précieuses, l'habitant de la Sérique des toisons; le Sabéen présente de l'encens, le peuple de l'Attique
du miel, le Phénicien des dattes, le Lacédémonien
des olives, l'Arcadien des chevaux, l'Épirote des
cavales, le Gaulois des troupeaux, le Chalybe des
armes, le Libyen du blé, etc. [1] »

> Ditia pacatæ dent vectigalia terræ :
>   Impleat augustos barbara præda sinus.
> Æternum tibi Rhenus aret, tibi Nilus inundet,
>   Altricemque suam fertilis orbis alat.
> [1] Sederat exerto bellatrix pectore Roma
> Cristatum turrita caput, cui pone capaci
> Casside prolapsus perfundit terga capillus.
> Ergo ut se mediam solio dedit, advolat omnis

Majorien ne tarda pas à mourir et fut remplacé par un personnage envoyé de Constantinople et appelé Anthemius. L'an 468, Sidoine Apollinaire, ayant fait le voyage de Rome, adressa un discours de félicitation au nouvel empereur. Dans ce discours le poëte commence par remercier Constantinople, à qui Rome était redevable de son nouveau maître : « Salut, appui des sceptres, lui dit-il, reine de l'Orient, Rome de l'autre monde; en me donnant un empereur, si tu étais déjà bien vénérable aux habitants de l'Orient, comme siége de leur empire, tu deviens plus précieuse à leurs yeux comme dispensatrice des couronnes..... Suse te redoute; le Perse, descendant d'Achéménès, dépose à tes pieds, dans une humble attitude, le croissant de sa tiare. L'Indien, la chevelure parfumée d'essences aromatiques, désarme pour toi la gueule de ses fiers animaux (les éléphants), afin de t'apporter l'ivoire recourbé; c'est ainsi que l'éléphant déshonoré livre en tribut aux contrées Bosphoriques ses dents mutilées, etc.[1] »

> Terra simul; tum quæque suos provincia fructus
> Exposuit : fert Indus ebur, Chaldæus amomum,
> Assyrius gemmas, Ser vellera, thura Sabæus,
> Attis mel, Phœnix palmas, Lacedæmon olivum,
> Arcas equos, Epirus equas, pecuaria Gallus,
> Arma Chalybs, frumenta Libys, etc.

[1]
> Salve, sceptrorum columen, regina Orientis,
> Orbis Roma tui, rerum mihi principe misso :
> Jam non Eoo solum veneranda Quiriti,
> Imperii sedes, sed plus pretiosa, quod exstas
> Imperii genitrix..........
> Interea, te Susa tremunt, ac supplice cultu
> Flectit Achemenius lunatum Persa tiaram.
> Indus odorifero crinem madefactus amomo.

Rome est ensuite censée solliciter le secours de Constantinople contre les Vandales qui occupaient l'Afrique. Elle s'exprime ainsi : « Cesse de t'émouvoir et bannis toute crainte. Je ne viens pas te demander que l'Araxe, soumis à ma puissance, coule sous un pont insultant[1]; ni que les eaux du Gange servent, comme jadis, à abreuver dans un casque les guerriers d'Ausonie, ni que les consuls triomphants dévastent les plaines belliqueuses du Niphate, où le Tigre prend sa source, et les bords de la mer Caspienne. Je ne demande pas les États de Porus; je ne demande pas que le bélier, poussé par les bras des guerriers, abatte les murs d'Érythra, sur l'Hydaspe; je ne veux pas envahir la Bactriane, ni forcer les portes de Ninive à s'ouvrir aux accents de mes clairons belliqueux; je ne prétends pas conquérir le royaume d'Arsace, ni donner le mot d'ordre pour l'assaut contre Ctésiphon. Je t'ai cédé toutes ces régions : eh! ne mérité-je point par là que tu protéges ma vieillesse, etc. [2] »

> In tua lucra feris exarmat guttur alumnis,
> Ut pandum dependat ebur; sic trunca reportat
> Bosphoreis elephas inglorius ora tributis.

[1] Ci-devant, p. 139.

[2]
> .... Venio, desiste moveri,
> Nec multum trepida, non ut mihi pressus Araxes
> Imposito sub ponte fluat, nec ut ordine prisco
> Indicus Ausonia potetur casside Ganges,
> Aut ut Tigriferi pharetrata per arva Niphatis
> Depopuletur ovans Artaxata Caspia consul ;
> Non Pori modo regna precor, nec ut hisce lacertis
> Frangat Hydaspeas aries impactus Erythras.
> Non in Bactra feror, nec committentia pugnas
> Nostra Semiramiæ strident ad classica portæ.

Le discours adressé à Majorien se termine par ces paroles : « Lorsque tu monteras en vainqueur sur le char de victoire, et que, à la manière des anciens triomphateurs, tu ceindras ton front d'une couronne murale et du laurier civique, lorsque le superbe Capitole verra des rois enchaînés à ta suite, lorsque tu enrichiras Rome des dépouilles ennemies, lorsqu'on peindra richement à la cire les huttes envahies de Bacchus le Cyniphien (le roi des Vandales), alors je marcherai devant toi, à travers la foule empressée, au milieu des bruyants applaudissements, et mes vers, quelque faibles qu'ils soient, proclameront que tu as dompté et les Alpes, et les Syrtes, et la grande mer, et les détroits, et les bataillons de la Libye [1]. »

« Écoute-nous, et puisse Byrsa (Carthage) respirer par tes victoires, le Parthe fuir sans retour, le Maure pâlir de crainte, Suse éprouver un juste effroi, et le Bactrien comparaître devant toi désarmé et dépouillé de ses flèches [2] ! »

[1]
Arsacias non quæro domus, nec tessera castris
In Ctesiphonta datur; totum hunc tibi cessimus axem;
Et nec sic mereor nostram ut tueare senectam?
. . . . cum victor scandere currum
Incipies, crinemque sacrum tibi more priorum
Nectet muralis, vallaris, civica laurus,
Et regum aspicient Capitolia fulva catenas,
Cum vestes Romam spoliis, cum divite cera
Pinges Cinyphii captiva mapalia Bacchi,
Ipse per obstantes populos raucosque fragores
Præcedam, et tenui, sicut nunc, carmine dicam
Te geminas Alpes, te Syrtes, te mare magnum,
Te freta, te Libycas pariter domuisse catervas.

Il y a ici une imitation de Properce. Voyez ci-devant, p. 87.

[2]   Annue : sic vestris respiret Byrsa tropæis,

Ce langage ridicule revenait à tout propos, soit dans les simples essais littéraires, soit dans les relations diplomatiques. L'an 516, saint Avitus, évêque de Vienne, en Dauphiné, écrivant à Anastase, empereur de Constantinople, au nom de Sigismond, roi de Bourgogne, lui dit : « Le roi de Perse doit s'estimer si heureux du traité qu'il a fait avec vous, que sans doute il s'empressera de rendre hommage à la puissance romaine. L'Indien lui-même, après l'expérience qu'il a faite de la douceur de votre politique, abaissera sa voix criarde et se conformera aux ordres que vous lui aurez transmis en langue grecque [1]. »

Il est vrai qu'on ne sait pas s'il s'agit ici des véritables Indiens, ou bien des Éthiopiens auxquels les écrivains du temps donnent aussi le nom d'Indiens. Ceci me fournit l'occasion de parler des relations intimes qui existaient alors entre le roi de l'Éthiopie et les empereurs de Constantinople, et de tracer ensuite le récit des derniers efforts qui furent faits par les princes byzantins pour ménager aux peuples de l'Occident les moyens de communiquer par mer avec ceux de l'Asie orientale.

A cette époque la politique des empereurs de Constantinople était de marcher de concert avec

Sic Parthus certum fugiat, Maurusque timore
Albus eat; sic Susa tremant, positisque pharetris
Exarmata tuum circumstent Bactra tribunal.

[1] « Parthicus ductor, propter pacti commodum, in Romanum « imperium gaudeat transire. Indus ipse, post experimenta man- « sueti oris, stridula voce compressa, leges quibus servire jubeatur « græco cognoscat interprete. » (Sirmond, *Opera varia*, Paris, 1696, t. II, p. 125.)

les rois de l'Éthiopie. A l'intérêt du commerce s'était
joint l'intérêt de la religion chrétienne, qu'il s'agissait
de défendre à la fois contre les Juifs et les païens
de l'Arabie Heureuse, et contre les Persans voués au
culte de Zoroastre. De fréquentes ambassades étaient
envoyées de part et d'autre, et probablement le nom
chrétien aurait conservé la prééminence sur les côtes
de la mer Rouge, si d'abord les progrès des Sassanides de Perse, et ensuite ceux des Arabes, transformés par Mahomet, n'avaient entièrement changé
la face de l'Orient [1].

Un incident qui survint à cette époque, et qui
mérite d'être signalé, c'est un progrès dans la navigation chinoise. Jusque-là, il n'arrivait de Chine à
Ceylan, et sur les côtes de la presqu'île de l'Inde,
qu'un petit nombre de jonques; les dangers des
nombreuses mers à traverser étaient tels, que,
parmi les navires qui partaient, peu arrivaient
au but. Ce sont ces dangers qui, malgré des inconvénients de tout genre, avaient fait adopter en
général, pour le commerce des soies, les sauvages
contrées de la Tartarie. A l'époque dont il s'agit
maintenant, c'est-à-dire à la fin du ve siècle et au
commencement du vi^e, les jonques chinoises se mul-
tiplient, et les soies cessent de prendre la route de

---

[1] Sur les relations des empereurs grecs et des rois de l'Éthiopie,
comparez Procope, *De bello Persico*, liv. I, chap. xix, et liv. II,
chap. iii, et la Relation de Nonnosus, qui se trouve dans la *Bibliothèque grecque* de Photius, édition de Rouen, 1653, p. 6 et suiv.
Voyez aussi l'*Histoire du Bas-Empire* de Lebeau, édition de Saint-
Martin, t. VII, p. 243, et t. VIII, p. 44 et suiv. p. 155 et suiv.

la Tartarie. A la vérité, d'une part, les jonques chinoises ne dépassent pas l'île de Ceylan et la côte occidentale de l'Inde; de l'autre, chose singulière, les navires persans et éthiopiens n'osent pas faire voile pour la Chine et s'arrêtent aux anciennes limites. Ce n'est qu'environ deux siècles après que les navires arabes et persans, s'armant de courage, se décidèrent à franchir les vieilles barrières [1].

C'est ici le lieu de dire quelques mots de la navigation chinoise. On a exalté l'antiquité de la civilisation chinoise, et il n'est rien dont on ne lui ait fait honneur. Si on en croyait certaines personnes, c'est en Chine qu'il faudrait aller chercher l'origine de toute science et de toute industrie. Sans doute, la part à faire aux Chinois est belle; mais pourquoi ne pas se tenir dans la juste mesure?

Entre autres découvertes, on a attribué aux Chinois l'invention de la boussole. Les Chinois ont reconnu de bonne heure la propriété qu'a une aiguille aimantée de se tourner vers le pôle. Mais de là à l'usage de la boussole, il y a loin : c'est à l'Occident qu'est due la découverte de la boussole, et c'est de l'Occident que la Chine a reçu ce précieux instrument. Cette question a été traitée par deux hommes compétents, Klaproth [2] et Édouard Biot [3],

---

[1] C'est ce qu'on verra dans un mémoire subséquent.

[2] *Lettre sur la boussole,* adressée au baron de Humboldt. Paris, 1834, in-8°.

[3] Note insérée par Édouard Biot dans les Comptes rendus des séances de l'Académie des sciences, séance du 21 octobre 1844.

et, dans ce que je vais dire, je m'aiderai de ce que ces deux savants ont recueilli[1].

Pline dit positivement que, de son temps, les navires chinois venaient jusqu'à l'île de Ceylan. Le même fait est attesté par le Périple de la mer Érythrée. D'un autre côté nous savons que, vers l'an 400 de notre ère, le voyageur bouddhiste chinois nommé Fa-hian se rendit par mer, des bouches du Gange, dans l'île de Ceylan, et que de là il rentra encore par mer dans la Chine. Voilà des faits positifs et qui s'accordent parfaitement entre eux. Mais quels étaient les procédés employés par les Chinois pour faire ce que les autres marines n'osaient pas tenter? Les écrivains chinois s'accordent à dire que la connaissance de la polarité de l'aimant remonte, en Chine, à une haute antiquité. Or le sud est en Chine le côté le plus noble, et on le nomme l'antérieur; le trône de l'empereur est toujours tourné vers le sud, et il en est de même de la façade principale des édifices. Au contraire, le nord est regardé comme le côté postérieur du monde. Les Chinois imaginèrent une espèce de char magnétique pour reconnaître les points cardinaux. Comme, lorsqu'on aperçoit le nord, on connaît par là même le sud, et que le sud était le côté préféré, on donna au char un nom signifiant *char qui indique le sud*. Une petite figure humaine, placée sur le char, marquait avec la main le sud, au moyen d'un aimant mis dans la partie

______

[1] Voyez aussi mon *Introduction à la géographie des Orientaux*, p. ccv et suiv.

supérieure du corps. Le char servait également sur terre et sur mer. A une époque qui remonte à l'an 1110 avant J. C. des députés du Tonkin s'étant rendus en Chine pour offrir un présent à l'empereur, le ministre de l'empereur leur remit, à leur retour, cinq chars de voyage construits de manière à indiquer le sud. Les ambassadeurs montèrent sur ces chars et gagnèrent les bords de la mer, d'où ils atteignirent l'année suivante leur pays. Un char de ce genre était toujours placé en avant, afin de guider les voyageurs.

Un dictionnaire rédigé vers l'an 121 de notre ère fait mention d'une pierre avec laquelle on dirigeait l'aiguille. D'un autre côté, les Chinois ont su, depuis une haute antiquité, tracer des lignes méridiennes et orienter leurs édifices par l'observation suivie du soleil levant et du soleil couchant, et en se guidant d'après l'étoile polaire de l'époque. En ce qui concerne le char magnétique, Alexandre de Humboldt, si bon juge en ces matières, a fait observer que c'est grâce à cet instrument que les Chinois ont apporté dans leurs descriptions orographiques et hydrauliques plus de précision qu'on n'en trouve dans les écrits des Grecs et des Romains[1].

Ainsi l'on ne peut douter que, dans les premiers siècles de notre ère, les Chinois ne fussent plus avancés sous ce rapport que les Persans et les Occidentaux. Mais il fallait que ces procédés eussent quelque chose de bien mal défini et de bien impar-

---

[1] *Asie centrale*, t. I, p. xxxvi et suiv.

fait pour que les navigateurs persans et romains ne se les appropriassent pas immédiatement. Il nous reste un témoignage irrécusable de l'état déplorable des procédés de la navigation chinoise vers l'an 400 de notre ère, dans le récit du voyageur Fa-hian[1]. On sait d'ailleurs à quel point les Chinois ont été de tout temps routiniers, et combien les Occidentaux ont eu à faire pour donner aux découvertes chinoises toute l'utilité dont elles étaient susceptibles. Tel est le cas de l'imprimerie, de la poudre à canon[2], etc.

Il me semble qu'on peut se faire une idée de l'état de la navigation chinoise, dans les premiers siècles de notre ère, par ce qui se passait encore dans le siècle dernier. L'auteur du traité chinois intitulé *Haï-koue-Wen-Kian-lou*, qui écrivait en 1730, et qui accompagna son père dans une expédition contre les pirates des mers de la Cochinchine, s'exprime ainsi : « Les navires chinois n'ont pas, comme les vaisseaux européens, l'habitude de s'aider d'observations astronomiques, pour reconnaître en mer l'endroit où ils se trouvent; ils ne se servent que de la boussole et du sablier pour déterminer le nombre de keng (espèce de mesure itinéraire) qu'ils ont faits; ils considèrent également si le vent a été fort ou faible, favorable ou contraire. Quand le vent est fort et qu'ils l'ont en poupe, ils augmentent le

---

[1] *Foe-koue-ki*, p. 360.

[2] En ce qui concerne la poudre à canon, je renvoie au Mémoire que M. le colonel Favé et moi nous avons inséré dans le *Journal asiatique* d'octobre 1849, p. 257.

nombre des keng; quand la mer est haute et le vent
contraire, ils en diminuent le nombre. Pour savoir
dans quel endroit ils se trouvent, ils se guident par
l'aspect des montagnes et des terres; ou bien ils
mesurent la profondeur de la mer avec la sonde et
y plongent un instrument enduit de cire et d'huile,
au moyen duquel ils retirent du sable ou de la vase.
Tous ces indices leur servent; mais les meilleurs
sont les cimes des montagnes [1]. » De tels moyens
donneront sans doute une idée peu favorable des
procédés chinois, et suffiront pour faire comprendre
pourquoi les autres peuples ne s'empressèrent pas
de les adopter.

Du reste, il est bon que le lecteur connaisse le
petit nombre de témoignages grecs et latins qui nous
sont parvenus sur l'état de la navigation des mers
orientales au ve et au vi[e] siècle, témoignages d'après
lesquels j'ai tracé le tableau qu'on a déjà lu.

Cosmas, qui écrivait vers l'an 525 de notre ère,
et qui avait navigué dans les mers de l'Inde, parle
d'une église qui, de son temps, existait dans l'île de
Ceylan; mais cette église était à l'usage des chrétiens
venus de Perse, et elle était desservie par un prêtre
et un diacre persans [2]. Je dois ajouter, à cette occasion, que toutes les églises de l'Orient, depuis l'Euphrate jusque dans l'Inde et la Chine, avaient été
mises sous la juridiction du patriarche de Babylone,

---

[1] Mémoire de Klaproth, inséré dans le *Journal asiatique* de dé-
cembre 1832 et de janvier 1833.

[2] *Recueil de Montfaucon*, t. II, p. 178 et 336.

qui résidait à Ctésiphon, capitale de l'empire des
Sassanides. Comme ce patriarche et la plupart de
ses suffragants avaient malheureusement embrassé
les erreurs du nestorianisme, les ministres du culte,
dans les contrées orientales, n'étaient pas seulement
des étrangers pour l'empire de Constantinople, représenté par des catholiques; c'étaient aussi des ennemis.

Cosmas dit dans un autre endroit : « Dans l'île de
Taprobane (Ceylan), il existe une église où sont
des clercs et des fidèles. Il y en a aussi dans le pays
qu'on appelle Male (Malabar), où vient le poivre.
Dans le lieu que l'on nomme Calliena (aux environs
de Goa), il y a aussi un évêque à qui l'on confère
les ordres en Perse [1]. » Les clercs envoyés de Perse
étaient établis jusque dans l'île de Socotora, placée
sur la côte de l'Arabie méridionale, sur l'ancienne
route des navires romains qui allaient dans l'Inde, et
où, du temps de Cosmas, on parlait encore le grec [2].

De son côté Procope, qui écrivait quelques années après, dit que les navires chinois arrivaient en
plus grand nombre que par le passé dans les ports
de l'Inde; il ajoute que la soie chinoise était achetée
par les Persans et les Éthiopiens, et que c'était des
Éthiopiens que les Romains l'achetaient à leur tour [3].

Voilà deux témoignages qui ont leur nom et leur
date. Je vais en rapporter un troisième, qui est at-

---

[1] *Recueil de Montfaucon*, t. II, p. 178.
[2] *Ibid.*
[3] Procope, *De bello Persico*, liv. IV, chap. xx.

tribué à un auteur appelé Palladius. Le texte est en grec; il existe aussi une traduction latine qui est attribuée à saint Ambroise, mais qui n'a pas été insérée dans le recueil des œuvres de ce père. Cette relation, dont la rédaction a été placée en l'année 370[1], me paraît être postérieure de plus d'un siècle[2]. Dans cette relation, il est parlé d'un chrétien d'Égypte appelé Scholastique, lequel, à l'exemple de Cosmas, voulant occuper ses loisirs, s'embarqua pour l'Inde. Il visita l'île de Ceylan et la côte de Malabar; mais il ignorait la langue du pays. Son air et ses manières l'ayant fait reconnaître pour un étranger, et personne ne se trouvant sur les lieux pour prendre sa défense, il fut mis en prison. Il y resta six ans; ce ne fut qu'au bout de ce temps que le roi de la contrée, qui avait conservé le souvenir du nom romain, ayant appris de quelle manière ce chrétien avait été traité, le fit mettre en liberté. L'auteur dit aussi que le trafic des mers orientales était concentré entre les mains des Persans et des Éthiopiens[3].

Je terminerai cette série de témoignages par la description que Cosmas fait de l'île de Ceylan, telle qu'elle était de son temps : « Taprobane, nommée chez les Indiens Sielediva (Serendib), est une grande île de l'océan Indien, située au delà du pays du poivre

---

[1] *Biographie universelle,* au mot *Pallade,* t. XXXII, p. 429.

[2] C'est aussi l'opinion de Letronne, *Recueil de l'Académie des Inscriptions,* t. X, p. 223.

[3] Le texte grec et la version latine ont été publiés à Londres en 1665, sous le titre *De gentibus Indiæ et bragmanibus,* p. 3 et suiv. et p. 59 et suiv.

(Malabar). On voit dans le voisinage un grand nombre de petites îles (les Maldives et les Laquedives). Il y a dans l'île deux rois qui règnent, l'un sur le pays des hyacinthes (pierres précieuses), l'autre sur la côte, les ports et les villes de commerce. Grâce à sa position entre l'Inde, la Perse et l'Éthiopie, une foule de navires y arrivent et en sortent; elle reçoit de la Chine et d'autres pays commerçants de la soie, de l'aloès, des clous de girofle et autres produits, et les envoie à Male (Malabar), où croît le poivre, et à Calliena (environs de Goa), où viennent l'acier et les étoffes; en effet Calliena est également un grand port de commerce. Elle fait aussi des envois au Sinde, sur la frontière de l'Inde, pays du musc et du castoreum, et enfin en Perse, dans l'Yémen et à Adulis (sur la côte de l'Abyssinie[1]).

Ce mémoire serait incomplet si, avant de le terminer, je ne faisais pas connaître la situation des régions du nord de l'Asie à travers lesquelles l'empire grec entretenait quelques relations avec la Chine.

La première moitié du cinquième siècle présente un fait qui eut lieu sur les bords de l'Oxus et de l'Indus, et qui n'a pas encore été bien éclairci. La dénomination *Scythe,* qui avait été appliquée, par les écrivains grecs et romains, aux Yue-Tchi, devenus maîtres de la Bactriane et restés fidèles à la cause des Romains, est un terme vague qui a servi successivement à désigner les nations sauvages du nord de

[1] *Recueil de Montfaucon,* t. II, p. 337.

l'Europe et de l'Asie. J'ai déjà dit que les Arabes et les Persans emploient en pareil cas le mot *Turk.* Tout à coup, vers l'an 420 de notre ère, le mot *Scythe* des Grecs et des Romains, et le mot *Turk* des Arabes et des Persans font place au mot *Haiateleh* chez les Arabes et les Persans, au mot *Hephthalites* chez les Byzantins, et au mot *Hephthal* chez les Arméniens. La nation est comprise sous la dénomination générale *Hun;* seulement, pour la distinguer des Huns établis à l'occident de la mer Caspienne, on lui donne l'épithète de *Huns blancs.* Les Hephthalites ou Huns blancs sont-ils, sous une dénomination plus précise, les mêmes que les Yue-Tchi? ou bien faut-il voir ici un nouveau peuple venant du fond de la Tartarie et prenant la place de l'ancien? Les annales chinoises ne s'expliquent pas d'une manière nette à cet égard. Ce qui complique la question, c'est que les écrivains chinois parlent, à cette époque, d'une population nommée Ye-Tha [1].

Dans une pareille matière, on est forcé de recourir aux conjectures. Je suis porté à penser que les Hephthalites ou Huns blancs ne sont pas autres que les anciens Yue-Tchi, et que ce fut après coup qu'un Persan ou un Arménien, s'étant aperçu que le mot *Scythe* était un terme bien vague, crut faire une grande découverte en mettant en avant la dé-

---

[1] *Tableaux historiques de l'Asie,* p. 134 et 257. (Voyez aussi les *Nouveaux mélanges asiatiques* d'Abel Rémusat, t. I, p. 240 et suiv. et *Les Ephtalites ou Huns blancs,* par M. Vivien de Saint-Martin.)

nomination *Hephthalite*. On a vu chez nous bien des découvertes du même genre.

Voici les raisons qui semblent militer en faveur de mon opinion : un corps d'Hephthalites prit du service dans l'armée persane, et Procope, qui accompagna Bélisaire dans ses campagnes d'Orient, fut à même de les bien connaître. Or, il dit que les Hephthalites étaient *depuis longtemps* [1] établis dans la contrée qu'ils occupaient, et qu'ils réunissaient toutes les qualités d'un peuple sédentaire [2]. Cette circonstance ne se concilierait guère avec l'idée d'une population qui serait arrivée récemment du fond de la Tartarie. Une chose à remarquer, c'est que ce que Procope a dit sur la civilisation des Hephthalites est répété par les Chinois à propos des Yue-Tchi du v° siècle. Voici ce qu'on lit dans les Tableaux historiques de l'Asie de Klaproth, pour le temps qui s'écoula entre les années 424 et 451 : «Un marchand du pays des Yue-Tchi vint à la cour de l'empereur de la Chine et offrit de fabriquer les verres de différentes couleurs qu'on recevait auparavant des pays occidentaux (probablement du pays des Romains), et qu'on payait extrêmement cher. D'après ses indications, l'on fit des recherches dans les montagnes, et l'on découvrit en effet des minéraux propres à une telle fabrication. Le marchand parvint à faire du verre coloré de la plus grande beauté. L'empereur s'en servit pour construire une salle qui

---

[1] Ἐκ παλαιοῦ.

[2] *De bello Persico,* liv. 1, ch. III.

pouvait contenir cent personnes. Elle était si magnifique et si resplendissante, qu'on aurait pu la croire l'ouvrage des génies. Depuis ce temps, le prix de la verrerie diminua considérablement en Chine[1]. » Un juge compétent a émis l'opinion que le verre coloré dont il s'agit ici n'est pas autre chose que l'émail[2].

Les Hephthalites occupèrent non-seulement la Bactriane et d'autres contrées situées au nord de l'Hindoukousch, mais encore la vallée de l'Indus. Cosmas, qui les trouva dans l'Inde vers l'an 525 de notre ère, donne le nom de Hunnie à la vaste contrée qui séparait de son temps la Chine de la Perse et de l'empire romain. Il est même à remarquer que le tableau qu'il fait de la Bactriane, de la vallée de l'Indus, de la Larice et de la Limiryce, est absolument semblable à ce que nous avons vu à l'époque du triumvir Marc-Antoine et d'Auguste. «Le roi de la Hunnie, dit-il, se nommait Gollas. Les rois de l'Inde disposaient tous d'un certain nombre d'éléphants armés en guerre; mais Gollas, qui était plus puissant qu'eux tous, entretenait jusqu'à deux mille éléphants et une nombreuse cavalerie. Les autres princes lui payaient tribut[3]. » C'est, à mon avis, une raison de plus de penser que les Hephthalites n'étaient pas autres que les Yue-Tchi ou Indo-

[1] P. 134. Voyez aussi les *Nouveaux mélanges asiatiques* d'Abel Rémusat, t. I, p. 223.

[2] *Description des objets d'art,* par M. Jules Labarthe, Paris, 1847 p. 391.

[3] *Recueil de Montfaucon,* t. II, p. 338.

Scythes, autrement dits les Bactriens. M'objectera-
t-on ce corps d'Hephthalites qui, du temps de Justinien, oubliant le vieux dévouement de la nation
pour les Romains, servait dans l'armée persane?
Hélas! tout a un terme dans ce bas monde : à
l'époque dont il s'agit ici, il y avait bien d'autres indices de la décadence romaine [1].

Du reste, Cosmas, pour la première moitié du
vi^e siècle, de même que l'auteur du Périple de la
mer Érythrée, pour le milieu du iiie siècle, ne parle
pas des royaumes indigènes qui existaient alors dans
la vallée du Gange; et sans le récit des voyageurs
bouddhistes chinois, ces royaumes nous seraient
restés inconnus.

Les Hephthalites restèrent maîtres de la Bactriane
jusqu'au milieu du vi^e siècle, époque où ils furent
remplacés par des populations turkes: On ne peut
mieux comparer les vastes contrées de la Tartarie,
à cette époque, qu'à une mer presque constamment
en furie, et où les vagues ne font que changer de
place, suivant le vent qui souffle. A partir de ce
moment, les Turks acquirent la prééminence dans
le nord de l'Asie. Chaque population avait son chef
particulier; mais il y avait au-dessus d'eux un chef
suprême, le khacan ou khan des khans, qui tranchait
du potentat et qui n'hésitait pas à s'intituler *le maître*

---

[1] Quelques savants ont cru trouver le nom des Huns dans les
livres sacrés de Zoroastre. Comparez Eugène Burnouf (*Journal
asiatique* de juin 1845, p. 435), et M. Haug, *Essay on the sacred
language, writing and religions of the Parsces*, Bombay, 1862, p. 192.
Je suis porté à croire qu'il y a là un malentendu.

de la terre[1]. Il n'était plus possible à l'Asie occidentale et à l'Europe de communiquer par terre avec la Chine, qu'avec son bon plaisir. Ainsi avait fait Attila, et ainsi fit plus tard Gengis-Khan, lorsqu'il eut réuni toutes les tribus tartares sous sa dépendance. Les Turks se mettaient au-dessus des Grecs de Constantinople et des Persans, et l'on ne sait pas jusqu'où se seraient élevées leurs prétentions, si, un siècle après, les cavaliers arabes n'étaient pas accourus du fond de leurs déserts, bride abattue, et ne les avaient pas repoussés au delà de l'Oxus et du Iaxarte.

L'invasion des Turks coïncida avec l'introduction des vers à soie dans l'empire grec[2] et avec les progrès de la navigation chinoise, qui permirent à la soie de prendre la route de mer. Peu à peu la soie s'éloigna de la Tartarie, et les populations de la Sogdiane furent privées des avantages qu'elles retiraient de ce commerce. Ces populations, attribuant les inconvénients dont elles souffraient à la politique persane, recoururent à l'intervention du chef suprême des Turks, qui se nommait Dizabule; celui-ci envoya un ambassadeur au roi de Perse. Le prince ne faisant que des réponses évasives, le khan se décida à recourir à l'empereur de Constantinople, qui était alors Justin II. Pour arriver du campement des

---

[1] Voyez mon *Introduction à la Géographie d'Aboulféda*, p. ccxxxi.

[2] Procope, *De bello Gothico*, liv. IV, chap. xvii. Procope donne le nom de *Sirinda* au pays d'où la soie fut apportée. Rien ne prouve qu'il s'agisse là de la Chine. (Voyez, du reste, le volume de M. Ernest Pariset, p. 182.)

Turks à Constantinople, le député, qui ne pouvait pas se confier aux Persans, fut obligé de tourner la mer Caspienne du côté du Nord, de franchir les défilés les plus solitaires du Caucase, et de se rendre sur les bords de la mer Noire, où il s'embarqua pour Constantinople. Justin était hors d'état de faire une réponse satisfaisante au chef des Turks; mais, voulant se le rendre favorable, afin de l'opposer au besoin aux Persans, il fit un bon accueil au député. Il fit même partir un ambassadeur pour le campement des Turks; et le récit de l'ambassade, qui est fort intéressant, nous a été conservé par un écrivain contemporain [1].

Je ne pousserai pas plus loin ce mémoire. La suite se trouvera dans un mémoire subséquent. Mais, en finissant, je me permettrai de faire remarquer que tout se lie dans les différentes parties de cet écrit, et que si, en quelques points, les témoignages paraissent insuffisants, ils sont suppléés ailleurs.

Tout s'use, tout finit sur la terre; maintenant surtout les idées tendent à se renouveler, et l'on affecte de dédaigner le passé. Voilà cependant une face de plus pour l'édifice de la grandeur romaine, voilà un nouveau champ pour raviver les souvenirs affaiblis. Nous avons fait le tour de l'Afrique et découvert

---

[1] C'est Ménandre surnommé *Protector.* Voy. les *Excerpta ex legationibus,* édition de Bonn, p. 295 et suiv. Voy. aussi le témoignage de Théophane de Byzance, qui se trouve dans la Bibliothèque de Photius, et qui a été inséré par M. Charles Müller dans le tome IV de ses *Fragmenta historicorum græcorum,* p. 270.

un nouveau monde; nous avons même fait le tour du globe. L'art de l'imprimerie a multiplié les livres et les journaux; l'usage de la vapeur a hâté la marche des navires et leur a permis de voguer contre vents et marées. Enfin le télégraphe électrique a mis en communication un bout du monde avec l'autre; mais il a fallu près de quinze cents ans pour enfanter ces merveilles; il a même fallu le concours de toutes les nations civilisées du globe. Les Romains ne disposaient pas de telles ressources, et cependant toutes les nations de l'ancien monde étaient en contact avec eux et s'intéressaient à leur sort. En lisant maintenant l'histoire de Rome, nous sommes frappés du vice de quelques-unes de ses institutions; nous sommes révoltés des turpitudes de quelques-uns de ses empereurs; mais ces inconvénients s'affaiblissaient, vus à distance, et l'on n'était frappé que de l'effet général. Rappelons-nous ces paroles de Florus : «Des nations mêmes qui ne faisaient point partie de l'empire avaient le sentiment de la grandeur romaine, et ne pouvaient s'empêcher de témoigner du respect à un peuple qui avait vaincu tous les peuples.» Il n'est pas probable que la terre revoie jamais un pareil spectacle.

Il est question de bien des choses dans ce mémoire et dans les deux qui précèdent, mais il ne s'y est rien mêlé d'étranger. D'un côté, j'ai tâché d'en dire assez pour que le lecteur ne s'égarât pas dans des matières aussi nouvelles. D'un autre côté, pour ne pas fatiguer son attention, je me suis abstenu de

toute remarque superflue, de tout détail minutieux.
Moi aussi j'ai éprouvé le sentiment de la grandeur
romaine.

Un passage de l'historien arabe Hamzah me mit
sur la voie de la date de la chute du royaume de la
Mésène et de la Kharacène, et cette date me servit
à déterminer l'époque de la rédaction du Périple de
la mer Érythrée. Plus tard, l'étude du Périple me
fit entrevoir l'influence du nom romain jusque dans
les contrées les plus reculées de l'Asie. Telle est
l'origine de ces trois mémoires.

J'ai mis en tête les mots : *d'après les témoignages
latins, grecs, arabes, persans, indiens et chinois.* J'espère que le lecteur aura reconnu que ces mots
n'ont pas été mis pour la parade, et que réellement
j'ai tiré de ces témoignages rapprochés entre eux
des conséquences que personne n'avait soupçonnées. Sous ce rapport, je ne crois pas sortir des
bornes de la modestie en disant que, pour venir à
bout d'une telle tâche, il ne fallait rien moins que
les diverses connaissances philologiques, géographiques, historiques, archéologiques que j'ai réunies.
C'est ce même concours de connaissances qui a
donné à mon Mémoire sur l'Inde, publié il y a
quinze ans, un caractère à part; il est vrai que,
maintenant que la route est tracée, il y aura successivement beaucoup à ajouter.

Que de choses restent à faire pour donner à ces
trois mémoires toute l'extension dont ils sont susceptibles ! Des textes sanscrits et chinois n'ont pas

encore été tirés des recueils où ils sont déposés. D'autres, qui ont été publiés, ne l'ont pas été d'une manière tout à fait satisfaisante. Qui sait? peut-être il m'a échappé à moi-même des textes grecs et latins importants; mais la voie est ouverte, et il ne s'agit plus que de la suivre jusqu'au bout. Une source qui est appelée à rendre les plus grands services, ce sont les médailles. Depuis trente ans l'on recueille avec plus d'ardeur que jamais les médailles de l'Abyssinie, de l'Arabie, de la Mésopotamie et de la Chaldée, de l'Arménie, de la Perse et des différentes parties de l'Inde. Tant qu'on n'a eu que des pièces isolées, il était, au milieu de la pénurie des documents écrits, difficile d'arriver à des résultats. Dans cette partie du champ de la science, c'est surtout aux médailles à expliquer les médailles. Or, avec l'abondance actuelle, le moment est venu d'aborder sérieusement cette branche de l'archéologie. Avec des noms de princes, des dates et des noms de lieux, on reconnaîtra mieux les allusions qui sont éparses chez les écrivains de l'antiquité; on rétablira les expressions altérées; on répandra la lumière là où tout était obscurité; en un mot, l'on apportera des pierres pour aider à la reconstruction de l'édifice de l'antiquité.

M. Amédée Thierry, dans un beau *Tableau de l'empire romain depuis la fondation de Rome jusqu'à la fin du gouvernement impérial en Occident*, qu'il vient de publier, termine ainsi sa préface : « Si l'adoption de mon point de vue sur une période aussi impor-

tante de l'histoire prouvait en faveur de sa vérité,
j'en serais fier, je le confesse. Avoir apporté, dans
une science d'application aux destinées humaines,
une vérité si minime qu'elle soit, c'est une grande
récompense pour toute une vie de méditations et de
labeurs. Ce résultat me justifierait à mes propres
yeux d'avoir osé toucher à un sujet sur lequel de
beaux génies, Montesquieu avant tous, semblaient
avoir dit le dernier mot. La différence des points de
départ, et en grande partie celle des époques, expli-
queraient, au besoin, la différence des systèmes,
si système il y a. Par un entraînement naturel à la
société de son temps, Montesquieu s'est fait patricien romain et a envisagé le monde du haut du Capitole. Fils des vaincus de César, j'ai aperçu le Capitole du fond d'une bourgade celtique; je l'ai vu
autrement et ne l'ai pas moins admiré; mais je l'ai
admiré pour des raisons qui ne pouvaient ni toucher
ni convaincre un homme du dix-huitième siècle. Si,
dans cette voie, j'ai rencontré le vrai, c'est au dix-
neuvième siècle qu'en revient l'honneur. » A mon
tour, je me présente dans la carrière, et j'envisage
l'empire romain par le côté qui fait face à l'Asie
orientale. Personne n'avait aperçu ce côté; si j'ai osé
déchirer le voile qui le couvrait, ce n'est ni comme
patricien romain ni comme fils des vaincus de César, c'est en ma double qualité d'élève et de successeur de l'illustre Silvestre de Sacy, c'est comme
ayant passé ma vie à étudier les langues de l'Orient
et de l'Occident, ainsi que les diverses contrées du

vieux monde, depuis l'océan Atlantique jusqu'à la
mer de Chine [1].

[1] Mes titres pour aborder la tâche que je viens d'accomplir sont :
1° Mes *Extraits des historiens arabes des croisades*, en 1829 ; 2° mon
histoire des *Invasions des Sarrasins en France, et de France en Savoie,
en Piémont et dans la Suisse*, en 1836 ; 3° ma traduction de la *Relation des voyages faits par les Arabes et les Persans dans l'Inde et à la
Chine, dans le IXe siècle de l'ère chrétienne*, en 1845 ; 4° mes *Fragments arabes et persans inédits relatifs à l'Inde, antérieurement au
XIe siècle de l'ère chrétienne*, en 1845 ; 5° mon *Mémoire géographique,
historique et scientifique sur l'Inde*, en 1846 ; 6° ma traduction de la
Géographie d'Aboulféda et mon *Introduction générale à la Géographie
des Orientaux*, en 1848.

FIN.

APPENDICE.

L'empire romain a été grand comme le monde, et
les écrivains qui, pendant qu'il était encore debout,
ont rendu témoignage à sa grandeur, sont très-nom-
breux. Mais aujourd'hui que cet empire n'est plus
qu'un souvenir, ces témoignages sont loin d'avoir
pour nous toute la clarté nécessaire. Il n'est donc
pas étonnant que je sois obligé de revenir après
coup sur des passages dont la portée m'avait échappé,
comme elle a échappé aux savants qui m'ont précédé.

PAGES 9 ET 123.

J'ai placé au moyen âge et chez les chrétiens le
singulier usage de consulter l'avenir en ouvrant les
poésies de Virgile au hasard. Je me suis trompé :
cet usage naquit chez les païens, et remonte presque
au commencement de notre ère, époque de scepti-
cisme où les croyances avaient fait place aux pratiques
superstitieuses. C'est, ce me semble, une preuve de
plus du caractère sérieux que, dès le principe, les
Romains attribuèrent aux paroles de Virgile.

PAGES 25 ET SUIVANTES.

Des idées de monarchie universelle plus ou moins

explicites se manifestèrent naturellement aux époques
où il se forma des empires d'une très-vaste étendue.
L'homme, de tout temps, et à mesure que son pouvoir s'est accru, a senti ses désirs s'élever dans la
même proportion. Comment des idées de ce genre
ne se seraient-elles pas présentées à l'esprit d'Alexandre le Grand? Ses plans purent varier suivant les
diverses circonstances de sa vie; mais la pensée,
une fois née, ne s'effaça plus.

On voit dans le cours de ce volume que les anciens n'avaient que des notions fort imparfaites
sur la configuration du globe que nous habitons.
Les hommes à théorie eurent de bonne heure un
soupçon de la pluralité des continents; mais tout
cela était vague, et l'on se représentait notre continent comme beaucoup plus petit qu'il n'est réellement. L'Afrique était considérablement réduite au
midi; l'Asie ne l'était pas moins au nord et à l'orient.
Les Romains du temps d'Auguste entendirent parler
de la Chine; les contemporains d'Alexandre n'en
avaient pas même connu le nom.

Plutarque nous apprend qu'Alexandre, à son retour de l'Inde, s'entretenant avec Néarque, amiral
de sa flotte, manifesta l'intention de s'embarquer
sur le golfe Persique, de faire le tour de l'Arabie
et de l'Afrique, et de rentrer dans la mer Méditerranée par les colonnes d'Hercule, en soumettant à
ses lois tous les pays qui se trouveraient sur son
passage [1]. Quoi de plus naturel! Pendant le cours des

____
[1] *Vie d'Alexandre le Grand.* On trouvera les divers passages rela-

conquêtes d'Alexandre, le vieux monde presque entier eut l'œil sur ses exploits, et quand il fut de retour à Babylone, presque tous les peuples de l'Asie, de l'Europe et de l'Afrique lui rendirent hommage en la personne de leurs ambassadeurs [1].

Je n'ai pas ici à exposer les divers récits faits à ce sujet. Il me suffit, pour mon objet, qu'Alexandre ait eu des idées de monarchie universelle. Ne les eût-il pas eues, il me suffirait qu'on les lui ait attribuées. En effet, si Alexandre a eu la prétention de conquérir le monde entier, il est tout simple que Jules César, qui ne se croyait pas inférieur à lui, ait eu la même prétention; et si Jules César n'a pas cru la conquête du monde au-dessus de ses forces, comment, après la bataille d'Actium et lorsque Auguste fut devenu le maître unique et paisible de l'empire, beaucoup de Romains n'auraient-ils pas été d'avis de mettre l'idée de César à exécution?

Quand Auguste eut donné à l'empire des frontières qu'il regardait comme naturelles, c'est-à-dire l'océan Atlantique à l'ouest, les sables du Sahara au midi, le Danube et le Pont-Euxin au nord, et l'Euphrate à l'est, il crut devoir s'arrêter [2]. C'est le té-

tifs à ce sujet dans l'*Examen critique des anciens historiens d'Alexandre le Grand*, par le baron de Sainte-Croix. Paris, 1810, p. 415 et 481. En ce qui concerne la conquête de l'Italie par Alexandre, Tite-Live a cherché à montrer que là les Romains auraient opposé une résistance invincible. Voyez le livre IX, chap. XVI et suiv.

[1] Ouvrage du baron de Sainte-Croix, p. 477. Voyez, à la même occasion, le passage de Paul Orose, cité ci-devant, p. 105.

[2] Ci-devant, p. 97.

moignage que lui rend, avec Tacite, l'empereur
Julien, qui reprit pour son compte les idées de monarchie universelle. Voici comment Julien fait parler
Auguste dans son Livre des Césars : « Loin de céder à
d'ambitieux désirs, je n'ai plus rêvé pour Rome la
conquête de l'univers; mais j'ai donné à l'empire ses
deux limites naturelles, l'Ister et l'Euphrate. Vainqueur des Scythes et des Thraces, je n'ai point usé
du temps mesuré à mon règne pour faire sortir une
guerre d'une autre guerre. Je l'ai employé à reviser
les lois, à réparer les désastres que la guerre avait
causés : conduite aussi sage, à mon sens, que celle
de mes devanciers, et même supérieure à celle de
tous les princes qui ont jamais gouverné de grands
empires [1]. » Au contraire, suivant Julien, César aurait
été disposé à disputer l'autorité à Jupiter lui-même [2].

La situation où Jules César se trouva, lorsqu'il
eut vaincu tous ses rivaux et qu'il eut dans les mains
toutes les forces de l'empire, est facile à comprendre.
Alexandre, lorsqu'il eut subjugué l'Orient, pensa qu'il
devait faire de même pour l'Occident. L'Occident
tout entier était dans les mains de César; il aurait
manqué à son rôle, s'il ne s'était hâté de subjuguer
l'Orient.

Pour venir à bout de ce qu'il voulait, César avait
besoin de rendre l'autorité permanente dans ses
mains; en d'autres termes, il lui fallait être roi. D'un
autre côté, le premier et le principal des obstacles

____

[1] *Livre des Césars,* chap. xxi.
[2] *Ibid.* chap. iii, xix et xxvi.

qu'il devait rencontrer dans ses conquêtes, était la
présence des Parthes. Il fit mettre en avant un oracle
de la sibylle de Cumes, d'après lequel les Parthes
ne pouvaient être domptés que par un roi[1].

Quand César fut assassiné, une armée formidable
allait se mettre en marche pour faire la guerre aux
Parthes. Plutarque, parlant des immenses projets
qu'avait en tête César, s'exprime ainsi : « César se
sentait né pour les grandes entreprises; et loin que
ses nombreux exploits lui fissent désirer la jouissance
paisible du fruit de ses travaux, ils lui inspirèrent
au contraire de plus vastes projets; et flétrissant pour
ainsi dire à ses yeux la gloire qu'il avait acquise, ils
allumèrent en lui l'amour d'une gloire plus grande
encore. Cette passion n'était qu'une sorte de jalousie
contre lui-même, telle qu'il aurait pu l'avoir à l'é-
gard d'autrui; qu'un désir de surpasser ses exploits
précédents par ceux qu'il projetait pour l'avenir. Il
avait formé le dessein de porter la guerre chez les
Parthes, et il en faisait déjà les préparatifs. Il se pro-
posait, après les avoir domptés, de traverser l'Hyrcanie, le long de la mer Caspienne et du mont Caucase; de se jeter ensuite dans la Scythie, de soumettre
tous les pays voisins de la Germanie et la Germanie
même, et de revenir enfin en Italie par les Gaules,
après avoir arrondi l'empire romain, qui aurait été
ainsi de tous côtés borné par l'Océan[2]. »

[1] Comparez Plutarque, *Vie de Jules César,* et Suétone, *Vie de
César,* chap. LXXIX.

[2] Plutarque, *Vie de Jules César.*

PAGE 152.

On ne pourrait pas m'opposer ce qu'Horace a dit dans le n° 16 du Livre des Épodes sur le danger que Rome courait de disparaître de la scène du monde. Les Romains se trouvaient alors au plus fort de la lutte entre les triumvirs Marc Antoine et Auguste; mais ces craintes, qui étaient assez naturelles, se dissipèrent lorsque l'empire eut acquis son unité.

PAGE 219, PASSAGE DE MARTIAL.

Au lieu du sang de cheval, que boiraient les Sarmates, il est plus naturel de voir le lait de jument aigri et fermenté, tel que le boivent encore les Tartares. Ce lait est appelé par eux *coumis*.

PAGE 224.

Juvénal parle d'une femme qui va partout et qui a la prétention d'être au courant de tout, qui, se trouvant avec son mari dans une assemblée de généraux près d'entrer en campagne, discute les dernières nouvelles et détermine d'avance ce que feront les Chinois et les Thraces.

PAGES 230 ET SUIVANTES.

En ce qui se rattache à l'objet de ce mémoire, il nous reste un témoignage précieux de Pline le Jeune, dans le Panégyrique qu'il lut devant Trajan, au retour de son expédition contre les Daces. Ce témoignage se rapporte à l'attention particulière que ce prince mettait à ouvrir, au sein de l'empire, de nouvelles routes au commerce, à lever les barrières qui avaient subsisté jusque-là, et à faciliter les relations des peuples entre eux.

Pline dit au chapitre xxix : « Il est une chose que je regarde comme une libéralité permanente, c'est l'abondance des vivres. Ramenée jadis par Pompée, elle ne lui fit pas moins d'honneur que la mer purgée de pirates, l'Orient et l'Occident parcourus par la victoire, etc. Et Pompée ne déploya pas alors plus de vertus civiles que n'a fait le père de la patrie (Trajan), lorsque celui-ci, par l'ascendant de son caractère, par sa bonne foi, a supprimé les barrières des routes, ouvert les ports aux navires, rendu à la terre ses chemins, aux rivages leur mer, à la mer ses rivages; uni enfin les différentes nations par un commerce si actif, que les productions de l'une semblent communes à toutes les autres. »

De plus, on lit au chapitre xxxii : « C'est maintenant que toutes les provinces se trouvent heureuses d'être soumises à un empire dont le chef, disposant de la fécondité des pays, la transporte d'un lieu à l'autre, selon les temps et les besoins, et nourrit une nation séparée par la mer, comme si c'était une partie du peuple et des tribus de Rome. Le ciel n'est jamais assez prodigue de ses dons pour dispenser l'abondance à tous les pays à la fois. Or le prince a banni de partout, non la stérilité sans doute, mais les maux qu'elle entraîne; il y porte, sinon la fécondité, du moins les biens qu'elle procure; il unit par de mutuels échanges l'Orient et l'Occident; et les nations, recevant les unes des autres tout ce qui leur manquait, reconnaissent combien les sujets de l'empire sont plus heureux sous les lois d'un seul maître que parmi les luttes qu'enfante l'indépendance. »

PAGE 236.

Au lieu de *Volosegia*, il faut lire *Vologesia*.

Ibidem.

Dans la guerre qui, sous Marc-Aurèle, eut lieu entre les Romains et les Parthes, l'an 162 de l'ère chrétienne et les années suivantes, l'armée romaine envahit la Mésopotamie et prit la ville de Ctésiphon. Lucien, qui florissait à cette époque, nous apprend, dans son traité sur la manière d'écrire l'histoire, que, dans le moment même, une foule de gens de lettres essayèrent de tracer le tableau de ces grands événements; mais que telle était la corruption du goût, qu'il ne fut rien écrit de digne du sujet. Lucien cite entre autres un écrivain qui, marchant sur les traces de Virgile, imagina de faire de cette guerre, qui eut ses péripéties, un tableau en forme de prophétie. Lucien se moque de cette idée, et c'est là une preuve du changement qui s'était opéré dans les esprits; mais cette même circonstance prouve que l'idée elle-même n'était pas perdue. Voici du reste un extrait de ce que dit Lucien : « J'en ai entendu un autre qui avait écrit une histoire en forme de prédiction. Il y annonce la captivité de Vologèse (le roi des Parthes) et la mort d'Osroès, qui sera exposé aux lions [1]..... Il nous promet d'écrire tout ce qui doit se passer dans l'Inde et pendant que notre flotte croisera dans la mer extérieure [2]; il ne s'en tient pas à la promesse : l'exorde de son Indique [3] est déjà composé, et la troisième légion, les Celtes (Gaulois) et une partie des Maures ont déjà traversé l'Indus. Ce qu'ils feront par la suite, comment ils soutiendront le choc des éléphants, c'est ce que ce fameux historien nous mandera bientôt de la ville de Muziris (sur la côte de Malabar) ou de chez les Oxydraques (dans le Pendjab). » Si Virgile, au lieu d'écrire sous Auguste, était venu deux cents ans plus tard, ou il se serait exprimé autrement qu'il n'a fait, ou ses vers n'auraient pas été considérés comme un guide infaillible pour arriver à la connaissance de l'avenir.

PAGE 239.

Moyse de Khorène a fait mention de Bardesane, sous la forme *Partadzan*, et le dit originaire d'Édesse [4].

[1] Osroès était un chef ennemi qui avait fait essuyer un échec aux Romains.

[2] La mer Érythrée, en dehors non-seulement de la mer Méditerranée, mais encore en dehors de la mer Rouge et du golfe Persique.

[3] Titre qu'Arrien a donné à son Histoire de l'expédition d'Alexandre dans l'Inde.

[4] Voyez la traduction de Moyse de Khorène, par Levaillant de Florival, t. I, p. 307.

PAGE 245.

J'ai eu le tort, en composant ce volume, de ne pas relire l'Histoire de la décadence et de la chute de l'empire romain, par Gibbon. Cet ouvrage donne lieu, dans ce qui suit, à quelques remarques.

Gibbon [1] a révoqué en doute le traitement ignominieux que le roi des Perses, Sapor Ier, fit subir à l'empereur Valérien. Depuis la mort de Gibbon, quelques Anglais ont visité dans le Farsistan les ruines d'une ville fondée par Sapor, et qui, encore à présent, est connue sous le nom de Schahpour, ou Sapor. Or ces voyageurs, notamment James Morier et William Ouseley, ont cru reconnaître sur des bas-reliefs existant encore la représentation des indignités auxquelles fut exposé Valérien. De plus, Ouseley, s'attaquant à Gibbon lui-même, a recueilli divers témoignages orientaux qui confirment le récit des écrivains latins [2]. L'opinion de Morier et d'Ouseley a été adoptée par un juge compétent, l'illustre Silvestre de Sacy [3].

PAGES 246 ET SUIVANTES.

Gibbon regarde également comme apocryphes les lettres qui furent adressées au fils de Valérien, par divers princes orientaux. Pourquoi ces doutes?

---

[1] Traduction française de M. Guizot, Paris, 1819, t. II, p. 164.

[2] *Travels in various countries of the East, more particularly Persia;* Londres, 1819, in-4°; t. I, p. 285 et suiv.

[3] *Journal des Savants* de l'année 1819, pages 38, 41 et 582.

Bien des faits nous sont parvenus privés des détails
qui en auraient fixé le caractère et accru l'intérêt;
mais ce n'est pas une raison de renoncer à ce qu'on a.
D'ailleurs, ce qui n'est pas connu aujourd'hui peut
l'être demain. En ce qui concerne la Bactriane et
ses relations avec l'empire romain, peut-il rester
la moindre incertitude, maintenant que j'ai rassemblé les témoignages qui s'y rapportent? De graves
erreurs avaient rendu jusqu'ici ce sujet inabordable.
J'ai signalé, page 32, celle d'après laquelle l'antique
dénomination *Baktra*, qui est écrite par les écrivains
arméniens *Pahl* et *Bahl*, et par un voyageur chinois
Pahala, ne serait pas autre que celle de *Balkh*. L'historien arménien Moyse de Khorène est pour beaucoup dans cet embarras. Il a confondu le pays de Pahl
ou Baktra avec celui des Parthes, Bahlav ou Pahlou,
au sud de la mer Caspienne. D'un autre côté, les
savants qui, dans ces derniers temps, ont traduit les
textes arméniens, ont substitué Balkh à Pahl[1].

Gibbon, à la même occasion, a commis une grave
méprise. Il a supposé[2] que, vers l'an 225 de notre
ère, lorsque Ardeschir, le fondateur de la dynastie
des Sassanides, se fut rendu maître du pouvoir, il fit
reconnaître solennellement son autorité dans une
assemblée tenue à Balkh. Ainsi, dès cette époque,
le royaume de la Bactriane aurait été absorbé par
la Perse. Je n'ai vu ce fait rapporté nulle part. La

---

[1] Comparez l'*Histoire d'Arménie* de Moyse de Khorène, t. I,
p. 309 et suiv. et l'*Arménie chrétienne* d'Élisée, pages 9 et 305.

[2] Tome II, p. 5.

Bactriane proprement dite était absorbée par la
Perse au temps de Julien l'Apostat; mais elle ne
l'était pas encore en 280.

PAGE 252, NOTE.

Gibbon[1] a entendu le passage de Vopiscus comme
Crevier et comme moi.

DE LA PAGE 253 À LA PAGE 264.

Ce que j'ai dit à la page 156 n'est pas tout à fait
exact.

L'idée de monarchie universelle fut abandonnée
par Adrien et ses successeurs, pendant un peu plus
d'un siècle. L'exemple de Trajan avait servi de leçon.
Mais, vers l'an 280 de J. C. lorsque Aurélien eut
rendu à l'empire son unité et son éclat, les idées de
monarchie universelle reprirent faveur. Sous Auguste, on avait eu à venger l'affront fait par les
Parthes au nom romain en la personne de Crassus;
ici l'injure était bien plus cruelle : c'était l'empereur
Valérien fait prisonnier et soumis aux traitements les
plus indignes. Du reste, sous Auguste, la pensée était
l'expression de l'opinion publique; ici l'impulsion
venait du gouvernement lui-même. Sous Auguste la
pensée resta à l'état spéculatif. Ici elle se traduisit
en actes. Sous Auguste, la pensée, abandonnée au
caprice du public, se développa jusqu'à l'excentri-
cité. En effet, n'est-on pas en droit de sourire, lorsqu'à une époque où le mouvement des armées

[1] Tome II, p. 232.

n'était pas aussi facile qu'à présent, l'on voit Virgile et Tibulle ne pas admettre de limites pour les aigles romaines? Ici la pensée ne sort pas des limites du possible. La domination romaine s'étendait alors depuis l'océan Atlantique jusqu'au Tigre. Pour que l'empire absorbât dans son sein tout ce qui avait été occupé successivement par Sémiramis, Cyrus, Darius et Alexandre, il ne restait plus qu'à subjuguer la Perse. Rome entretenait des rapports d'amitié avec la Bactriane, l'Inde et la Chine. La Perse domptée, l'influence romaine, sinon politique, du moins morale, s'étendrait jusqu'à la mer Orientale, cette mer dont le public parlait depuis si longtemps, mais dont on n'avait qu'une idée imparfaite. D'ailleurs, une fois les Perses soumis, le gouvernement serait toujours maître de disposer de la Bactriane et de l'Inde comme il voudrait. Qu'on juge des Romains par ce que l'homme a été partout et de tout temps. L'homme, du moment qu'il a eu le pouvoir en main, s'est-il jamais arrêté dans son ambition?

Des symptômes du changement opéré dans la politique du gouvernement commencent à se manifester sous le règne de l'empereur Probus. Ce prince avait l'audace de Trajan et toutes ses qualités militaires; mais, au moment où il se disposait à envahir la Perse, il fut assassiné par quelques-uns de ses soldats. Vopiscus, écrivain presque contemporain, et qui était parfaitement au courant, raconte ainsi ce malheureux événement : «On accusait l'empereur d'avoir dit que si jamais il parvenait à mettre ses projets à exécution, les soldats deviendraient inutiles; c'était absolument comme s'il eût dit : Il n'y aura plus d'armée romaine; la République, assurée du repos, dominera partout, possédera tout; on ne fabriquera plus d'armes nulle part; on ne fera plus d'approvisionnements militaires; les bœufs seront laissés à la charrue; le cheval ne connaîtra plus les combats; il n'y aura plus de guerre, plus de prisonniers. Ce sera le règne universel de la paix, des lois romaines et de nos magistrats[1]. » Ainsi nous voilà ramenés aux églogues de Virgile.

Le même auteur raconte que, sous le règne de Probus, les aruspices, voulant consoler la famille de l'empereur Tacite, qui avait eu beaucoup à souffrir de ces changements continuels de princes, annoncèrent qu'au bout de mille ans il sortirait de cette famille un empereur qui ferait la loi aux Perses, qui soumettrait les Allemands à la domination romaine, qui ne laisserait pas dans toute l'Afrique un seul barbare[2], qui donnerait un gouverneur à l'île de Taprobane (Ceylan), qui commanderait à toute la Sarmatie, qui subjuguerait notre continent tout entier, qui ferait de toutes les nations une seule nation[3]. Vopiscus se moque avec raison de cette pro-

---

[1] Vopiscus, *Notice sur Probus,* ch. xx.

[2] Il s'agit ici des indigènes du nord de l'Afrique, que nous nommons *Berbers,* et qu'en Algérie les Arabes appellent *Kabyles.* Beaucoup de Berbers restèrent étrangers à la civilisation romaine, comme plus tard ils résistèrent à la civilisation arabe. En ce moment, la politique française doit être de faire des Berbers de l'Algérie des Français.

[3] Vopiscus, *Notice sur Florien,* ch. ii.

phétic dont l'accomplissement était ajourné à mille ans; elle n'en est pas moins un indice de la disposition des esprits à cette époque.

J'ai dit que, lorsque Probus fut assassiné, il s'apprêtait à subjuguer la Perse. Son successeur, nommé Carus, crut qu'il y allait de son honneur de faire de ce programme une vérité. Il traversa successivement l'Euphrate et le Tigre, et prit Ctésiphon, la capitale. Jadis Trajan et Septime Sévère s'étaient contentés d'un succès semblable et étaient revenus sur leurs pas; en effet, il circulait un oracle d'après lequel au delà de Ctésiphon il n'y avait que malheur pour les Romains. Mais Carus s'avança dans l'intérieur du pays, et l'on ne sait pas ce qui serait arrivé si le prince n'avait été tué tout à coup, soit par la foudre, soit de toute autre manière [1].

Carus avait deux fils, Carin et Numérien. Avant de se mettre en route, il chargea Carin du gouvernement de la Gaule, de l'Espagne et de la Grande-Bretagne. Pour Numérien, qui était le plus jeune, il l'emmena avec lui en Orient. Or Numérien aimait passionnément les lettres; il se piquait même d'écrire en prose et en vers. D'un autre côté, il y avait alors à Rome deux poëtes distingués, Calpurnius et Némésien, auteurs, l'un d'un recueil d'églogues, l'autre d'un poëme sur la chasse; et l'on sait combien déjà les poëtes du temps de l'empire ont été utiles à mes recherches. Calpurnius, dans la première de ses églogues, ayant un compliment à faire à

____

[1] Voyez Vopiscus, *Notice sur Carus*, ch. vii et suiv.

Numérien, met ces paroles dans la bouche du dieu Faune : « Voici les événements que j'annonce aux humains ; je prends plaisir à graver sur ce hêtre, qui m'est consacré, des oracles garants de leur bonheur. Ô vous, habitants des bois, vous mon peuple, livrez-vous aux transports de la joie la plus vive. Quand même le berger laisserait sans défense errer ses troupeaux dans les campagnes, et négligerait de fermer, la nuit, leur asile avec une claie de frêne, nul ravisseur ne tendra des embûches autour de la bergerie, et ne dérobera les bestiaux, après avoir dénoué leurs liens. L'âge d'or, la paix et la sécurité vont renaître. La bienfaisante Thémis reparaît sur la terre purifiée de toutes les souillures qui ternissaient sa beauté. Le monde devra des siècles de bonheur à un jeune prince qui fit de l'art de la parole l'amusement de son enfance. Lorsque, dieu tutélaire, il dirigera lui-même les affaires, l'affreuse Bellone, les mains enchaînées derrière le dos, dépouillée de ses armes, déchirera son propre sein avec fureur. Une paix profonde, laissant l'épée dormir dans le fourreau, rappellera le règne de Saturne dans le Latium, et celui de Numa. En effet, ce fut Numa qui, le premier, enseigna les travaux de la paix aux soldats de Romulus, encore émus de leurs sanglants triomphes et respirant le carnage ; ce fut lui qui, dans le silence des armes, fit retentir, au milieu des sacrifices, la trompette sonore. Faites éclater votre joie, peuples qui habitez, soit les terres d'où vient le Notus, soit les régions plus élevées de

Borée[1], peuples de l'orient et du couchant, et vous qui occupez le centre du monde[2]. »

De son côté, après la mort de Carus, Némésien adressa aux deux fils du prince son poëme sur la chasse, dans lequel se trouvaient ces mots : « On m'entendra bientôt, illustres rejetons du divin Carus, chanter sur un ton plus mâle et vos triomphes et vos lois reconnues aux deux extrémités du monde[3],

[1] Les anciens croyaient que la terre était plus élevée au septentrion qu'au midi, parce que, selon Justin (livre II°, au commencement), tous les fleuves qui ont leur source dans les pays du nord coulent vers le midi. Virgile, dans ses Géorgiques, semble dire quelque chose de semblable. Voy. ci-devant, p. 68. Voy. aussi Ammien Marcellin, liv. XXIII, ch. VI.

[2] Qui juga, qui silvas tueor satus æthere Faunus,
Hæc populis ventura cano : juvat arbore sacra
Læta patefactis incidere carmina fatis.
Vos o præcipue nemorum gaudete coloni,
Vos populi gaudete mei ; licet omne vagetur
Securo custode pecus, nocturnaque pastor
Claudere fraxinea nolit præsepia crate ;
Non tamen insidias prædator ovilibus ullas
Afferet, aut laxis abiget jumenta capistris.
Aurea secura cum pace renascitur aetas,
Et redit ad terras tandem squalore situque
Alma Themis posito, juvenemque beata sequuntur
Sæcula, maternis caussam qui lusit in ulnis.
Dum populos deus ipse reget, dabit impia vinctas
Post tergum Bellona manus, spoliataque telis
In sua vesanos torquebit viscera morsus.....
Plena quies aderit, quæ stricti nescia ferri,
Altera Saturni revocet Latialia regna,
Altera regna Numæ, qui primus ovantia cæde
Agmina, Romuleis et adhuc ardentia castris
Pacis opus docuit, jussitque silentibus armis
Inter sacra tubas, non inter bella, sonare.....
Exsultet quæcumque Notum gens ima jacentem,
Erectumque colit Boream, quæcumque vel ortu
Vel patet occasu, mediove sub æthere fervit.

[3] Imitation d'une expression de Virgile. Voy. ci-devant, p. 144.

et vos armes fraternelles, victorieuses des nations qui s'abreuvent aux flots du Rhin et du Tigre, comme aux sources lointaines de l'Araxe et du Nil. Je dirai, ô Carin, tes succès récents, qui, sous les glaces de l'Ourse, ont mis fin à la guerre et presque effacé les succès du dieu dont tu as reçu le jour. Je dirai comment ton frère *a pénétré dans le cœur de la Perse* et conquis les antiques remparts de Babylone, vengeant ainsi les outrages faits à l'héritier de l'empire de Romulus. Je peindrai la fuite honteuse du Parthe, ses carquois devenus inutiles, ses arcs détendus et ses traits émoussés [1]. »

Numérien fut assassiné, après quelques mois de règne, et Dioclétien fut nommé à sa place. On sait que Dioclétien, effrayé des dangers qui menaçaient de toute part l'empire, s'adjoignit pour collègue Maximien Hercule, et que, de plus, il fit choix de deux généraux qui, sous le titre de Césars, devaient

---

[1] Mox vestros meliore lyra memorare triumphos
Accingar, divi fortissima pignora Cari,
Atque canam nostrum geminis sub finibus orbis
Littus, et edomitas fraterno numine gentes,
Quæ Rhenum Tigrimque bibunt, Araxisque remotum
Principium, Nilique bibunt ab origine fontem.
Nec taceam primum quæ nuper bella sub Arcto
Felici, Carine, manu confeceris, ipso
Pæne prior genitore deo; utque intima frater
Persidos, et veteres Babylonis ceperit arces,
Ultus Romulei violata cacumina regni :
Imbellemque fugam referam, clausasque pharetras
Parthorum, laxosque arcus, et spicula nulla.

Dans le cinquième vers, au lieu d'*Ararisque* que porte le texte imprimé, je n'ai pas hésité, malgré la mesure, à lire *Araxisque*. Il y a là une pensée de Lucain, rapportée ci-devant, p. 155.

servir de lieutenants aux deux empereurs. Constance Chlore reçut en partage la Gaule et la Grande-Bretagne, et Galère fut chargé de la défense des provinces orientales. Galère fit une guerre vigoureuse à Narsès, roi de Perse, et, à la suite d'une grande victoire, il forma le dessein, à l'imitation des projets de Probus, de réduire la Perse en province romaine. Ce fut Dioclétien qui, conformément aux idées d'Auguste, refusa de ratifier ces plans, et qui ordonna de se contenter d'une paix avantageuse[1]. A cette époque, les Romains avaient franchi l'Euphrate, et ils étaient maîtres des provinces septentrionales de la Mésopotamie. Une circonstance particulière avait favorisé l'extension de leur domination : presque toute la population du pays avait embrassé le christianisme, et les habitants avaient plus d'attrait pour la civilisation romaine que pour la civilisation perse. Galère profita de l'occasion pour annexer à l'empire cinq provinces situées au delà du Tigre. Un écrivain bien instruit des événements nous a transmis quelques détails sur les négociations qui eurent lieu alors. L'ambassadeur du roi de Perse dit entre autres choses à Galère, pour le toucher, que l'empire romain et la Perse étaient pour le monde ce que les deux yeux sont pour l'homme, et que les deux États, au lieu de

[1] Aurelius Victor s'exprime ainsi : « Denique Galerius Narseum regem in ditionem subegit; simul liberos conjugesque et aulam regiam. Adeo victor, ut ni Diocletianus, cujus nutu omnia gerebantur, incertum qua causa, abnuisset, romani fasces in provinciam novam ferrentur. » (*De Cæsaribus*, ch. xxxix.) Voy. à ce sujet les remarques de Crevier et celles de Gibbon, t. II, p. 347.

s'entre-nuire, feraient beaucoup mieux de se soutenir l'un l'autre[1].

Il me semble que, lorsqu'on a suivi l'ordre de
ces divers événements, il ne peut pas rester de doute
sur les idées de monarchie universelle qui circu-
laient à Rome, à cette époque. A la vérité, il ne s'a-
git plus là de la conquête de la Chine. On avait alors
une connaissance au moins imparfaite des obstacles
qui empêchaient d'arriver aussi loin. Le nom de
l'Inde n'est pas même prononcé; il était évident que
lorsque le temps serait venu, on agirait avec toute
liberté. M'opposera-t-on l'interruption de près de
deux siècles qu'éprouva le cours des idées de monarchie universelle chez les Romains? Cette interruption
me paraît au contraire une preuve de plus de leur
réalité. Nous voyons la politique du gouvernement
changer suivant le temps et les circonstances : ces
changements avaient donc un motif. Du reste, les
déchirements qui ne tardèrent pas à survenir dans
l'empire amenèrent une trêve à toute combinaison
de ce genre. Le grand Constantin lui-même, quand
il se trouva le maître unique du pouvoir, n'osa pas y
arrêter son esprit. Mais, avec l'avénement de Julien

---

[1] Voyez le récit de Pierre Patrice, dans les *Excerpta de Legationibus*, édition de Bonn, 1829, p. 126 et suiv. 134 et suiv. Je dois
ajouter que, pendant que Galère triomphait sur les bords du Tigre,
d'autres armées triomphaient sur les bords du Rhin et du Danube,
ainsi qu'en Afrique, et que Dioclétien profita de cette heureuse
coïncidence pour amener tous les ennemis de l'empire à la fois à
rendre hommage à la majesté de Rome. Cette circonstance explique
et justifie les paroles de l'orateur Mamertin, rapportées ci-devant,
p. 254.

l'Apostat, les idées de monarchie universelle reprirent avec une nouvelle vigueur. Entre autres singularités, Julien avait la prétention de renfermer en lui l'âme du grand Alexandre; pouvait-il faire moins que de suivre les traces du grand homme? Des entreprises de ce genre se présentaient naturellement à la pensée aventureuse du prince. Pour apprécier convenablement les faits, il faut se rendre compte de la situation personnelle de Julien et de la position respective de l'empire romain, de la Perse et de l'Asie orientale.

Julien était possédé d'une haine profonde, furieuse, insensée contre le christianisme. D'un autre côté, il avait les idées grandes; il voulait la gloire de l'empire et la sienne propre. En même temps, à côté de beaucoup de légèreté, se trouvaient de grands talents. Subjuguer la Perse et l'Inde; en d'autres termes, réaliser ce que n'avait pas osé Auguste, ce qu'avaient tenté vainement Trajan, Probus et Carus, c'était donner à l'empire romain son dernier complément, c'était se créer pour lui-même une gloire sans égale. Ce n'est pas tout : c'était restituer à l'empire son caractère primitif, c'était consacrer à jamais le triomphe du paganisme, et faire disparaître jusqu'au dernier vestige de ce qu'il désignait par le mot méprisant de Galiléens.

A l'égard de la situation militaire, la grande difficulté, c'était toujours la Perse. C'est par là qu'il fallait commencer. La Perse subjuguée, on viendrait facilement à bout des vallées de l'Indus et du

Gange. Il est vrai qu'avec la Perse il avait surgi un autre obstacle : c'est l'attitude qu'avaient prise, depuis un peu plus d'un siècle, les tribus arabes répandues dans les vallées du Tigre et de l'Euphrate, depuis la Mésopotamie jusqu'au golfe Persique. Rome avait rattaché à sa cause, moyennant salaire, les tribus nomades établies dans les environs de la mer Morte; mais les tribus de la Mésopotamie et des contrées situées au midi étaient dévouées à la Perse, et Julien lui-même ne tarda pas à apprendre par expérience combien ces nomades étaient des ennemis dangereux. J'ai déjà traité de ce point dans mon Mémoire sur la Mésène et la Kharacène [1]. Une autre circonstance faisait pour Julien de la conquête entière de la vallée du Tigre et de l'Euphrate et des côtes du golfe Persique un devoir indispensable. Tant que le royaume de la Mésène et de la Kharacène avait subsisté, la Perse n'avait pas eu de marine; depuis la chute de ce royaume, le pavillon perse dominait dans les mers orientales, et les navires romains cessaient peu à peu de sortir du bassin de la mer Rouge.

Je ne me dissimule pas combien, ici comme ailleurs, mon opinion sort du cadre des opinions reçues; aussi je vais me hâter de fournir la preuve de ce que j'avance. Cette preuve sera irréfutable.

En sa qualité de chef d'un grand empire, Julien était obligé de mettre beaucoup de réserve dans son

---

[1] Tome XXIV du *Nouveau Recueil de l'Académie des Inscriptions*, p. 202 et suiv.

langage et dans ses écrits; mais il était naturellement vain, et il ne s'arrêtait pas toujours à temps. Je m'abstiens de citer les témoignages des écrivains chrétiens, qui pourtant, dans une question placée en dehors des discussions religieuses, ne peuvent être récusés, et je me borne à des témoignages païens, au témoignage de Julien lui-même.

Un écrivain qui mérite de faire autorité est Ammien Marcellin, qui accompagna Julien dans son expédition. Or il résulte de son récit : 1° que l'intention de Julien était, non pas seulement de vaincre Sapor II, mais de soumettre la Perse aux lois romaines; 2° que, lorsqu'il eut franchi le Tigre, s'il se décida à brûler sa flotte, qui le rendait maître des cours de l'Euphrate et du Tigre, c'est qu'il voulait s'engager dans l'intérieur du pays et y prendre position; 3° qu'il ne consentit à revenir sur ses pas que lorsqu'on sut que Sapor avait fait livrer aux flammes toutes les contrées où les Romains pouvaient espérer de passer, et que l'armée romaine menaça de se soulever[1]. Dans un discours que Julien adressa à son armée, il s'exprimait ainsi : « Effaçons du rang des nations une race ennemie, dont les glaives fument encore du sang de nos concitoyens. Nos ancêtres aussi employèrent bien des années à se défaire d'adversaires trop dangereux. Que de temps, que d'efforts pour abattre Carthage ! encore son vainqueur craignit-il qu'elle ne se relevât de ses ruines. Scipion détruisit Numance de fond en comble après

---

[1] Voyez notamment liv. XXIV, chap. VII.

avoir passé par toutes les vicissitudes d'un long siége. Rome renversa Fidènes pour n'avoir point de rivale : elle écrasa les Véiens et les Falisques, si bien qu'il faut l'attestation de nos annales pour croire que ces cités puissantes ont jadis existé [1]. » Quand Julien voulait prononcer un serment, il lui arrivait de dire : « Ainsi puissé-je mettre les Perses sous le joug ! ainsi puissé-je régénérer l'empire [2] ! »

Maintenant voici deux témoignages décisifs, deux témoignages que nous devons à Julien lui-même.

Une lettre adressée par Julien à Arsace, roi chrétien d'Arménie, au moment où l'empereur allait passer l'Euphrate, commence ainsi : « Vite en bataille, Arsace, et, plus tôt que la parole, arme ta droite contre la folie des Perses. Notre appareil guerrier et notre valeur se sont proposé de deux choses l'une, ou bien de payer le tribut à la nature, après avoir accompli les plus beaux exploits dans les plaines de la Parthiène [3], et fait le plus de mal possible aux enne-

---

[1] Abolenda nobis natio molestissima, cujus in gladiis nondum nostræ propinquitatis exaruit cruor. Plures absumptæ sunt majoribus nostris aetates ut interirent radicitus quæ vexabant. Devicta est perplexo et diuturno Marte Carthago : sed eam dux inclytus timuit superesse victoriæ. Evertit funditus Numantiam Scipio post multiplices casus obsidionis emensos. Fidenas, ne imperio subcrescerent æmulæ, Roma subvertit : et Faliscos ita oppressit, et Veios, ut suadere nobis laboret monumentorum veterum fides, ut has civitates aliquando valuisse credamus. (Ammien Marcellin, liv. XXIII, ch. v.)

[2] Ammien Marcellin, liv. XXIV, ch. III.

[3] On a déjà eu occasion de remarquer que, après la chute de la dynastie des Parthes et l'avénement d'une famille d'origine perse, les historiens romains désignèrent souvent, par habitude, les Perses par la dénomination de *Parthe*.

mis; ou bien, après *les avoir réduits en servitude*, avec l'aide des dieux, de revenir vainqueurs dans notre patrie, fiers, des trophées érigés dans leur pays[1]. » On le voit, il ne s'agissait pas ici, pour Julien, d'une guerre ordinaire, d'une de ces guerres où l'on veut venger une injure; il s'agit de soumettre la Perse aux lois romaines. Quant à l'idée qu'émet Julien, de faire du succès une question de vie ou de mort, elle revient plus d'une fois dans ses déclarations publiques.

L'autre document est une lettre adressée par Julien à saint Basile, archevêque de Cesarée, que le prince avait connu étant jeune, à Athènes, et avec qui il entretenait alors des rapports d'amitié. Cette lettre commence ainsi : « La nature a mis en moi, dès mon enfance, une douceur et une humanité qui, en se manifestant successivement à tous les hommes, m'ont soumis tous ceux qui habitent sous le soleil. Voici que la race entière des barbares, jusqu'aux rivages de l'Océan, vient m'apporter des présents et tomber à mes pieds[2]. Oui, les Sagadères, nourris sur les

---

[1] Les mots en lettres italiques, qui fixent le caractère de la guerre entreprise par Julien, ont été longtemps méconnus. Le mérite d'en avoir déterminé le véritable sens appartient à M. Heyler, dans un volume publié à Mayence, en 1828, sous ce titre : *Juliani imperatoris quæ feruntur epistolæ ad fidem librorum manuscriptorum æque ac typis excusorum,* » p. 135. Le sens du texte grec adopté par Heyler a été reproduit par M. Talbot dans la traduction française des *Œuvres de Julien* qu'il vient de publier, un vol. grand in-8°, p. 440. Ammien Marcellin a fait mention d'une lettre de Julien à Arsace, liv. XXIII, chap. II.

[2] Un passage de l'ouvrage d'Ammien Marcellin, rapporté ci-devant, p. 263, commence à peu près de la même manière.

bords du Danube, et les Goths, aux têtes de formes diverses, dont l'aspect n'a rien de l'homme, mais tient de l'homme sauvage, tous ces peuples, dis-je, se précipitent à cette heure sous mes pas, et me promettent de faire ce qui paraîtra bon à ma royauté. Mais je n'insiste pas sur ce point; il faut que je m'empare en toute hâte de l'empire des Perses, et que je mette en déroute ce fameux Sapor, qui se dit descendre de Darius, à moins qu'il ne s'abaisse devant moi et ne me paye tribut. De là je promènerai le fer et la flamme sur les peuples indiens et sarrasins, jusqu'à ce que tous, s'humiliant devant mon trône, mettent à mes pieds leur front et leurs trésors [1]. »

Peut-on voir quelque chose de plus exprès? Il est vrai que ces deux lettres ont été regardées par quelques savants comme apocryphes. Pourquoi cela? est-ce à cause des idées de conquête qu'exprime Julien? Mais alors il faut traiter d'apocryphe cette suite presque non interrompue de témoignages du même genre. On a dit que, dans ces deux lettres, Julien se montrait à la fois vain et fanfaron. Mais qui peut douter de la légèreté de Julien? L'hiver qu'il passa à Antioche, avant de se rendre en Perse, ne fut-il pas presque une inconséquence continuelle?

Il existe d'ailleurs un témoignage probablement inspiré par Julien, et qui s'accorde avec le sien. Parmi les dernières pièces du recueil des Dialogues de Lucien, il en est une qui porte le titre de *Philo-*

____

[1] Volume de Heyler, p. 144. — Traduction de M. Talbot, p. 447.

patris, ou l'ami de son pays, et qui, depuis la re-
naissance des lettres, passe pour être d'un auteur
postérieur à ce grand écrivain. C'est un dialogue dirigé contre les dogmes du christianisme; plusieurs
savants l'ont attribué à un ami de Julien, appelé
Lucien [1]. Du moins il est difficile de ne pas croire
qu'il a été composé au moment même de l'expédition de Julien. Tandis que deux hommes discourent
ensemble, un troisième arrive et apporte la nouvelle
suivante, rédigée dans une espèce de prose rhythmée :

> « C'en est fait de l'orgueil si vanté des Persans ;
> La ville de Suse est tombée,
> Et bientôt l'Arabie, à nos lois enchaînée,
> Sentira d'un vainqueur les bras forts et puissants. »

N'y a-t-il pas un rapport intime entre la pensée
exprimée ici et la pensée de la lettre adressée par
Julien à saint Basile ?

Il y a plus : l'un des interlocuteurs, apprenant
cette nouvelle, s'écrie : « Je lègue à mes fils le plaisir de voir Babylone détruite, l'Égypte asservie, les
enfants des Perses réduits en esclavage, les incursions des Scythes refoulées, et, plût aux dieux, ar-
rêtées pour toujours. » Qu'on substitue le mot *Inde*
au mot *Égypte*, qui, à partir d'Auguste, ne cessa plus
d'être une province romaine, et qui ici, quelque interprétation qu'on adopte, n'a pas de sens, et les

----

[1] On suppose que c'est le personnage à qui Julien a adressé la
XXXIIe de ses lettres. Il existe sur la question en général une dissertation de Matthias Gesner, qui a été réimprimée dans le tome IXe
et dernier de l'édition des œuvres de Lucien par Lehmann; Leipzig,
1822-1831, in-8°.

deux témoignages sembleront à peu près calqués l'un sur l'autre.

Mais je ne suis pas au bout des preuves que j'ai à faire valoir. Il me reste à rapporter une suite de témoignages qui non-seulement décident la question, mais qui peuvent servir de commentaire à la pensée jusqu'ici méconnue de Virgile et des autres poëtes du temps d'Auguste. Ces témoignages appartiennent à Libanius, l'homme en qui Julien eut le plus de confiance, et qui, après la mort du prince, ne cessa pas de le pleurer.

Libanius a consacré plusieurs de ses écrits à Julien. Il en est notamment quatre qui se trouvent dans le tome deuxième du recueil de ses œuvres, publiées par Frédéric Morel[1]. Le plus curieux est le quatrième, qui porte le titre d'*Éloge funèbre*[2]. Morel, qui n'avait pas de bons manuscrits entre les mains, n'a donné qu'un texte défectueux. Les quatre morceaux ont été repris plus tard par Godefroi Olearius, complétés et publiés dans le tome VII de la première édition de la *Bibliothèque grecque* de Fabricius[3]. N'ayant plus été reproduits depuis, ils ne jouissent pas de tout le renom qu'ils méritent.

Le quatrième discours de Libanius, qui paraît avoir été prononcé devant une nombreuse assemblée, commence ainsi : « Plût aux dieux, ô vous tous qui m'écoutez, que ce que moi et tout le monde

---

[1] Paris, 1606-1627, in-folio.
[2] Ἐπιτάφιος.
[3] Pages 145 et suivantes.

nous désirions se fût réalisé, à savoir que le royaume
des Perses eût été abattu, et que des proconsuls romains, prenant la place des satrapes, y fissent dominer l'autorité romaine! Plût aux dieux que nos
temples resplendissent des dépouilles des vaincus,
et que l'auteur d'un si glorieux triomphe reçût sur
le trône impérial les félicitations de la nation entière! Cela n'eût été que juste et convenable, et aurait récompensé dignement les nombreux sacrifices
offerts aux dieux par l'empereur[1]. »

Libanius dit ailleurs que Julien, à peine son autorité reconnue, se prépara à la conquête de la Perse,
et rejeta toutes les ouvertures de paix qui lui furent
faites par Sapor[2].

Libanius dit aussi que l'intention de Julien était
de subjuguer la Perse entière, ainsi que les contrées
voisines, et que, dans son impatience, il se croyait
déjà en Hyrcanie, ainsi que sur les bords des fleuves
de l'Inde (l'Indus et le Gange)[3].

---

[1] Ἔδει μὲν, ὦ παρόντες, ἅπερ ἤλπιζον ἐγώ τε καὶ πάντες ἄνθρω-
ποι, τὸ τέλος εἰληφέναι · καὶ τὴν τῶν Περσῶν ἀρχὴν νυνὶ καταλελύ-
σθαι, τῆς δὲ ἐκείνων γῆς Ῥωμαίους ἄρχοντας ἀντὶ σατραπῶν ἐπιμελεῖ-
σθαι νόμοις ἡμετέροις · καὶ τὰ μὲν ἱερὰ κεκοσμῆσθαι τὰ παρ' ἡμῖν τοῖς
ἐκεῖθεν λαφύροις · τὸν δὲ ταύτην ἀνηρημένον τὴν νίκην καθήμενον
ἐπὶ τοῦ βασιλείου θρόνου δέχεσθαι τοὺς ἐπινικίους · ταυτὶ γὰρ ἂν
οἶμαι καὶ δίκαια καὶ προσήκοντα, καὶ τῶν πολλῶν θυσιῶν, ἃς ἐκεῖνος
ἔθυσεν, ἄξια. (Première édition de la *Bibliothèque grecque* de Fabricius, t. VII, p. 223.)

[2] Pages 3o5 et 353.

[3] Καὶ πρὸς τὴν Ὑρκανίαν ἔτεινε τὸν λογισμὸν καὶ τοὺς Ἰνδῶν πο-
ταμούς. Voyez les pages 355 et suivantes. Ce passage correspond à la
page 3o1 du tome II du recueil de Morel.

On lit dans le même discours : «Nous espérions que la Perse entière deviendrait une province romaine, gouvernée d'après nos lois, administrée par nos magistrats, soumise aux mêmes impôts que nous, ayant renoncé à la langue du pays, ne portant plus la robe longue et ayant les cheveux courts; enfin qu'à Suse même les enfants des indigènes, instruits par des maîtres habiles, se formeraient à l'usage du beau langage[1]. En même temps nos temples, ornés des dépouilles des populations vaincues, seraient devenus un témoignage vivant de l'étendue de notre victoire[2].»

Mes autorités s'arrêtent là. Je dois, à cette occasion, reconnaître que quelques-uns des témoignages relatifs aux idées de monarchie universelle qui se firent jour chez les Romains, à partir du règne de Probus, ont été étudiés avec soin par Gibbon. A la vérité Gibbon, faute d'avoir connu l'idée première, n'en a pas tiré tout le parti convenable.

Je n'en dirai pas davantage au sujet de Julien. Il

---

[1] Il ne peut s'agir là, ce me semble, que de la langue grecque, qui, depuis les conquêtes d'Alexandre, dominait en Orient, et qui, sous les Romains, y était restée la langue officielle. Cependant le passage est ainsi rendu en latin : *Vernaculam linguam romana mutaturam.* Le traducteur a-t-il cru qu'il s'agissait là du latin?

[2] Ἡμεῖς μὲν ᾠόμεθα τὴν Περσῶν ἅπασαν μέρος τῆς Ῥωμαίων ἔσεσθαι, καὶ νόμοις τοῖς ἡμετέροις οἰκήσεσθαι, καὶ ἀρχὰς τὰς ἐνθένδε δέξασθαι, καὶ φόρους οἴσειν, καὶ γλῶτ7αν ἀμείψειν, καὶ σ7ολὴν μετακοσμήσειν, καὶ κερεῖν κόμας, καὶ σοφισ7ὰς ἐν Σούσοις Περσῶν παῖδας ἐκκροτήσειν ῥήτορας. Ἱερὰ δὲ τὰ παρ' ἡμῖν τοῖς ἐκεῖθεν κοσμηθέντα λαφύροις διδάξειν τοὺς ἐπιγιγνομένους τὸ τῆς νίκης μέγεθος. (*Bibliothèque grecque* de Fabricius, t. VII, p. 366.)

existe à son sujet des ouvrages estimés, et quelques détails de plus grossiraient ce volume sans nécessité.

Le résultat de l'entreprise aventureuse de Julien pour les Romains fut la perte des cinq provinces conquises au delà du Tigre par Galère, ainsi que d'une partie des possessions romaines en Mésopotamie ; ajoutez-y un échec moral dont l'empire ne se releva plus.

En résumé, et sans revenir sur ce qui précède, je crois pouvoir affirmer ceci : oui, des idées de monarchie universelle ont circulé en différents temps chez les Romains. Avec Carus et Julien, elles furent accompagnées d'exécution. Dans l'intervalle, elles s'étaient modifiées ; mais elles n'étaient que la conséquence naturelle de la thèse soutenue jadis par Virgile, Horace, Tibulle et Properce. Pourquoi les dernières ont-elles été méconnues ? Parce qu'on n'avait pas aperçu leurs rapports avec les premières. Et pourquoi avait-on méconnu les premières ? A cause du langage quelquefois ambigu de Virgile, langage qui, dans les époques postérieures, lorsque la chaîne des temps fut rompue, fit croire à certains esprits de travers qu'il s'était agi, pour Auguste, non de suivre les traces de Bacchus, de Sémiramis, de Cyrus, de Darius et d'Alexandre, mais d'aller s'ensevelir, lui et sa gloire, au milieu des nègres de l'intérieur de l'Afrique.

PAGES 137, 157, 158, 162 et 219.

Je n'avais pas d'abord songé à relire l'Apocalypse. Quelque opinion qu'on adopte sur le caractère de ce livre, au sujet duquel il a été fait tant de commentaires, les avis s'accordent à en placer la rédaction au premier siècle de notre ère, et à y reconnaître de fréquentes allusions à l'empire romain. A ce double titre, il pouvait fournir matière à rapprochements.

Les chapitres xvii et xviii de l'Apocalypse présentent un tableau de Rome païenne, qu'on peut mettre en rapport avec ce que j'ai dit, page 137.

Les deux aigrettes que Virgile attribue à Auguste, et dont j'ai parlé, page 157, se retrouvent peut-être dans le chapitre xiii, verset xi, là où il est parlé d'une bête à deux cornes. Comme il est fait mention, dans les versets qui précèdent, d'une bête à sept têtes et à dix cornes qui représente l'empire romain, pourquoi ne s'agirait-il pas ici de l'empereur lui-même, dont le nom, interprété d'après la valeur numérique des lettres qui le composent, équivalait au nombre 666? Maintenant si, à l'exemple de plusieurs savants, on veut que cet empereur soit Néron, l'on peut invoquer les témoignages de Tacite, livre IIe des *Histoires*, chap. viii, et Suétone, *Notice sur Néron*, chap. xl et lvii. En ce cas, les deux aigrettes auraient été un des attributs de la dignité impériale.

Les peuples de Gog et de Magog, qui, dans le

Coran (ci-devant, p. 158), sont censés refoulés pour le moment au nord du Caucase, répondent évidemment aux peuples qui, dans le chapitre xx de l'Apocalypse, versets 7 et suivants, attendent l'instant voulu pour envahir le monde et le couvrir de ruines.

Enfin l'on trouve dans le chapitre xviii, versets 11 et suivants, un tableau du concours de tous les peuples du monde à Rome, lequel peut être mis en parallèle avec ce que j'ai dit, pages 162 et 219.

PAGE 273.

On est surpris de retrouver l'opinion erronée des écrivains latins des bas temps sur les prétendues conquêtes d'Auguste dans l'Asie orientale, chez un écrivain arménien du milieu du ve siècle. (Voyez le *Soulèvement national de l'Arménie chrétienne au cinquième siècle*, par Élisée, traduction de l'abbé Garabed, Paris, 1844, p. 83.)

PAGE 281.

Ligne 14 : au lieu des mots *dépose à tes pieds, dans une humble attitude, le croissant de sa tiare*, lisez : *abaisse à tes pieds son front couvert de la tiare recourbée.*

Ligne 16 : au lieu des mots *désarme pour toi la gueule de ses fiers animaux* (les éléphants), *afin de t'apporter l'ivoire recourbé; c'est ainsi que l'éléphant déshonoré livre en tribut aux contrées bosphoriques ses dents mutilées*, lisez : *dépouille pour toi la bouche de ses fiers animaux de leurs défenses d'ivoire, et ceux-ci se retirent humiliés de voir le plus bel ornement de leurs mâchoires porté en tribut aux contrées bosphoriques.*

PAGE 322, À LA FIN DE LA NOTE.

Par *Araxe*, le poëte entend le Iaxarte. C'est comme si Némésien eût dit : « De l'orient à l'occident et du septentrion au midi. Si on veut maintenir le nom de la Saône, le sens des deux vers sera, ce me semble, moins bon.

Encore un mot. Les textes grecs et latins appelés en témoignage dans ce volume sont nombreux; tous avaient été déjà traduits; et cependant il y en a bien peu pour lesquels je n'aie eu à revenir sur les traductions existantes. Les témoignages indiens et chinois ont été mis au jour par d'autres que moi. Quant aux témoignages arabes et persans, ceux qui viennent de moi, je les ai publiés à une époque où je n'avais pas les mêmes idées qu'aujourd'hui. Tous cependant reçoivent, pour la première fois, un sens déterminé; tous concourent au même but. N'est-ce pas une nouvelle preuve de la réalité de la pensée qui, dès le principe, m'a dirigé dans ces recherches?

FIN.

TABLE ANALYTIQUE

DES MATIÈRES CONTENUES DANS CE VOLUME.

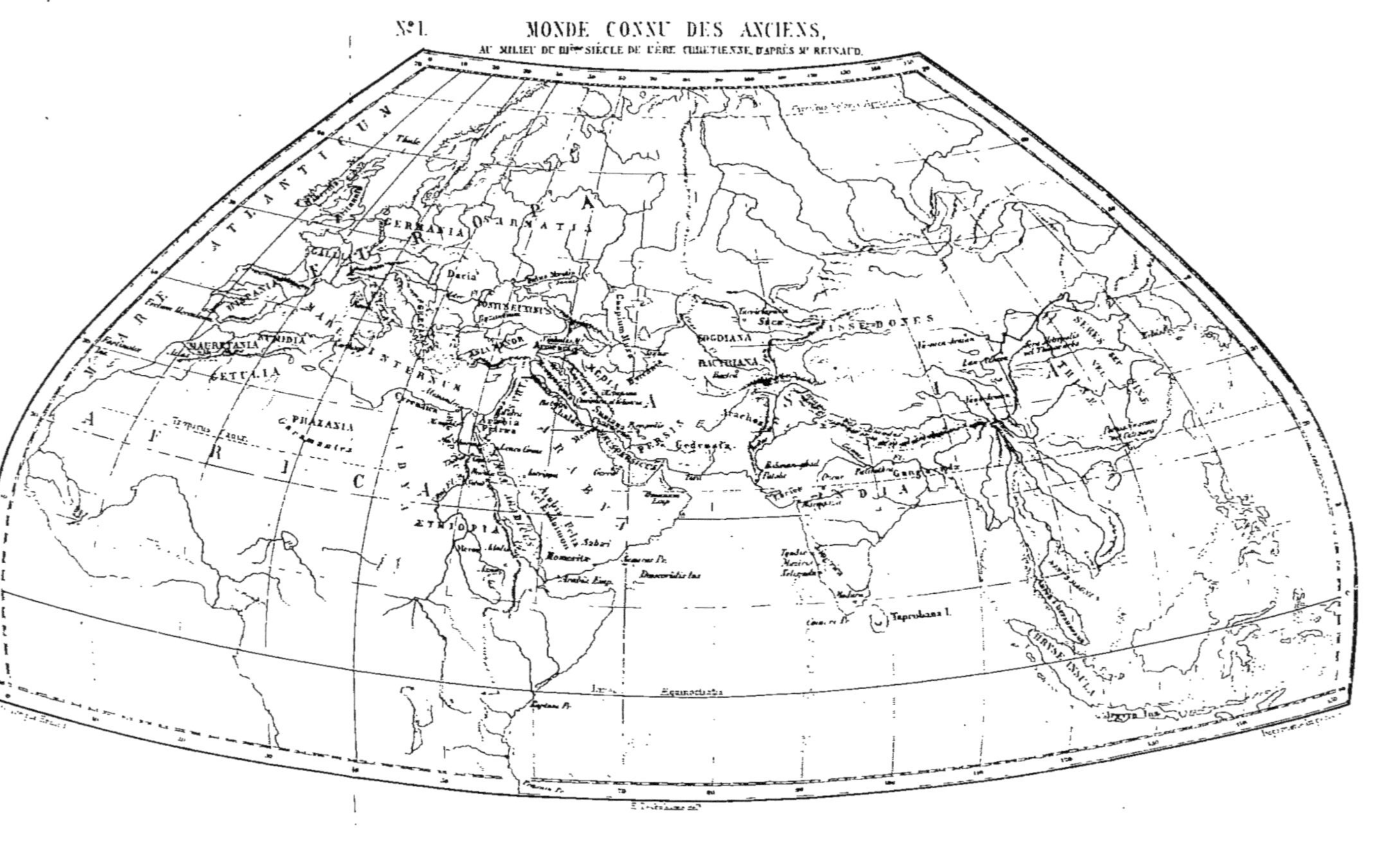

N°1.
MONDE CONNU DES ANCIENS,
AU MILIEU DU IIIème SIÈCLE DE L'ÈRE CHRÉTIENNE, D'APRÈS Mr REINAUD.
MARE ATLANTICUM
Thule
GERMANIA
SARMATIA
Dacia
Daria
MAURITANIA
NUMIDIA
GETULIA
MARE INTERNUM
PHAZANIA
Garamantes
AFRICA
LIBYA
ASIA MINOR
ÆGYPTUS
ARABIA
AETHIOPIA
Meroe
Momerita
Arabiæ Emp.
Dioscoridis Ins.
ASSYRIA
MESOPOTAMIA
PERSIS
Gedrosia
BACTRIANA
Bactra
SOGDIANA
Sacæ
INSE-DONES
Oxus
Ganges fl.
INDIA
Taprobana I.
SERES
THIN
CHRYSE INSULA
Equinoctialis

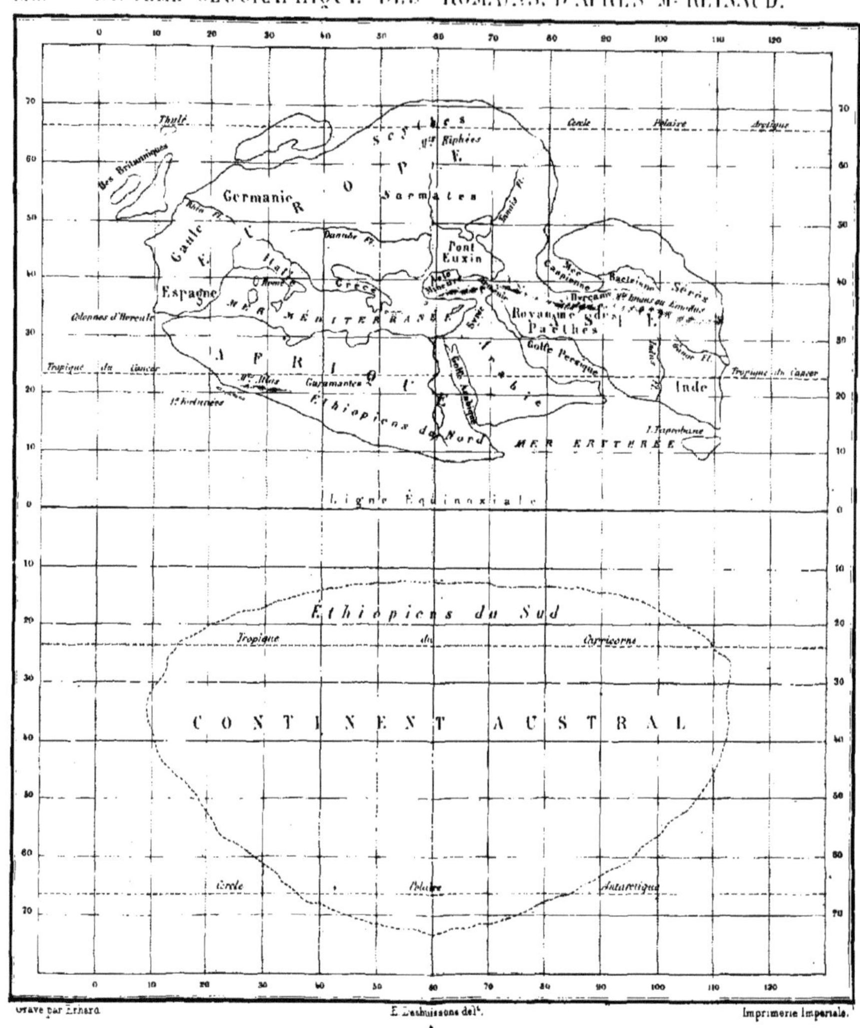
Thulé
Îles Britanniques
Germanie
Gaule
Italie
Espagne
Grèce
Colonnes d'Hercule
MER MÉDITERRANÉE
AFRIQUE
Garamantes
Éthiopiens du Nord
Scythes
M.ᵗˢ Riphées
Sarmates
Pont Euxin
Cercle   Polaire   Arctique
Mer Caspienne
Bactriane   Sérès
Royaume des Parthes
Golfe Persique
Arabie
Inde
Tropique du Cancer
Tropique du Cancer
MER ÉRYTHRÉE
I. Taprobane
Ligne Équinoxiale
Éthiopiens du Sud
Tropique   du   Capricorne
CONTINENT AUSTRAL
Cercle   Polaire   Antarctique

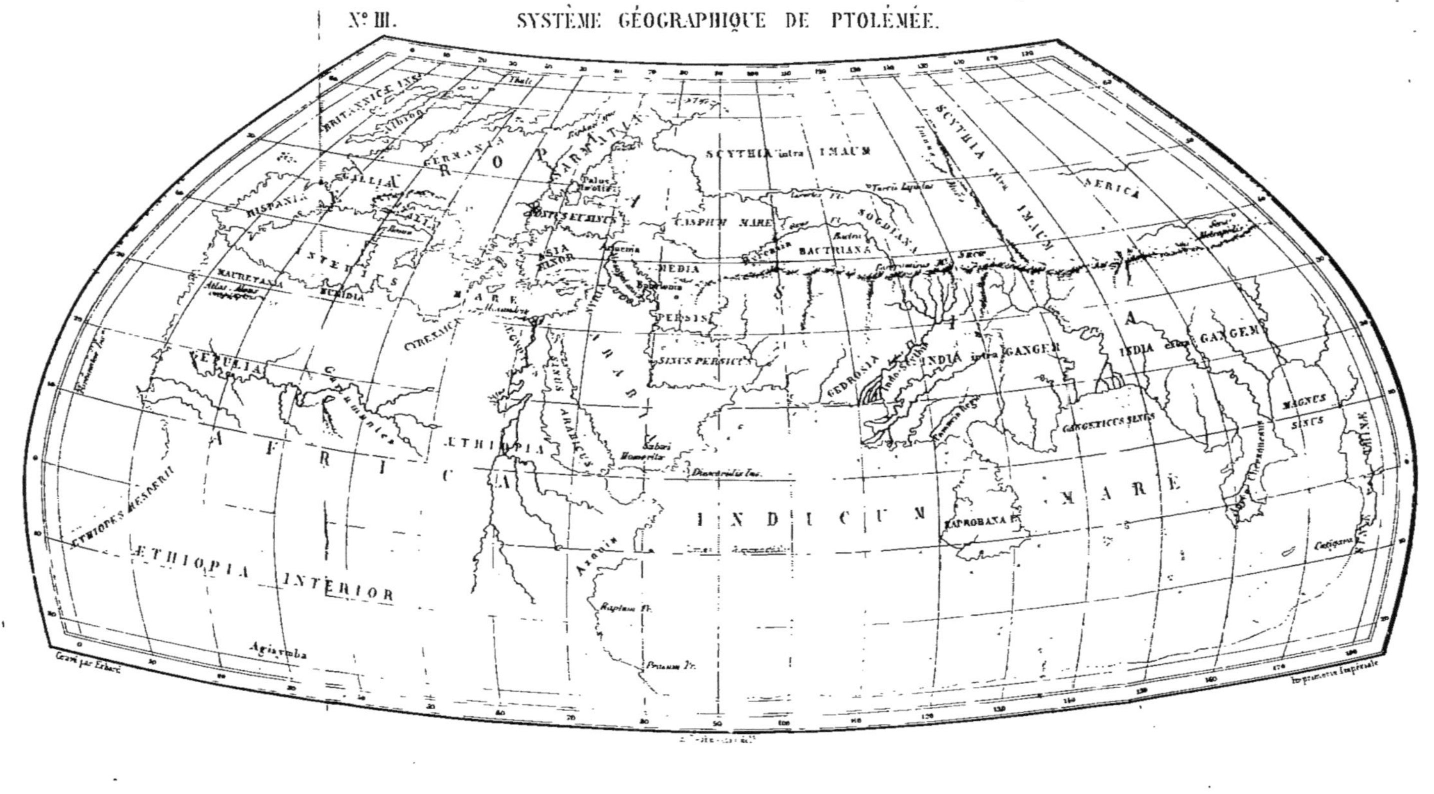

N.° III.
SYSTÈME GÉOGRAPHIQUE DE PTOLÉMÉE.
BRITANNICÆ INS.
Thule
EUROPA
GERMANIA
HISPANIA
GALLIA
SARMATIA
SCYTHIA intra IMAUM
SCYTHIA extra IMAUM
SERICA
Palus Mæotis
CASPIUM MARE
SOGDIANA
Turris Lapidea
MAURETANIA
NUMIDIA
ITALIA
SYRTIS ET SYRTIS
ASIA MINOR
MEDIA
BACTRIANA
Atlas Mons
MARE
Babylonia
CYRENAICA
PERSIS
INDIA intra GANGEM
INDIA extra GANGEM
VETULIA
SINUS PERSICUS
GEDROSIA
Indo-Scythia
MAGNUS SINUS
Canaria
ÆTHIOPIA
ARABICUS
GANGETICUS SINUS
AFRICA
Sabæi
Homeritæ
INDICUM MARE
Diuscuridis Ins.
TAPROBANA Ins.
ÆTHIOPES HESPERII
Catigara
Azania
ÆTHIOPIA INTERIOR
Rhaptum Pr.
Agisymba
Prasum Pr.
Gravé par Erhard
Imprimerie Impériale

L'ASIE ORIENTALE D'APRÈS LE PÉRIPLE DE LA MER ERYTHRÉE, PAR Mʳ REINAUD.

CASPIUM MARE

Jaxartes

Oxus

Fl.

SOGDIANA

Turris Lapidum

BACTRIANA

Bactra

PERSIA

GEDROSIA

Fl. Gandaram

SINUS PERSICES

Bahman-abad vel Minnagara

Indo-Scythia

Syrastrene

Barygaza

INDIA

Tyndis

Muziris

Limyrica

Nelcynda

Pandionis Regnum

MARE ERYTHREUM

TAPROBANA

Palibothra

Ganges Fl.

Fl.

Thinae Urbs

Pekin

Nankin

Canton

THINÆ

Tropicus Cancri

CHRYSE REGIO

CHRYSE INS.

Linea Æquinoctialis

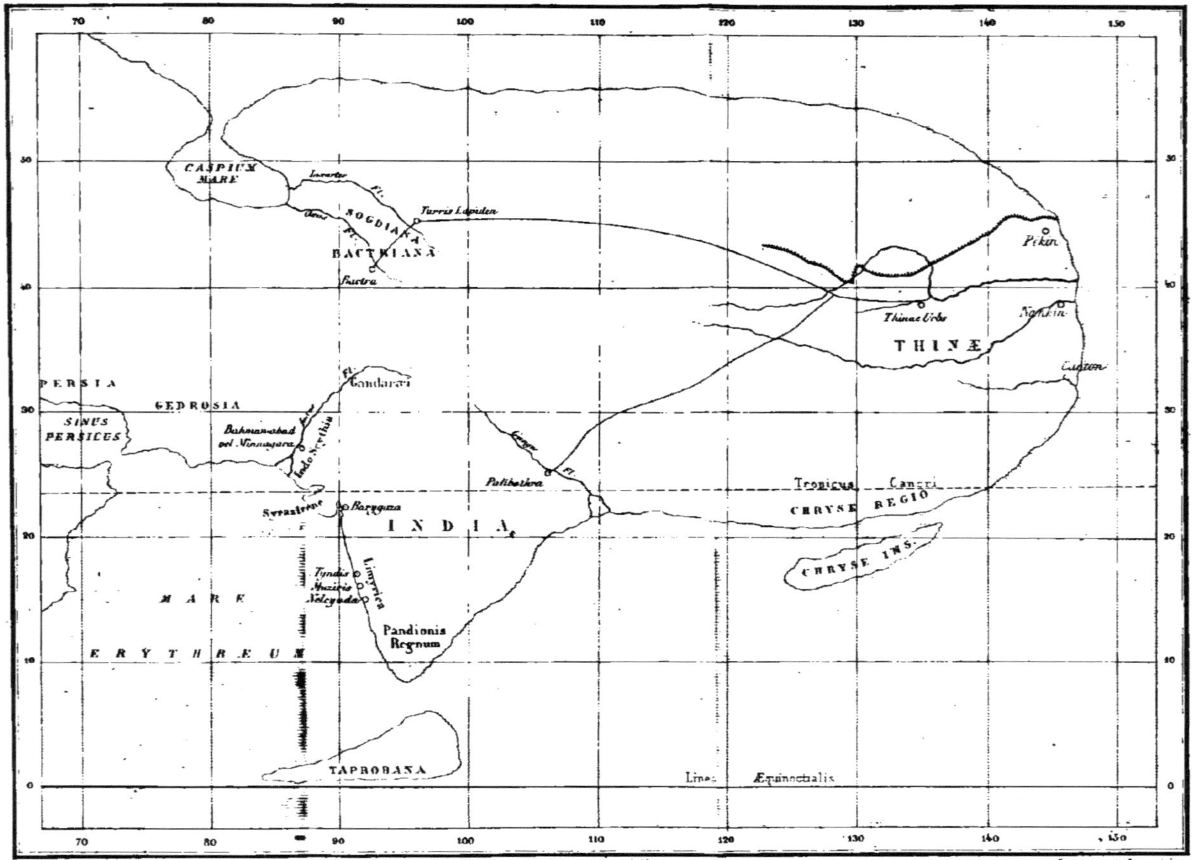

Gravé par Erhard.

E. Desbuissons delt.

Imprimerie Impériale.

www.ingramcontent.com/pod-product-compliance
Ingram Content Group UK Ltd.
Pitfield, Milton Keynes, MK11 3LW, UK
UKHW021010140726
13695UKWH00001B/170